U1000864

《煤矿安全生产条例》专家解读

《〈煤矿安全生产条例〉专家解读》编委会　组织编写

邵小平　李重良　张　罡　主　编

中国矿业大学出版社

·徐州·

内 容 简 介

按照应急管理部、国家矿山安全监察局关于学习贯彻《煤矿安全生产条例》的要求和工作部署，我们组织了煤炭行业的有关专家、学者在查阅大量文献和调研的基础上编写了《〈煤矿安全生产条例〉专家解读》。本书采用通俗易懂的语言对《煤矿安全生产条例》的条款进行了逐条解读，说明了制定该条款的目的、原因、执行该条款应注意的事项等，并配备了典型案例、电子课件、模拟试题，以及煤矿部分常用法律法规、标准、指导文件等，内容丰富具体。

本书可作为煤矿企业从业人员、煤矿安全监管监察人员的培训教材，也可作为普通高等院校相关专业师生的学习材料。

图书在版编目(CIP)数据

《煤矿安全生产条例》专家解读 / 邵小平，李重良，张罡主编. —徐州：中国矿业大学出版社，2024.2

ISBN 978-7-5646-4020-0

Ⅰ. ①煤… Ⅱ. ①邵… ②李… ③张… Ⅲ. ①矿山安全—条例—法律解释—中国 Ⅳ. ①D922.545

中国版本图书馆 CIP 数据核字(2020)第 204217 号

书　　名 《煤矿安全生产条例》专家解读

主　　编 邵小平　李重良　张　罡

责任编辑 黄本斌　吴学兵

出版发行 中国矿业大学出版社有限责任公司

（江苏省徐州市解放南路　邮编 221008）

营销热线 (0516)83885370　83884103

出版服务 (0516)83995789　83884920

网　　址 http://www.cumtp.com　**E-mail**:cumtpvip@cumtp.com

印　　刷 苏州市古得堡数码印刷有限公司

开　　本 787 mm×1092 mm　1/16　**印张** 15　**字数** 246 千字

版次印次 2024 年 2 月第 1 版　2024 年 2 月第 1 次印刷

定　　价 65.00 元

（图书出现印装质量问题，本社负责调换）

中华人民共和国国务院令

第 774 号

《煤矿安全生产条例》已经 2023 年 12 月 18 日国务院第 21 次常务会议通过，现予公布，自 2024 年 5 月 1 日起施行。

总理　李强

2024 年 1 月 24 日

《〈煤矿安全生产条例〉专家解读》
编　委　会

主　编　邵小平　李重良　张　罡

副主编　王秀林　连洪全　程健维　宝银昙
李玉杰　王军华　刘岱硕

参　编　薛　玥　巫斌伟　王亚超　曹俊文　王世栋
尚少勇　辛宪耀　田利红　刘建平　惠功领
张志建　姬文龙　郭媛媛　袁文丰　李景柱
张连军　韩永强　葛　军　林传兵　王宏飞
周　旭　刘　充　张永强　李录峰　王雁峰
刘　欢　胡文静　杨　剑　陈伟杰　高亚庆

主　审　卜　素

前　言

安全生产事关人民群众生命财产安全，事关经济发展和社会稳定大局。党中央、国务院历来高度重视安全生产工作。党的十八大以来，习近平总书记多次对安全生产工作作出重要指示批示，创造性地提出"坚持人民至上、生命至上""从根本上消除事故隐患、从根本上解决问题""管行业必须管安全、管业务必须管安全、管生产经营必须管安全"等一系列关于安全生产重要论述，为做好新时代安全生产工作提供了根本遵循和行动指南。

煤矿作为传统高危行业，一直是安全生产工作的重中之重。国务院2000年、2005年先后出台了《煤矿安全监察条例》《国务院关于预防煤矿生产安全事故的特别规定》，对预防煤矿事故发生、保障煤矿安全生产发挥了积极作用。随着经济社会发展，煤矿安全生产出现了一些新情况，存在安全生产责任落实不到位、风险隐患排查治理不彻底、安全管理体制机制不完善等突出问题。2020年国家对矿山安全监察体制进行了改革，2021年修正的《中华人民共和国安全生产法》(以下简称《安全生产法》)对安全生产的原则要求和具体制度作了进一步完善，2023年中共中央办公厅、国务院办公厅印发了《关于进一步加强矿山安全生产工作的意见》。

为把党中央、国务院的决策部署在煤矿安全生产领域予以细化落实，应急管理部、国家矿山安全监察局在整合《煤矿安全监察条例》《国务院关于预防煤矿生产安全事故的特别规定》两部行政法规的基础上起草了《煤矿安全生产条例》。《煤矿安全生产条例》是煤矿安全生产领域的一部基础性主干法规，对煤矿安全生产工作意义重大，体现了党中央、国务院对煤矿安全生产工作的高度重视。《煤矿安全生产条例》全面总结了煤矿安全生产工作长期以来积累的好经验好做法，是在贯彻新发展理念、推动矿山安全生产工作高质量发展过程中形成的重要立法成果。《煤矿安全生产条例》的颁布和实施，有利于全面规范煤矿安全生产工作，进一步落实煤矿企业安全生产主体责任，强化煤矿安全监管监察部门职责，对提升本质安全水平、促进煤矿安全生产形势稳定好转具有重要意义。

《煤矿安全生产条例》共6章，计76条，主要规定以下内容。

一是坚持党的领导，确立工作原则。明确煤矿安全生产工作坚持中国共产党的领导，坚持人民至上、生命至上，坚持安全第一、预防为主、综合治理的方针。

二是强化源头治理，严查风险隐患。要求煤矿企业对风险隐患进行自查自改并按规定报告。监管部门要建立健全督办制度，督促煤矿企业消除重大事故隐患。对“带病生产”的煤矿企业，依法采取责令停产整顿直至关闭的处罚措施。

三是夯实煤矿企业主体责任。严格准入条件，明确煤矿企业取得安全生产许可证后方可进行生产。落实煤矿企业全员安全生产责任制。要求煤矿企业进行煤矿灾害鉴定并按照灾害程度和类型实施灾害治理。

四是严格落实监管监察责任。规定煤矿安全生产实行地方党政领导干部安全生产责任制。明确监管部门和监管职责，要求县级以上地方人民政府负有煤矿安全生产监督管理职责的部门，依法对煤矿企业特别是一线生产作业场所进行监督检查。矿山安全监察机构履行煤矿安全监察职责，负责对地方政府煤矿安全生产监管工作进行监督检查，有权进入煤矿现场并采取相应处置措施。

五是加大惩处力度。对煤矿安全生产违法行为，规定了罚款、行业和职业禁入、责令停产整顿、予以关闭等法律责任。

本书通过查阅相关的法律法规并使用通俗易懂的语言对《煤矿安全生产条例》中各条文进行了详细解读，便于广大读者深入地了解各条文的含义，贯彻和落实好《煤矿安全生产条例》。本书还配备了典型案例、电子课件、模拟试题，以及煤矿部分常用法律法规、标准、指导文件等，内容非常丰富。

本书在编写的过程中，得到了国家矿山安全监察局河南局、国家矿山安全监察局湖南局、陕西省能源局、国家矿山安全监察局江西局、中国矿业大学安全工程学院、西安科技大学能源学院、陕西能源职业技术学院、国家能源集团神东煤炭集团有限公司、山西焦煤集团有限责任公司、国家能源集团乌海能源有限责任公司、山西华阳集团新能股份有限公司、永煤集团股份有限公司、永贵能源开发有限责任公司、中煤华利能源控股有限公司、河南神火煤电股份有限公司、陕西彬长矿业集团有限公司、国能榆林能源有限责任公司、河南大有能源股份有限公司、徐州博安科技发展有限责任公司等企事业单位领导的关心和支持，在此表示感谢。

由于时间紧迫，加之作者水平所限，书中难免存在疏漏和不足之处，敬请广大读者批评指正。

作　者

2024 年 2 月

（扫码关注煤炭知识服务微信公众号，回复

“煤矿安全生产条例”，领取电子课件和模拟试题）

目　录

第一章　总则 ………………………………………………… 1

第一条【制定目的】 ………………………………………… 1

第二条【适用范围】 ………………………………………… 2

第三条【煤矿安全生产工作的指导思想、理念、方针、原则和机制】……… 2

第四条【安全生产主体责任】 …………………………………… 6

第五条【县级以上人民政府职责】 ……………………………… 7

第六条【煤矿安全生产监督管理部门职责】 ……………………… 8

典型案例:陕西铜川某矿顶板砂岩含水层重大透水事故 ………… 10

第七条【煤矿安全监察】………………………………………… 13

第八条【煤矿事故追责和调查】………………………………… 14

第九条【煤矿安全生产举报制度和举报权】……………………… 15

第十条【煤矿企业从业人员权利与义务】………………………… 17

第十一条【煤矿安全生产标准的制定与修订】…………………… 18

第十二条【科技进步】…………………………………………… 18

第二章　煤矿企业的安全生产责任 ………………………… 20

第十三条【法律法规和标准】…………………………………… 20

第十四条【安全设施设计】……………………………………… 20

第十五条【建设单位和施工单位职责】………………………… 22

第十六条【安全设施验收】……………………………………… 22

第十七条【安全生产许可】……………………………………… 23

第十八条【主要负责人职责】…………………………………… 24

典型案例:青海海北某矿重大溃砂溃泥事故 …………………… 25

第十九条【安全生产管理机构和安全生产管理人员职责】……… 28

第二十条【从业人员职责】……………………………………… 29

第二十一条【从业人员准入条件】…… 30
第二十二条【专职、专业技术人员配置与灾害专门防治机构设置】…… 31
第二十三条【领导带班下井】…… 33
第二十四条【从业人员劳动保护】…… 33
第二十五条【安全设备】…… 35
典型案例:陕西某矿非防爆运煤车产生火花点燃煤尘造成重大爆炸事故 …… 36
第二十六条【煤矿主要生产系统和安全设施】…… 38
典型案例:贵州六盘水某矿违规排放瓦斯产生火花造成重大瓦斯爆炸事故 …… 40
第二十七条【井工煤矿安全生产技术条件】…… 42
第二十八条【露天煤矿边坡管理】…… 43
典型案例:内蒙古阿拉善某露天煤矿特别重大坍塌事故 …… 45
第二十九条【应急救援预案制定与救护队设立】…… 48
第三十条【保安煤柱】…… 50
典型案例:福建龙岩某矿煤压出引起瓦斯涌出造成较大窒息事故 …… 51
第三十一条【煤矿企业生产规模】…… 52
第三十二条【灾害预防和处理计划】…… 53
第三十三条【专项设计】…… 55
典型案例:湖北恩施某矿采煤工作面应力集中区回采造成重大煤与瓦斯突出事故 …… 59
第三十四条【危险作业】…… 61
第三十五条【双重预防机制】…… 62
第三十六条【重大事故隐患判定】…… 64
典型案例:内蒙古赤峰某矿违规焊接引爆瓦斯造成特别重大事故 …… 72
第三十七条【监督检查】…… 74
第三十八条【安全生产费用】…… 74

第三章　煤矿安全生产监督管理 …… 77
第三十九条【监管责任制】…… 77
第四十条【政府监管职责】…… 78
第四十一条【安全设施设计审查和竣工验收监督核查】…… 79
第四十二条【安全生产许可证颁发和管理】…… 81

第四十三条【年度监督检查计划编制和执行】…………………… 84
第四十四条【监督检查措施】………………………………………… 85
典型案例：河南许昌某矿架棚接顶不实致一般伤亡事故 ………… 86
第四十五条【重大事故隐患数据库机制和治理督办制度】……… 88
典型案例：黑龙江鸡西某矿馈电开关短路引发较大瓦斯燃烧事故 …… 89
第四十六条【煤矿安全生产技术服务机构】………………………… 90
第四十七条【失信惩戒】……………………………………………… 91
第四十八条【停产整顿与恢复生产】………………………………… 94
第四十九条【停产关闭及恢复公告】………………………………… 96

第四章　煤矿安全监察 ……………………………………………… 97
第五十条【监督检查政府煤矿安全生产监管工作】……………… 97
第五十一条【煤矿安全生产监察】…………………………………… 99
第五十二条【监督检查方式】 ……………………………………… 100
第五十三条【现场检查权及处置权】 ……………………………… 101
典型案例：贵州六盘水某矿煤层未消突爆破揭煤引起重大
煤与瓦斯突出事故 ………………………………………… 103
第五十四条【停产整顿处置】 ……………………………………… 105
第五十五条【移送处理违法行为】 ………………………………… 106
第五十六条【协同监管机制】 ……………………………………… 107
第五十七条【安全生产信息化执法】 ……………………………… 107
第五十八条【监督检查内容】 ……………………………………… 108
第五十九条【事故应急处置】 ……………………………………… 109
第六十条【事故调查权】 …………………………………………… 111

第五章　法律责任 …………………………………………………… 113
第六十一条【无证照生产的责任】 ………………………………… 113
典型案例：福建龙岩某矿违章携带引火工具入井引发一般
瓦斯燃烧事故 ……………………………………………… 114
第六十二条【未按规定执行安全生产保障措施的责任(一)】 ………… 115
典型案例：河南济源某矿提升机联轴器损坏导致重大坠罐事故 ………… 118
第六十三条【未按规定执行安全生产保障措施的责任(二)】 ………… 119
典型案例：山西晋中某露天煤矿边坡滑坡重大事故 ……………… 122

第六十四条【重大事故隐患的责任】…… 125
第六十五条【超层、越界开采和破坏保安煤柱的责任】…… 125
第六十六条【拒绝、阻碍监督检查的责任】…… 126
典型案例：河南登封某矿隐瞒瓦斯含量上山揭煤引起重大煤与瓦斯突出事故 …… 128
第六十七条【煤矿发生生产安全事故的责任】…… 131
第六十八条【决策机构、主要负责人、其他负责人和安全生产管理人员的事故责任】…… 132
第六十九条【瞒报、谎报事故的责任】…… 133
典型案例：贵州盘州某矿较大顶板瞒报事故 …… 134
第七十条【违法违规煤矿企业的关闭】…… 136
第七十一条【煤矿建设项目违规的责任】…… 137
第七十二条【煤矿安全生产技术服务机构违法行为的责任】…… 139
第七十三条【煤矿违法行为的处罚原则】…… 140
第七十四条【监管部门和人员失职的责任】…… 141
第七十五条【构成犯罪的处理办法】…… 142

第六章　附则 …… 143
第七十六条【施行日期与旧法规废止】…… 143

模拟试题 …… 144

参考文献 …… 160

附录 …… 162
附录一　中华人民共和国安全生产法 …… 162
附录二　中共中央办公厅 国务院办公厅关于进一步加强矿山安全生产工作的意见 …… 187
附录三　矿山安全生产治本攻坚三年行动方案(2024—2026 年) …… 192
附录四　关于防范遏制矿山领域重特大生产安全事故的硬措施 …… 200
附录五　关于落实煤矿企业安全生产主体责任的指导意见 …… 204
附录六　煤矿重大事故隐患判定标准 …… 209
附录七　矿山生产安全事故报告和调查处理办法 …… 216

第一章　总　　则

第一条【制定目的】①

为了加强煤矿安全生产工作，防止和减少煤矿生产安全事故，保障人民群众生命财产安全，制定本条例。

【条文解读】　本条是关于《煤矿安全生产条例》制定目的的规定。

从本条规定来看，《煤矿安全生产条例》的制定目的主要有三个层次：

一是加强煤矿安全生产工作。所谓"煤矿安全生产"就是指在煤矿生产过程中，为避免发生造成人员伤亡和财产损失的事故，有效消除或控制危险和有害因素而采取一系列措施，控制生产过程中的危险因素，保证人民群众的人身安全与健康、设备和设施免受损坏、环境免遭破坏，确保煤矿生产得以顺利进行。据统计，2022 年全国煤矿发生事故 168 起、死亡 245 人，较 2012 年的煤矿事故起数、死亡人数均有大幅降低（分别降低 78.4％和 82.3％），但同比的煤矿事故起数、死亡人数却有不小的上升，煤矿事故有所抬头，安全生产形势依然十分严峻。

二是防止和减少煤矿生产安全事故。何为"生产安全事故"，立法上没有明确界定，但许多文献上有此定义，即生产安全事故是指生产经营活动中发生的造成人员伤亡或者直接经济损失的事故，但核设施事故等除外。煤矿生产安全事故是煤矿生产过程中造成人员伤亡和直接经济损失的事故。人员伤亡包括造成人员死亡和伤害。直接经济损失是指因事故造成人员伤亡及善后处理支出的费用和毁坏财产的价值。煤矿在生产过程中存在诸多可能造成人员伤亡和财产损失的危险因素，如果对这些危险因素缺乏认识，或者没有采取有效的

① 条文主旨为编者所加，下同。

预防、控制措施，这些潜在的危险就会造成诸如瓦斯爆炸、火灾、水灾等导致人员伤亡和财产损失的生产安全事故。煤矿生产过程中虽然难以做到完全避免事故发生，但只要高度重视，加大投入，严格遵守法律、法规、规章和操作规程，事故是可以预防和减少的。发生安全事故后，救援措施得当，也可以减少人员伤亡和财产损失。

三是保障人民群众生命财产安全。安全生产事关人民群众生命财产安全，事关改革发展和社会稳定大局，是经济社会健康发展的基础和底线。这就要求煤矿企业必须始终把安全生产放在各项工作重中之重的位置，始终把保障人民群众生命财产安全放在首位，进一步牢固树立生命至上的理念，严格落实安全生产主体责任制，确保人民群众生命财产安全，绝不能以牺牲人的生命为代价换发展。保障人民群众生命财产安全是《煤矿安全生产条例》制定的根本目的。

第二条【适用范围】

在中华人民共和国领域和中华人民共和国管辖的其他海域内的煤矿安全生产，适用本条例。

【条文解读】 本条是关于《煤矿安全生产条例》适用范围的规定。

《煤矿安全生产条例》适用于中华人民共和国主权领域，包括领土和 12 海里以内的领海范围，以及中华人民共和国管辖的其他海域内的煤矿安全生产。从事煤矿安全生产经营活动并接受安全监管监察的主体，包括全民所有制煤矿企业、城镇和乡镇集体煤矿企业、中外合资（合作）经营煤矿企业、股份制煤矿企业等不同所有制形式企业。所有在中华人民共和国领域和中华人民共和国管辖的其他海域内的煤矿安全生产经营活动及其安全监管监察工作，适用本条例的相关规定。

第三条【煤矿安全生产工作的指导思想、理念、方针、原则和机制】

煤矿安全生产工作坚持中国共产党的领导。

煤矿安全生产工作应当以人为本，坚持人民至上、生命至上，把保护人民生命安全摆在首位，贯彻安全发展理念，坚持安全第一、预防为主、综合治理的方针，从源头上防范化解重大安全风险。

煤矿安全生产工作实行管行业必须管安全、管业务必须管安全、管生产经

营必须管安全,按照国家监察、地方监管、企业负责,强化和落实安全生产责任。

【条文解读】 本条是关于煤矿安全生产工作的指导思想、基本理念、指导方针、基本原则和工作机制的规定。

(1) 煤矿安全生产工作的指导思想

煤矿安全生产工作坚持中国共产党的领导。煤矿安全生产隐患不除,事故易发。从近年来煤矿安全生产监管的成效来看,坚持中国共产党的领导,是我国煤矿安全生产形势持续向好的决定性因素。此次《煤矿安全生产条例》强调煤矿安全生产工作坚持中国共产党的领导,有利于统筹推进煤矿安全生产工作系统治理,大力提升我国煤矿安全生产工作的整体水平。

(2) 煤矿安全生产工作的基本理念

煤矿安全生产工作应当以人为本,坚持人民至上、生命至上,把保护人民生命安全摆在首位,贯彻安全发展理念。

中国特色社会主义进入新时代,煤矿安全生产工作的理念也在持续发展和完善。一是煤矿安全生产工作以人为本,坚持人民至上、生命至上,把保护人民生命安全摆在首位。以人为本,就是要以人的生命和健康为本,把人民利益放在第一位,做到一切为了人民,为了人民的一切。煤炭行业作为一个高危行业,每一起事故的发生都将破坏若干个家庭的幸福生活。作为煤矿生产经营单位,在煤矿生产经营活动中,要做到以人为本,就要以尊重职工、爱护职工、维护职工的人身安全为出发点,以消灭煤矿生产经营活动中的安全隐患为主要目的;要关心职工人身安全和身体健康,不断改善劳动环境和工作条件,真正能做到工作为了人,干工作依靠人,绝不能以牺牲人的生命作为代价发展经济,当人的生命健康与生产经营单位经济效益、财产保护面临冲突时,首先应当考虑人的生命健康,而不只是考虑经济效益和财产。二是贯彻安全发展的理念。发展是安全的基础和保障,安全是发展的前提和条件。煤矿企业安全发展理念要求在生产工作中坚持把煤矿安全生产放在重要位置,绝不能以牺牲职工的生命健康换取一时的发展,职工生命安全和身体健康应得到切实保障;要大力实施煤矿企业安全发展战略,健全完善安全生产法律法规、制度标准体系,严格煤矿安全生产执法,严厉打击非法违法行为,坚持依法依规,综合运用法律、行政、经济等手段,推动煤矿安全生产工作规范、有序、高效开展。

(3) 煤矿安全生产工作的指导方针

煤矿安全生产工作应当坚持安全第一、预防为主、综合治理的方针,从源头上防范化解重大安全风险。这一指导方针是煤矿企业安全生产工作长期实践的经验总结。

安全第一。煤炭行业作为一个高危行业,在煤矿生产经营活动中,要始终把员工的人身安全放在首要位置,实行"安全优先"的原则。当煤矿安全工作与其他经济利益发生矛盾时,绝不能以牺牲人的生命健康为代价换取发展和利益。安全第一,体现了以人为本的发展理念,是预防为主、综合治理的前置基础,没有安全第一的思想,预防为主就失去了思想支撑,综合治理就失去了整治依据。

预防为主。预防为主就是要把预防煤矿生产安全事故的发生放在煤矿安全生产工作的首位,这是实现煤矿安全生产、有效避免和减少煤矿事故发生的根本途径。煤矿安全隐患引发事故的原因有一定的规律可循,煤矿企业应尊重科学、探索规律,采取有效的事前控制措施,防患于未然,将事故消灭在萌芽状态。只要思想重视,预防措施得当,绝大部分煤矿事故特别是重大事故是可以避免的。政府要加强对煤矿企业的监管力度,煤矿企业要不断提升从业人员的安全素质,要把安全生产的重点放在建立事故隐患预防体系上,超前防范,才能有效避免和减少事故发生,实现安全第一。

综合治理。综合治理就是综合运用法律、经济、行政等手段,从煤矿企业发展规划、企业管理、安全投入、科技进步、安全培训、企业文化以及责任追究等方面着手,建立煤矿企业安全生产长效机制。综合治理纳入煤矿安全生产方针,标志着对煤矿安全生产的认识上升到了一个新的高度,是一种新的安全管理模式。只有不断健全和完善综合治理工作机制,才能有效贯彻煤矿安全生产方针。

从源头上防范化解重大安全风险。坚持从源头上防范化解重大安全风险,真正把问题解决在萌芽之时,对安全生产具有很强的指导意义。实践证明,许多煤矿事故的发生,都经历了从量变到质变的动态发展过程,必须从源头入手,做好煤矿安全风险防范工作,落实煤矿企业主体责任,严格规范精准执法,推进安全生产标准化建设、智能化建设,不断推进煤矿安全治理体系和治理能力现代化。

(4) 煤矿安全生产工作的基本原则

煤矿安全生产工作实行管行业必须管安全、管业务必须管安全、管生产经营必须管安全。“三管三必须”原则明确了政府部门对于煤矿企业的安全监管职责。管行业必须管安全，是指各行业主管部门在履行行业管理职责时，必须同时履行安全管理职责，对本行业内的安全生产工作负责。负有煤矿安全生产监督管理职责的各个部门，要在各自的职责范围内，对所负责的煤矿企业的安全生产工作实施监督管理。管业务必须管安全，是指各业务部门在履行业务管理职责时，必须同时履行安全管理职责，确保业务过程中的安全。管生产经营必须管安全，是指生产经营单位在从事生产经营活动时，必须履行安全管理职责，确保生产经营活动的安全。煤矿企业主要负责人是煤矿安全生产的第一责任人，其他负责人都要根据分管的业务，对煤矿企业安全生产工作承担一定的职责，负一定的责任。“三管三必须”原则的核心是建立煤矿企业负责、职工参与、政府监管、行业自律和社会监督的机制，同时还要求负有煤矿安全生产监督管理职责的部门之间要相互配合、齐抓共管、信息共享、资源共用，依法加强煤矿企业安全生产监督管理工作，切实形成监管合力，确保煤矿安全生产各项工作落地落实。

(5) 煤矿安全生产工作的工作机制

按照国家监察、地方监管、企业负责，强化和落实安全生产责任。

国家监察的主体是矿山安全监察机构，而实施地方监管的主体是地方政府。

矿山安全监察机构的主要职责有：① 贯彻落实国家关于矿山安全生产工作（含地质勘探，下同）的方针政策和决策部署，在履行职责过程中坚持和加强党对矿山安全监管监察工作的集中统一领导，履行全面从严治党责任。② 监督检查地方矿山安全监管工作，督促落实矿山安全准入、监管执法、风险分级管控和隐患排查治理等政策措施，向地方政府提出改善和加强矿山安全监管工作的意见建议。③ 开展辖区内矿山安全生产抽查检查，对发现的重大安全隐患采取现场处置措施，督促地方开展重大隐患整改和复查。④ 依法对辖区内煤矿企业贯彻执行安全生产法律法规情况及其安全生产条件、设备设施安全情况进行监管执法，对发现的违法违规问题进行现场处理、实施行政处罚，监督煤矿企业整改落实。⑤ 参与编制辖区内矿山安全生产应急预案，参与矿山事故应急救援工作。依法组织重大以下煤矿生产安全事故调查处理，参与重大及以下非煤矿山生产安全事故调查处理，监督事故查处落实情况。

地方政府安全监管机构的主要职责有：① 对本地区煤矿安全进行日常性监督检查，对煤矿违法行为进行处理和处罚；② 监督煤矿企业整改事故隐患和组织复查；③ 依法组织关闭不具备安全生产条件的矿井；④ 负责组织煤矿安全专项整治和安全生产标准化工作；⑤ 组织或参与煤矿事故调查处理；⑥ 对煤矿职工培训进行监督检查。

煤矿企业应有专门的机构和人员从事安全生产管理工作，负责对企业的安全生产状况进行经常性检查，对检查中发现的安全问题及时处理，对安全生产隐患及时排除。煤矿从业人员应当积极参与煤矿安全生产，有依法获得安全生产保障的权利，并应当依法履行安全生产方面的义务。

煤矿安全生产工作只有实行国家监察、地方监管、企业负责的工作机制，才能强化和落实安全生产责任，有效控制煤矿生产安全事故的发生。

第四条【安全生产主体责任】

煤矿企业应当履行安全生产主体责任，加强安全生产管理，建立健全并落实全员安全生产责任制和安全生产规章制度，加大对安全生产资金、物资、技术、人员的投入保障力度，改善安全生产条件，加强安全生产标准化、信息化建设，构建安全风险分级管控和隐患排查治理双重预防机制，健全风险防范化解机制，提高安全生产水平，确保安全生产。

煤矿企业主要负责人（含实际控制人，下同）是本企业安全生产第一责任人，对本企业安全生产工作全面负责。其他负责人对职责范围内的安全生产工作负责。

【条文解读】 本条是关于煤矿企业及其主要负责人安全生产主体责任的规定。

煤矿企业安全生产主体责任，是企业依照法律法规的规定必须履行的法定职责和义务，并且要对未履行法定职责和义务导致的后果承担责任。从责任内容上看，煤矿企业要保证生产经营活动安全地进行，防止和减少生产安全事故的发生，必须在管理制度上加强安全生产管理，建立健全并落实全员安全生产责任制和安全生产规章制度；从改善安全生产条件上加大对安全生产资金、物资、技术、人员的投入保障力度；从风险防范上加强安全生产标准化、信息化建设，构建安全风险分级管控和隐患排查治理双重预防机制，健全风险防范化解机制。从责任主体上看，包括企业主要负责人（法定代表人和实际控制人）责任、企业责任、安全生产管理机构及管理人员责任、从业人员责任等方面。煤矿主要负责人（法定代表人和实际控制人）应为安全生产第一责任人，对本企业安全生产工作全面负责。煤矿可以安排副职负责人协助主要负责人分管安全生产工作，但不能因此减轻或免除主要负责人对本单位安全生产工作所负的全面责任。煤矿主要技术负责人（总工程师）全面负责煤矿技术管理工作，行使技术决策权和指挥权，加强安全生产技术管理，及时排查治理煤矿重大事故隐患。煤矿其他分管负责人和相关人员在履行岗位职责的同时履行相应的安全生产工作职责。

第五条【县级以上人民政府职责】

县级以上人民政府应当加强对煤矿安全生产工作的领导，建立健全工作协调机制，支持、督促各有关部门依法履行煤矿安全生产工作职责，及时协调、解决煤矿安全生产工作中的重大问题。

【条文解读】　本条是关于县级以上人民政府在煤矿安全生产方面职责的规定。

（1）县级以上人民政府应当加强对煤矿安全生产工作的领导

煤矿安全生产直接关系到人民群众的生命安全，必须要由政府来发挥监督管理的作用。县级以上人民政府应当充分认识到加强煤矿安全生产工作领导的重要性和必要性，依法履行对本地区煤矿安全生产工作的领导责任，落实地方各级人民政府煤矿安全生产行政首长负责制和领导班子成员安全生产“一岗双责”制度，健全煤矿安全生产监管体制，认真研究解决本地区煤矿安全生产中的重大问题；确保有关法律法规和国家关于煤矿安全生产方针政策的贯彻执行；要加强对煤矿事故预防工作的领导，按规定对煤矿企业的建设把好审批立项关，要组织有关部门进行安全性评估；要加强煤矿企业安全生产的宣传教育，努力提高煤矿从业人员遵章守纪的自觉性和安全生产意识等。

（2）建立健全工作协调机制

安全生产委员会是各级党委和政府组织领导安全生产工作的议事协调机构。国务院于2003年成立安全生产委员会，主任由国务院副总理担任，目前全国各地均已成立安全生产委员会，多数由政府主要领导任安全生产委员会主任，对于指导推动本地区安全生产工作发挥了重要作用。安全生产委员会针对煤矿安全生产的主要职责是：加强组织领导，研究部署本地区煤矿安全生产工作；指导各有关部门单位切实履行职责，形成齐抓共管的局面；加强统筹协调，分析煤矿安全生产形势，提出煤矿安全生产工作政策措施，切实解决存在的安全隐患。

（3）支持、督促各有关部门依法履行煤矿安全生产工作职责

县级以上人民政府对本级政府所属负有煤矿安全生产监督管理职责的部门依法履行煤矿安全生产监督管理的职责，负有领导、支持和督促的责任。

（4）及时协调、解决煤矿安全生产工作中的重大问题

煤矿安全生产监督管理中的一些重大问题及隐患，县级以上人民政府负有煤矿安全生产监督管理职责的部门，可通过安全生产委员会等议事协调机构及时统筹协调，依法解决。

第六条【煤矿安全生产监督管理部门职责】

县级以上人民政府负有煤矿安全生产监督管理职责的部门对煤矿安全生产实施监督管理，其他有关部门按照职责分工依法履行煤矿安全生产相关职责。

【条文解读】 本条是对县级以上人民政府关于煤矿安全生产监督管理机制的规定。

“县级以上人民政府负有煤矿安全生产监督管理职责的部门”，是指由地方各级人民政府依照《中华人民共和国地方各级人民代表大会和地方各级人民政府组织法》的规定确定的本级政府负责煤矿安全生产监督管理的部门。县级以上人民政府负有煤矿安全生产监督管理职责的部门对煤矿安全生产实施综合监督管理，主要包括：依照有关法律法规的规定，对有关涉及煤矿安全生产的事项进行审批、验收；依法对煤矿生产经营单位执行有关安全生产的法律法规和国家标准或者行业标准的情况进行监督检查；按照

国务院规定的权限组织对重大事故的调查处理；对违法行为依法给予行政处罚等。

“其他有关部门”，是指除本级人民政府负责煤矿安全生产监督管理的部门以外的依照有关法律、行政法规、地方性法规和本级人民政府对其部门职责划分的规定，对煤矿安全生产负有监督管理职责的部门，如发展改革、自然资源、公安、供电、住建、环保、人力资源和社会保障、卫生健康等部门。依据本条例，这些其他有关部门按照职责分工依法履行煤矿安全生产相关职责。例如：① 发展改革部门负责对权限范围内符合国家或省（自治区、直辖市）煤炭工业发展规划和矿区总体规划的煤矿建设项目核准、初步设计审查把关工作；按照规定权限负责煤矿改扩建项目核准、设计审查、资源整合方案审批、矿井生产能力核定工作；对煤炭行业落实安全生产有关政策实施监督管理，具体承担淘汰落后产能、瓦斯治理等职责，负责对权限范围内煤矿建设项目竣工验收工作实施监督管理。② 自然资源部门负责对煤炭资源勘查的安全生产实施监督管理；依法查处煤矿无证开采、超越批准矿区范围采矿等非法违法行为，向公安部门移送涉嫌非法采矿构成犯罪的案件线索。③ 公安部门负责对煤矿企业购买、使用民用爆炸物品实施监督管理；严厉打击煤矿企业非法买卖、运输、使用爆炸物品等违法犯罪行为；依法查处盗采煤炭资源行为，负责对涉嫌非法开采和破坏性盗采等犯罪行为立案侦查并向检察机关移送起诉。④ 供电部门负责对煤矿企业安全用电实施监督管理，依法查处违法违规用电行为；负责依据有关行政机关作出的行政强制决定或其他书面决定，依法对与之具有供用电合同关系的停产整顿煤矿限制供电，对关闭煤矿及时切断电源、拆除供电设备和设施。⑤ 住建部门负责对煤矿施工企业安全生产许可证的管理，并会同煤炭行业管理部门加强对煤矿设计、施工和监理单位的资质监管。⑥ 环保部门负责矿区生态恢复和环境治理监督管理，依法检查煤矿企业的危险废物储存、煤矸石堆放、扬尘治理、污水处理等工作。⑦ 人力资源和社会保障部门负责煤矿劳动用工监督管理，依法查处煤矿企业非法用工和不为从业人员购买工伤保险等违法违规行为。⑧ 卫生健康部门负责煤矿作业场所职业卫生监督管理工作，组织查处煤矿职业危害事故和违法违规行为。

典型案例：

陕西铜川某矿顶板砂岩含水层重大透水事故

一、事故经过

2016年4月24日22时，综采队副队长党某某主持召开了0点班班前会，指出ZF202工作面8号支架前有淋水、20号支架顶部破碎，要求采煤机割煤时注意跟机拉架，防止架前漏顶漏矸。会后，副队长谭某某和班长钟某某带领工人入井，综采队0点班出勤35人。25日0时左右，当班工人陆续到达ZF202工作面各自工作地点开始工作。副矿长刘某为0点班带班矿领导，25日0时左右随工人入井。当时工作面正在移架，8#～21#支架压力大，6#～8#支架间顶板有淋水，刘某检查了工作面安全情况后，安排工作面开始割煤。25日7时左右，刘某去工作面运输机机头处查看。25日8点班综采队出勤32人。8时许，正在工作面10#支架处清煤的工人王某某发现7#～9#架架间淋水突然增大，水色发浑，立即跑到工作面刮板输送机机头处报告带班副矿长刘某，随后撤离工作面。刘某接到报告后通过工作面声光信号装置发出“快撤”指令，随即和排水工李某某从工作面机头向运输巷撤出；副班长胡某某、支架工乔某某等25人向工作面机尾方向经回风巷撤出。在撤离过程中，听到巨大的声响，并伴有强大的气流，看到巷道中雾气弥漫。刘某到液压泵站向调度室作了汇报，并派当班瓦斯检查工张某某去运输巷查看情况，发现运输巷最低点已积满了水。随后，刘某与刚刚到达的8点班跟班副队长党某某清点了人数，发现11人未撤出。该事故最终造成11名矿工遇难。

二、事故原因

（一）直接原因

（1）受采动影响，ZF202综采放顶煤工作面回采过程中，煤层顶板上覆洛河组砂岩含水层随直接顶冒落形成离层水体，因顶板周期来压形成导水通道，离层水溃入工作面，造成作业人员被困。

（2）在工作面出现透水征兆后，仍继续冒险作业，引发工作面煤壁切顶冒落导通泥沙流体，导致事故发生。

（二）间接原因

(1) 对水害危险认识不足、重视不够。① 矿井在2013年7月、2014年12月、2015年8月先后三次发生透水，没有造成人员伤亡，因而未引起企业管理人员和职工的重视，未进行认真总结分析，未采取有效勘探技术手段，查明煤层上覆岩层含水层的充水性，制定可靠的防治水方案。② 该矿《矿井水文地质类型划分报告》指出矿井构造主要为宽缓向斜，要对构造区富水性和导水性进行探查，同时对上下含水层水力联系进行探查，以确定矿井主要涌水水源。煤矿并未重视，在ZF202工作面回采前，没有进行水文地质探查，对洛河组砂岩含水层水的危害认知不清，未能发现顶板岩层古河床相地质异常区。③ 现场作业和相关管理人员安全意识差，水害防范意识薄弱，对透水征兆辨识能力不强。ZF202工作面从4月20日0点班开始，工作面周期来压，30#～70#支架压力大，37#～45#支架前梁有水，煤帮出水。之后几天，各班虽强调注意安全，加强排水，但仍继续组织生产，并未采取安全有效的措施处理隐患。

(2) 防治水管理不到位。① 矿井防治水队伍管理不规范，配备5名探放水工分散在采掘区队；探放水工作由地测科组织实施，采掘区队配合，在施工过程中对钻孔位置、角度、深度无人监督，措施落实不到位。② ZF202工作面两平巷施工的探水钻孔间距、垂深不符合要求。探放水措施流于形式，钻孔施工不规范，2016年以来ZF202工作面推进长度约320 m，仅在运输、回风平巷各施工了两个探水钻孔，倾角分别为15°和36°、斜长分别为35 m和43 m；在工作面频繁出现淋水、压架等现象时，仍未采取有效的探放水措施。③《ZF202工作面回采地质说明书》未将上覆洛河组砂岩含水层作为主要水害防范对象，未编制专门的探放水设计，只制定了顶板探放水安全技术措施，且未进行会审。探放水措施存在漏洞，探水点间距和钻孔倾角、终孔位置设计不合理，每隔100 m布置一个探水点，且钻孔倾角为30°、斜长40 m，既达不到疏放洛河组砂岩含水层水的目的，也未达到《ZF202工作面回采地质说明书》规定的垂深60 m的要求。

(3) 安全教育培训和应急演练不到位。应急救援培训针对性不强，管理人员和职工对透水预兆认识不清，自保、互保意识不强；未开展水害事故专项应急演练工作，管理人员和职工在透水发生时应急处置能力差，出现透水预兆后，不及时撤人，继续违章冒险作业。

(4) 地方政府及煤矿安全监管部门监督管理不力。① 区煤炭管理局对相关工作人员履职情况监管不力；对该煤矿安全生产检查不到位，未发现探放水设备缺陷、ZF202工作面防治水措施及水害异常情况；监督该煤矿整改安全隐患、开展应急救援培训和演练工作不力；对该煤矿复产复工验收工作组织不力、把关不严、检查不规范。② 区政府对区煤炭管理局在煤矿安全生产监管中存在的问题失察，履行安全监管责任督促不到位。

三、防范措施

(1) 认真吸取事故教训，提高认识，强化安全生产主体责任。煤矿企业要认真贯彻落实国家关于安全生产的一系列方针、政策，牢固树立科学发展、安全发展的理念，坚持“安全第一、预防为主、综合治理”的方针；深刻吸取本次水害事故的教训，严格遵守国家有关法律法规，认真落实各项安全生产责任制，切实落实主体责任，进一步加大隐患排查治理力度，做到安全生产。

(2) 加强矿井水文地质及灾害防治工作，并实施到位，确保安全生产。按照《煤矿防治水细则》要求开展水文地质补充勘探工作，查清煤矿地层充水性，查明矿井或采区水文地质情况，调查、收集、核实古河床相特殊构造带及废弃老窑的相关情况。加强与科研院所合作，开展煤层顶板离层水体相关机理研究，掌握工作面顶板压力显现规律和煤层顶板砂岩水形成机理及防治技术，为科学严密防范水害事故提供决策依据。实测上覆岩层“两带”发育高度等技术参数，重新确定矿井水文地质类型。坚持“预测预报、有疑必探、先探后掘、先治后采”的原则，建立健全防治水安全责任体系，配备专业技术人员、专用探放水设备，组建专门的探放水作业队伍。采取综合技术手段探明顶部离层空腔水体的赋存及其他灾害情况，在真实全面掌握矿井灾害的情况下，提出科学合理的综合治理方案，并实施到位，确保安全生产。

(3) 加强职工安全教育培训，提高水害应急处置能力。强化煤矿防治水安全培训和警示教育，提高职工辨识透水事故征兆水平，增强防范水害事故的能力。在采、掘过程中，发现顶板矿压异常，架间淋水，涌水量增大，水质、水温异常，水色发浑，片帮、漏顶及其他异常现象时，必须立即停止作业，查明原因，采取有效措施处理，严禁冒险作业。

(4) 强化煤矿生产安全管理、加大监管力度和深度。各级职能部门要进一步增强责任感和使命感，认真履行职责，真正做实做细煤矿企业安全生产管理监督工作,高度重视并认真研究分析日常生产过程中出现的新情况、新问题,加大监督检查力度,落实驻矿监管员责任,把隐患消除在萌芽状态,为煤矿安全生产创造条件、提供保障。对隐患排查措施不落实、不执行放水制度、不具备安全生产条件的一律责令停产整顿,严禁组织生产。

第七条【煤矿安全监察】

国家实行煤矿安全监察制度。国家矿山安全监察机构及其设在地方的矿山安全监察机构负责煤矿安全监察工作,依法对地方人民政府煤矿安全生产监督管理工作进行监督检查。

国家矿山安全监察机构及其设在地方的矿山安全监察机构依法履行煤矿安全监察职责,不受任何单位和个人的干涉。

【条文解读】 本条是关于煤矿安全监察的规定。

国家实行煤矿安全监察制度。矿山安全监察机构依照本条例,对煤矿安全实施国家监察。国家矿山安全监察机构及其设在地方的矿山安全监察机构负责煤矿安全监察工作,依法对地方人民政府煤矿安全生产监督管理工作进行监督检查。国家矿山安全监察机构检查指导地方人民政府煤矿安全监督管理工作。国家矿山安全监察机构根据煤矿安全工作的实际情况,组织对全国煤矿的全面安全检查或者重点安全抽查。

"设在地方的矿山安全监察机构"应当对煤矿实施经常性安全检查,对事故多发地区的煤矿,应当实施重点安全检查,并对每个煤矿建立煤矿安全监察档案。煤矿安全监察人员对每次安全检查的内容、发现的问题及其处理情况,应当做详细记录,并由参加检查的煤矿安全监察人员签名后归档。有重大煤矿安全问题的,应当及时采取措施并随时报告。

国家矿山安全监察机构及其设在地方的矿山安全监察机构依法履行煤矿安全监察职责,不受任何单位和个人的干涉。煤矿生产经营单位及其有关人员,地方人民政府、政府有关部门及其工作人员以及其他任何单位和个人,都不得阻挠和干涉矿山安全监察机构对煤矿的安全监察,尤其是对煤矿事故的调查处理工作。具体表现:在事故调查组组成过程中阻挠和干涉事故调查组的组成;阻挠和干涉事故调查的过程,包括故意破坏事故现场或者转移、隐匿有关证据,无正当理由拒绝接受事故调查组的询问,或者拒绝提供有关情况和资料,或者作伪证、提供虚假情况，或者为事故调查设置障碍等；干涉对事故性质的认定或者事故责任的确定；阻挠和干涉对有关事故责任人员进行处理等。对阻挠和干涉依法调查处理事故的单位和个人，必须依法严肃处理。不构成犯罪的，依法给予行政处罚或者处分；构成犯罪的，依法追究刑事责任。

第八条【煤矿事故追责和调查】

国家实行煤矿生产安全事故责任追究制度。对煤矿生产安全事故责任单位和责任人员，依照本条例和有关法律法规的规定追究法律责任。

国家矿山安全监察机构及其设在地方的矿山安全监察机构依法组织或者参与煤矿生产安全事故调查处理。

【条文解读】 本条是关于煤矿事故追责和调查的规定。

依照本条例和有关法律法规的规定，国家实行煤矿生产安全事故责任追究制度，追究煤矿生产安全事故责任单位和相关责任人员的法律责任。国家矿山安全监察机构及其设在地方的矿山安全监察机构依法组织或者参与煤矿生产安全事故调查处理。

煤矿生产安全事故按照事故等级实行分级调查处理。特别重大事故由国务院或者国务院授权有关部门依照《生产安全事故报告和调查处理条例》的规定组织调查处理。重大事故、较大事故、一般事故由国家矿山安全监察机构及其设在地方的矿山安全监察机构依照《生产安全事故报告和调查处理条例》的规定组织调查处理。《矿山生产安全事故报告和调查处理办法》第十八条规定，重大及以下等级煤矿事故由国家矿山安全监察局省级局牵头组织调查。未造成人员死亡的一般事故，县级人民政府或者国家矿山安全监察局省级局可以委托事故发生单位或者有关部门组织事故调查组进行调查。第十九条规定，国家矿山安全监察局认为必要时，可以调查由国家矿山安全监察局省级局负责调查的煤矿事故。因伤亡人数变化导致事故等级发生变化，依照《矿山生产安全事故报告和调查处理办法》应当由上级人民政府或者矿山安全监察机构调查的，上级人民政府或者矿山安全监察机构可以重新组织事故调查组进行调查。第二十条规定，重大及以下等级煤矿事故，由国家矿山安全监察局省级局、有关地方人民政府、煤矿安全监管部门、煤炭行业管理部门、负有煤矿安全生产监督管理职责的其他有关部门、公安机关以及工会组织派人组成事故调查组，并邀请当地有管辖权的监察机关介入。

煤矿重大事故调查报告经征求省级人民政府意见后，报国家矿山安全监察局审核同意后，按程序结案。较大及以下等级煤矿事故调查报告由国家矿山安全监察局省级局按程序结案。对国务院安委会挂牌督办的重大事故、国务院安委会办公室或者国家矿山安全监察局挂牌督办的典型事故，事故调查报告初稿形成后，事故调查组组长单位应当向国家矿山安全监察局汇报，并根据国家矿山安全监察局的意见和建议，组织事故调查组对事故调查报告进行修改完善，并正式报国务院安委会办公室或者国家矿山安全监察局，经审核同意后，按程序结案。事故提级调查的，由组织提级调查的单位按程序结案。事故结案通知应当印送有关地方人民政府或者单位，抄送事故调查组成员单位。有关地方人民政府及其有关部门或者单位应当依照法律法规规定的权限和程序，落实事故调查报告中关于事故责任有关单位、责任人员的责任追究意见以及事故防范和整改措施，接到事故调查报告和结案通知 3 个月内，将落实情况书面报（抄）事故调查组组长单位及其他有关部门。

第九条【煤矿安全生产举报制度和举报权】

县级以上人民政府负有煤矿安全生产监督管理职责的部门、国家矿山安全监察机构及其设在地方的矿山安全监察机构应当建立举报制度，公开举报电话、信箱或者电子邮件地址等网络举报平台，受理有关煤矿安全生产的举报并依法及时处理；对需要由其他有关部门进行调查处理的，转交其他有关部门处理。

任何单位和个人对事故隐患或者安全生产违法行为，有权向前款规定的部门和机构举报。举报事项经核查属实的，依法依规给予奖励。

【条文解读】 本条是关于建立煤矿安全生产举报制度和举报权的规定。

本条例将举报制度以法律的形式确立在煤矿安全生产的监督管理工作之中。县级以上人民政府负有煤矿安全生产监督管理职责的部门、国家矿山安全监察机构及其设在地方的矿山安全监察机构应依据本条的规定，建立、健全有关煤矿安全生产的监督举报制度。监督举报制度遵循以下要求：一是公开举报电话、信箱或者电子邮件地址等网络举报平台，即要向社会公开监督举报的联系方式。二是要依法及时处理。对实名报告或者举报且有联系方式的，依照《信访工作条例》的规定，有关行政机关收到报告或者举报后，应当在15日内书面告知举报人是否立案受理，并自受理之日起60日内办结，告知举报人；对于举报的事实线索比较明确，又属于本部门职责范围的，受理举报的部门应当及时进行调查，违法行为经查证属实的，依法给予行政处罚或者处分，构成犯罪的，移送司法机关依法追究刑事责任；对不属于本部门职责范围的举报，应及时移交有权处理的部门。

为发挥全社会对煤矿安全生产的监督作用，任何单位或者个人对事故隐患或者安全生产违法行为，均有权向负有煤矿安全生产监督管理职责的部门、国家矿山安全监察机构及其设在地方的矿山安全监察机构报告或者举报。负有煤矿安全生产监督管理职责的部门、国家矿山安全监察机构及其设在地方的矿山安全监察机构要特别重视煤矿生产经营单位内部有关管理人员和从业人员的举报，也要鼓励其他单位和个人的举报，从而提供重要的线索。举报的内容应当真实，不得捏造违法行为，诬告、陷害有关单位和人员。对有诬告、陷害行为的，将依法追究法律责任；对举报事项经核查属实的，依法依规给予奖励。《安全生产领域举报奖励办法》(安监总财〔2018〕19号)第十一条规定，经调查属实的，受理举报的负有安全监管职责的部门应当按下列规定对有功的实名举报人给予现金奖励：① 对举报重大事故隐患、违法生产经营建设的，奖励金额按照行政处罚金额的15%计算，最低奖励3 000元，最高不超过30万元。行政处罚依据《安全生产法》《安全生产违法行为行政处罚办法》《安全生产行政处罚自由裁量标准》《煤矿安全监察行政处罚自由裁量实施标准》等法律法规及规章制度执行。② 对举报瞒报、谎报事故的，按照最终确认的事故等级和查实举报的瞒报谎报死亡人数给予奖励。其中：一般事故按每查实瞒报谎报1人奖励3万元计算;较大事故按每查实瞒报谎报 1 人奖励 4 万元计算;重大事故按每查实瞒报谎报 1 人奖励 5 万元计算;特别重大事故按每查实瞒报谎报 1 人奖励 6 万元计算。最高奖励不超过 30 万元。

第十条【煤矿企业从业人员权利与义务】

煤矿企业从业人员有依法获得安全生产保障的权利,并应当依法履行安全生产方面的义务。

【条文解读】 本条是关于煤矿企业从业人员权利与义务的规定。

按照本条规定,煤矿企业从业人员有依法获得安全生产保障的权利。对煤矿企业从业人员的安全生产保障,关系到从业人员的生命安全,是劳动者应享有的基本人权。《安全生产法》第六条规定,生产经营单位的从业人员有依法获得安全生产保障的权利,并应当依法履行安全生产方面的义务。

煤矿企业从业人员享有的安全生产保障权利主要包括:① 有关安全生产的知情权。包括获得安全生产教育和技能培训的权利,被如实告知作业场所和工作岗位存在的危险因素、防范措施及事故应急措施的权利。② 有获得符合国家标准的劳动防护用品的权利。③ 有对安全生产问题提出批评、建议的权利。从业人员有权对本单位安全生产管理工作中存在的问题提出建议、批评、检举、控告,生产经营单位不得因此做出对从业人员不利的处分。④ 有对违章指挥的拒绝权。从业人员对管理者做出的可能危及安全的违章指挥,有权拒绝执行,并不得因此受到对自己不利的处分。⑤ 有采取紧急避险措施的权利。从业人员发现直接危及人身安全的紧急情况时,有权停止作业或者在采取紧急措施后撤离作业场所,并不得因此受到对自己不利的处分。⑥ 在发生生产安全事故后,有获得及时抢救和医疗救治并获得工伤保险赔付的权利。

煤矿企业从业人员在享有获得安全生产保障权利的同时,也负有以自己的行为保证安全生产的义务,主要包括:① 在作业过程中遵守本单位的安全生产规章制度和操作规程,服从管理,不得违章作业。② 接受安全生产教育和培训,掌握本职工作所需要的安全生产知识。③ 发现事故隐患应当及时向本单位安全生产管理人员或主要负责人报告。④ 正确使用和佩戴劳动防护用品。只有每个从业人员都认真履行自己在安全生产方面的法定义务,煤矿企业的安全生产工作才能有保证。实践中，许多生产安全事故的发生，都是因从业人员违章操作或者不遵守规章制度造成的。因此，煤矿企业从业人员认真履行安全生产义务，是煤矿企业能够真正做到安全生产的重要因素。

第十一条【煤矿安全生产标准的制定与修订】

国家矿山安全监察机构应当按照保障煤矿安全生产的要求，在国务院应急管理部门的指导下，依法及时拟订煤矿安全生产国家标准或者行业标准，并负责煤矿安全生产强制性国家标准的项目提出、组织起草、征求意见、技术审查。

【条文解读】 本条是关于保障煤矿安全生产的国家标准或者行业标准的制定、修订的规定。

保障煤矿安全生产的国家标准或者行业标准，是做好煤矿安全生产工作的重要技术规范，是煤矿安全生产监督管理的重要依据，对规范煤矿生产经营单位的行为、保障煤矿安全生产工作具有十分重要的作用。为了满足煤矿安全生产工作的需要，国家矿山安全监察机构应当按照保障煤矿安全生产的要求，在国务院应急管理部门的指导下，依法及时拟订煤矿安全生产国家标准或者行业标准，这是国家矿山安全监察机构的一项法定职责，必须认真履行。

国家标准和行业标准可以分为强制性标准和推荐性标准。保障人员健康，人身、财产安全的标准和法律、行政法规规定强制执行的标准是强制性标准，其他标准是推荐性标准。根据这一规定，煤矿安全生产国家标准或者行业标准大都属于保障煤矿从业人员健康，人身、财产安全的强制性标准，具有强制执行的效力，这是煤矿生产经营单位的一项法定义务，也是防患于未然、防止和减少煤矿生产安全事故发生的重要前提。国家矿山安全监察机构应当按照保障煤矿安全生产的要求，在国务院应急管理部门的指导下，依法负责煤矿安全生产强制性标准的项目提出、组织起草、征求意见、技术审查。

第十二条【科技进步】

国家鼓励和支持煤矿安全生产科学技术研究和煤矿安全生产先进技术、工艺的推广应用，提升煤矿智能化开采水平，推进煤矿安全生产的科学管理，提高安全生产水平。

【条文解读】 本条是关于鼓励煤矿依靠科技进步促进其安全发展的规定。

煤矿安全生产管理工作的重点，是预防和减少事故的发生。煤矿生产安全事故虽然有复杂性、意外性和突发性，但它也有一定的规律。要预防和减少煤矿生产安全事故的发生，必须努力去寻找其中的规律。因此，必须加强煤矿安全生产科学技术研究和煤矿安全生产先进技术、工艺的推广应用，提升煤矿智能化开采水平，引导煤矿企业向机械化、智能化方向发展。煤矿企业各部门应采取有效措施推动企业科技进步，增强员工的科技意识，尊重知识，尊重人才，保障科学研究的自由，保护知识产权，鼓励发明创造，提高全体员工的科学文化水平。

煤矿企业应采取各种措施，提高科技人员的地位和待遇，改善其工作和生活条件，充分发挥科技人员在企业科技进步中的作用。煤矿企业只有通过科技进步及专业技术人才培养，支持云计算、大数据、物联网等信息化技术与煤炭产业和煤矿安全监管监察工作深度融合，才能最终提高煤矿安全生产水平。

第二章　煤矿企业的安全生产责任

第十三条【法律法规和标准】

煤矿企业应当遵守有关安全生产的法律法规以及煤矿安全规程，执行保障安全生产的国家标准或者行业标准。

【条文解读】　本条是关于煤矿企业遵守法律法规和标准的规定。

本条明确规定煤矿企业安全生产经营活动应当遵守相关法律法规，执行国家标准或者行业标准。

我国煤矿安全法律法规体系主要有四个部分：一是全国人民代表大会及其常务委员会颁布的关于安全生产的法律；二是国务院颁布的关于安全生产的行政法规；三是省（自治区、直辖市）级人民代表大会及其常务委员会颁布的关于安全生产的地方性法规；四是国务院有关部委、省级人民政府颁布的有关安全生产的部门规章和地方政府规章。我国煤矿安全法律法规体系的主要内容有：① 法律，如《安全生产法》《中华人民共和国矿山安全法》《中华人民共和国煤炭法》《中华人民共和国劳动法》《中华人民共和国矿产资源法》《中华人民共和国环境保护法》《中华人民共和国固体废物污染环境防治法》等。② 行政法规，如《生产安全事故应急条例》《煤矿安全生产条例》《中华人民共和国矿山安全法实施条例》《建设项目环境保护管理条例》《危险化学品安全管理条例》等。③ 地方性法规，如《××省安全生产条例》《××省实施〈中华人民共和国矿山安全法〉办法》《××省实施〈中华人民共和国煤炭法〉办法》等。④ 部门规章和地方政府规章，如《煤矿安全规程》《××省煤矿瓦斯防治规定》等。

第十四条【安全设施设计】

新建、改建、扩建煤矿工程项目（以下统称煤矿建设项目）的建设单位应当委托具有建设工程设计企业资质的设计单位进行安全设施设计。

安全设施设计应当包括煤矿水、火、瓦斯、冲击地压、煤尘、顶板等主要灾害的防治措施，符合国家标准或者行业标准的要求，并报省、自治区、直辖市人民政府负有煤矿安全生产监督管理职责的部门审查。安全设施设计需要作重大变更的，应当报原审查部门重新审查，不得先施工后报批、边施工边修改。

【条文解读】　本条是关于新建、改建、扩建煤矿工程项目的安全设施设计的规定。

煤矿建设是一个相对复杂的工程，涉及的学科较多。煤矿建设过程中涉及地质、矿建、采矿、选矿、建筑、结构、运输、电气、给排水、机械、通风、环保、经济等众多专业技术，稍有差池就可能会造成安全隐患或资金浪费。为保证安全设施设计的一致性，建设单位应当根据煤矿建设规模，委托具有相应资质的同一设计单位承担煤矿建设项目初步设计和安全设施设计。安全设施设计必须符合有关法律、法规、规章和国家标准或者行业标准、技术规范的规定，并尽可能采用先进适用的工艺、技术和可靠的设备、设施。

煤炭行业是高危行业，在煤炭开采过程中存在着自然发火、水害、瓦斯、煤尘、冲击地压、顶板垮落等诸多潜在的危险，因此在安全设施设计时应当包括煤矿水、火、瓦斯、冲击地压、煤尘、顶板等主要灾害的防治措施。《煤矿建设项目安全设施监察规定》第十七条规定，煤矿建设项目的安全设施设计应当包括煤矿水、火、瓦斯、煤尘、顶板等主要灾害的防治措施，所确定的设施、设备、器材等应当符合国家标准和行业标准。科学实用的安全设施设计是保障煤矿建设工程安全、合理、节约、高效的法宝，安全设施设计完成后应当经负有煤矿安全生产监督管理职责的部门审查批准。煤矿建设单位申请安全设施设计审查前，应按照规定上报各项资料，所报资料必须完整可靠，负有煤矿安全生产监督管理职责的部门应当自受理之日起30日内审查完毕，经审查同意的，应当以文件形式批复；不同意的，应当提出审查意见，并以书面形式答复。

《中共中央办公厅 国务院办公厅关于进一步加强矿山安全生产工作的意见》中明确规定，煤矿的安全设施设计审查由省级以上矿山安全监管部门负责，不得下放或者委托。矿山安全监管部门应当制定煤矿建设项目安全设施设计审查规范，严格实质内容审查，不得仅对程序和形式进行审查。煤矿开发没有进行一次性总体设计的，原则上不得审批安全设施设计。

煤矿建设单位必须按照批准的安全设施设计组织施工，不得擅自变更设计内容，安全设施设计需要作重大变更的，须经原批准部门重新审查同意，不得先施工后报批、边施工边修改。

第十五条【建设单位和施工单位职责】

煤矿建设项目的建设单位应当对参与煤矿建设项目的设计、施工、监理等单位进行统一协调管理，对煤矿建设项目安全管理负总责。

施工单位应当按照批准的安全设施设计施工，不得擅自变更设计内容。

【条文解读】 本条是关于建设单位和施工单位对参建项目所负职责的规定。

本条规范的主体为煤矿建设项目的建设单位，其对煤矿建设项目安全管理负总责任，协调管理参与煤矿建设项目的设计、施工、监理等单位。《加强煤矿建设安全管理规定》（安监总煤监〔2012〕153 号）中规定："施工单位对煤矿建设施工安全承担主体责任，上级管理单位承担领导责任。施工单位必须设置安全生产管理机构，明确安全、技术负责人，加强对施工项目部及施工过程的安全管理，按照批准的设计组织施工，并对工程质量负责。"

施工单位对于安全设施的施工标准参照本条例第十四条的规定，必须符合国家标准或者行业标准的要求，并经相关部门审查批准，不得擅自变更设计内容。

第十六条【安全设施验收】

煤矿建设项目竣工投入生产或者使用前，应当由建设单位负责组织对安全设施进行验收，并对验收结果负责；经验收合格后，方可投入生产和使用。

【条文解读】 本条是关于煤矿建设项目安全设施验收的规定。

煤矿建设项目安全设施验收由建设单位负责组织并对结果负责。

煤矿建设项目竣工投入生产或者使用前，应开展安全设施专项验收，依据《煤矿建设项目安全设施竣工验收监督核查暂行办法》（安监总煤监〔2015〕34 号），煤矿建设项目安全设施专项验收由煤矿建设单位负责组织，并对验收结果负责；煤矿建设单位实行多级管理的，由项目建设单位上一级具有独立法人资格的单位（或公司总部）负责组织验收。煤矿安全监管部门对建设单位的验收活动和验收结果进行监督核查，监督核查原则上应在现场进行，对验收结果的核查应与安全生产许可证安全生产条件现场审查一并进行。

煤矿建设项目符合以下条件后，方可组织安全设施竣工验收：① 按批准的安全设施设计建设完成；② 单项工程经过工程质量机构认证，并取得质量合格认证书；③ 经过联合试运转运行正常，提交联合试运转报告；④ 提交进一步查清包含采空区积水、积气、火区等有关隐蔽致灾因素的建井地质报告；⑤ 安全验收评价合格；⑥ 取得采矿许可证，矿长和安全管理人员取得安全生产知识和管理能力考核合格证，特种作业人员经培训取得资格证书，从业人员经安全培训并考试合格；⑦ 提交矿井瓦斯等级、各煤层煤尘爆炸性和自燃倾向性鉴定报告、主要电器和机械设备检测检验合格报告，突出矿井还应提交已揭露煤层的突出危险性鉴定报告，冲击地压矿井还应提交冲击倾向性和冲击危险性评价报告。

煤矿建设单位组织安全设施竣工验收前，应编制验收方案。验收方案应包含以下内容：① 煤矿建设项目基本情况；② 参与验收人员（含验收专家组成员）及其工作内容和责任；③ 验收工作时间安排、程序。煤矿建设单位应在验收活动开始之前，提前 20 个工作日将验收方案报送至负有煤矿安全生产监督管理职责的政府部门，并对其真实性、合法性负责。煤矿建设单位应从企业外部聘请技术专家组成验收专家组，对煤矿建设项目安全设施进行竣工验收。负有煤矿安全生产监督管理职责的政府部门应派员对验收活动进行现场监督，并提出书面监督意见。煤矿建设单位应对验收专家组提出的问题和验收监督部门的监督意见进行整改，合格后方可出具通过验收的意见，验收报告应参照国家有关煤矿建设项目安全设施设计审查与竣工验收报告规范文本进行编写。

第十七条【安全生产许可】

煤矿企业进行生产，应当依照《安全生产许可证条例》的规定取得安全生产许可证。未取得安全生产许可证的，不得生产。

【条文解读】　本条是关于煤矿企业安全生产许可的规定。

为保障煤矿企业生产安全，本条规定煤矿企业进行生产前必须取得安全生产许可证。《煤矿企业安全生产许可证实施办法》第六条规定，煤矿企业取得安全生产许可证，应当具备下列安全生产条件：① 建立、健全主要负责人、分管负责人、安全生产管理人员、职能部门、岗位安全生产责任制；制定安全目标管理、安全奖惩、安全技术审批、事故隐患排查治理、安全检查、安全办公会议、地质灾害普查、井下劳动组织定员、矿领导带班下井、井工煤矿入井检身与出入井人员清点等安全生产规章制度和各工种操作规程；② 安全投入满足安全生产要求，并按照有关规定足额提取和使用安全生产费用；③ 设置安全生产管理机构，配备专职安全生产管理人员；煤与瓦斯突出矿井、水文地质类型复杂矿井还应设置专门的防治煤与瓦斯突出管理机构和防治水管理机构；④ 主要负责人和安全生产管理人员的安全生产知识和管理能力经考核合格；⑤ 参加工伤保险，为从业人员缴纳工伤保险费；⑥ 制定重大危险源检测、评估和监控措施；⑦ 制定应急救援预案，并按照规定设立矿山救护队，配备救护装备；不具备单独设立矿山救护队条件的，与邻近的专业矿山救护队签订救护协议；⑧ 制定特种作业人员培训计划、从业人员培训计划、职业危害防治计划；⑨ 法律、行政法规规定的其他条件。第七条规定，煤矿除符合本实施办法第六条规定的条件外，还必须符合下列条件：① 特种作业人员经有关业务主管部门考核合格，取得特种作业操作资格证书；② 从业人员进行安全生产教育培训，并经考试合格；③ 制定职业危害防治措施、综合防尘措施，建立粉尘检测制度，为从业人员配备符合国家标准或者行业标准的劳动防护用品；④ 依法进行安全评价；⑤ 制定矿井灾害预防和处理计划；⑥ 依法取得采矿许可证，并在有效期内。

《煤矿企业安全生产许可证实施办法》第二条规定，煤矿企业必须依照本实施办法的规定取得安全生产许可证。未取得安全生产许可证的，不得从事生产活动。《煤矿安全生产条例》第六十一条规定，未依法取得安全生产许可证等擅自进行煤矿生产的，应当责令立即停止生产，没收违法所得和开采出的煤炭以及采掘设备；违法所得在 10 万元以上的，并处违法所得 2 倍以上 5 倍以下的罚款；没有违法所得或者违法所得不足 10 万元的，并处 10 万元以上 20 万元以下的罚款。关闭的煤矿企业擅自恢复生产的，依照前款规定予以处罚。

第十八条【主要负责人职责】

煤矿企业主要负责人对本企业安全生产工作负有下列职责：

（一）建立健全并落实全员安全生产责任制，加强安全生产标准化建设；

（二）组织制定并实施安全生产规章制度和作业规程、操作规程；

（三）组织制定并实施安全生产教育和培训计划；

（四）保证安全生产投入的有效实施；

（五）组织建立并落实安全风险分级管控和隐患排查治理双重预防工作机制，督促、检查安全生产工作，及时消除事故隐患；

（六）组织制定并实施生产安全事故应急救援预案；

（七）及时、如实报告煤矿生产安全事故。

【条文解读】 本条是关于煤矿企业主要负责人安全生产职责的规定。

《安全生产法》第五条明确规定，生产经营单位的主要负责人是本单位安全生产第一责任人，对本单位的安全生产工作全面负责。

煤矿（煤矿企业）主要负责人是指煤矿企业的董事长、党委书记、总经理、煤矿矿长、法定代表人、实际控制人等。安全生产工作是煤矿企业管理工作中的重要内容，涉及煤矿生产经营活动的各个方面，必须要由煤矿企业、煤矿"一把手"统一领导，统筹协调，负全面责任。煤矿企业、煤矿可以安排副职负责人协助主要负责人分管安全生产工作，但不能因此减轻或免除主要负责人对本单位安全生产工作所负的全面责任。煤矿企业的安全生产不仅关系本单位的从业人员人身安全和财产安全，还将产生较大的社会影响。因此，煤矿企业、煤矿的主要负责人对安全生产全面负责，不仅是对本单位应负的责任，也是对社会应负的责任。

典型案例：

青海海北某矿重大溃砂溃泥事故

一、事故经过

2021 年 8 月 14 日 12 时 10 分，青海海北某矿发生重大溃砂溃泥事故，造成 20 人死亡。

事故发生前，3690 综放工作面多次出现片帮、冒顶、顶煤垮落、煤泥涌入现象。6月29日,3690综放工作面受煤壁片帮、冒顶、顶煤垮落等因素影响,支架无法正常推进。7月4日至7日,该矿在工作面两端架顶间歇采取注浆措施对顶煤进行固结。7月11日中班17时40分左右,工作面9#~13#架架前煤泥及回填渣石涌入,导致该区域工作面全部被掩埋,工作面风流断路。该矿即在运输巷2#联络巷外架设风机,向进风巷和回风巷供风,进行压入式通风,同时安排清淤。至7月15日早班,工作面实现了全负压通风,但工作面综采支架仍无法正常推进。7月27日,公司在该矿组织召开现场会,研究解决工作面片帮、冒顶问题,但未形成一致意见。因会议期间,该矿采煤三队队长郭某表态有能力解决,在未按规定召开总经理办公会研究决定的情况下,7月29日,经公司总工程师王某、该矿矿长白某擅自同意,郭某带领10人组织实施工作面支架的提架工作。8月13日早班4时,工作面再次发生冒顶,通风再次中断,再次进行压入式通风,继续清理煤泥。8月14日早班,该矿采煤一队队长郝某组织召开班前会,当班安排清淤、提架等作业。维修队11人进入清淤,并抽调提架作业中的8人进入处理被压死支架上方的煤泥等冒落物。当班带班矿长白某和调度室主任蔡某8时左右到达工作面,11时40分左右,白某离开。工作面及运输巷另有转载机司机、瓦斯检查工和安全检查工等4人,事故发生前该区域共有24人。12时10分,处在刮板输送机机头的安全检查工、瓦斯检查工和刮板输送机司机感觉到风流异常,同时听到工作面发出一声巨响,安全检查工看到有人从工作面出口跑出,知道发生事故,3人紧急撤离。安全检查工立即跑到回风石门处向调度室打电话汇报。事故后,工作面1#~18#支架处以及运输巷360 m以里被煤泥和石块充满。12时27分,矿安监科科长张某向公司安环部高某报告;13时07分,公司安环部高某向县应急管理局局长李某电话报告。

事故发生后,该矿开展了应急处置工作。省政府接到报告后,立即启动了青海省生产安全事故Ⅱ级应急响应,开展抢险救援工作。

9月12日,20名遇难人员遗体全部找到。

二、事故原因

(一)直接原因

该矿3690综放工作面顶部疏防水不彻底,工作面出现异常淋水、多次发生局部片帮和冒顶,甚至液压支架被“压死”、工作面被封堵,但该矿未采取有效措施进行治理,违章冒险继续进行清淤,强行开展挑顶提架作业导致顶煤抽冒,大量顶煤、渣石及水混合物呈泥石流状迅速溃入工作面及运输巷,造成事故发生。

（二）间接原因

(1) 拒不执行监察指令。无视国家法律法规,拒不执行停产整顿监察指令,在有关证照被暂扣情况下仍违法违规组织采掘作业。

(2) 技术管理薄弱。未按规定对放顶煤采煤方法进行可行性论证,对放顶煤开采急倾斜煤层采煤方法的安全风险认识不足,支架支护强度和管理措施不能保证顶煤的稳定性,且未制定支架初撑力、前后立柱均衡性等支架工况管理措施,未安装有效的矿压监测系统,也未记录相关数据。

(3) 风险隐患排查治理不深入,违章指挥冒险作业。一是对地面露天采坑安全隐患治理不彻底。二是对煤层抽冒导通上部露天矿坑的重大风险研判不精准。三是违规冒险组织作业。

(4) 安全管理混乱。采掘队伍管理组织另立一套“体外循环”,受生产副矿长直接领导,队伍、人员未纳入矿统一管理。

(5) 公司不履行安全生产责任制。不主动研究解决煤矿安全生产重大问题,安全生产疏于管理。

(6) 集团安全发展理念不牢,安全生产意识不强。将公司全部经营管理权授权给风险责任经营方,对生产安全和管理经营的领导缺失。

三、防范措施

(1) 地方党委政府要切实提高政治站位,认真落实安全生产责任制。

(2) 地方相关部门要切实转变作风,认真履行部门监管责任。严格规范执法,深入开展安全生产专项整治,坚决用好处理处罚、停产限产、追责问责等手段。

(3) 煤矿企业要牢固树立安全发展理念,健全安全生产责任体系。健全和落实企业主要负责人、矿长等关键人员及各级管理人员安全生产责任制,明确安全生产职责,织密筑牢企业安全生产责任体系,层层压实责任。

(4) 煤矿企业要建立规范有序的安全生产决策运行管理制度机制,健全安全生产技术管理体系。必须保证矿长、技术负责人正确行使安全生产管理职责。

(5)煤矿企业要严控重大安全风险，强化矿井防治水基础管理。煤矿企业必须全面查清采空区、塌陷区、积水区等隐蔽致灾因素，对各类致灾因素进行专项辨识评估，严格按照辨识评估报告开展风险管控。

第十九条【安全生产管理机构和安全生产管理人员职责】

煤矿企业应当设置安全生产管理机构并配备专职安全生产管理人员。安全生产管理机构和安全生产管理人员负有下列安全生产职责：

（一）组织或者参与拟订安全生产规章制度、作业规程、操作规程和生产安全事故应急救援预案；

（二）组织或者参与安全生产教育和培训，如实记录安全生产教育和培训情况；

（三）组织开展安全生产法律法规宣传教育；

（四）组织开展安全风险辨识评估，督促落实重大安全风险管控措施；

（五）制止和纠正违章指挥、强令冒险作业、违反规程的行为，发现威胁安全的紧急情况时，有权要求立即停止危险区域内的作业，撤出作业人员；

（六）检查安全生产状况，及时排查事故隐患，对事故隐患排查治理情况进行统计分析，提出改进安全生产管理的建议；

（七）组织或者参与应急救援演练；

（八）督促落实安全生产整改措施。

煤矿企业应当配备主要技术负责人，建立健全并落实技术管理体系。

【条文解读】 本条是关于煤矿企业安全生产管理机构和安全生产管理人员安全生产职责的规定。

煤矿企业必须设置专门从事安全生产管理的机构，不可与其他机构合并设置。煤矿企业安全生产管理人员，是指煤矿企业分管安全、采煤、掘进、通风、机电、运输、地测、防治水、调度等工作的副董事长、副总经理、副局长、副矿长，总工程师、副总工程师和技术负责人；安全生产管理机构负责人及其管理人员，是指采煤、掘进、通风、机电、运输、地测、防治水、调度等职能部门（含煤矿井、区、科、队）负责人。煤矿安全生产管理机构负责人应当具备主体专业中专及以上学历，且具有5年以上煤矿一线从业经历。

煤矿企业的主要技术负责人为总工程师。煤矿企业要建立健全以总工程师为首的安全技术管理体系，总工程师应为同级领导班子成员。煤矿企业要落实企业负责人的安全技术管理责任。企业主要负责人（包括实际控制人）是煤矿安全生产的第一责任人，领导和支持总工程师行使安全技术决策、指挥等职权；总工程师全面负责煤矿技术管理工作，行使技术决策权和指挥权，加强安全生产技术管理，及时排查治理煤矿重大事故隐患；副总工程师在总工程师领导下对分管业务范围的安全技术工作负责，落实各部门的安全技术职责，建立健全部门安全技术业务保安责任制和技术人员岗位责任制；业务部门和生产区（队）技术负责人在总工程师领导下对分管范围内的技术管理工作负责，组织落实有关技术措施和规范，并根据现场安全生产条件的变化，及时制定针对性的技术措施，保证作业规程和技术措施落实到位。

第二十条【从业人员职责】

煤矿企业从业人员负有下列安全生产职责：

（一）遵守煤矿企业安全生产规章制度和作业规程、操作规程，严格落实岗位安全责任；

（二）参加安全生产教育和培训，掌握本职工作所需的安全生产知识，提高安全生产技能，增强事故预防和应急处理能力；

（三）及时报告发现的事故隐患或者其他不安全因素。

对违章指挥和强令冒险作业的行为，煤矿企业从业人员有权拒绝并向县级以上地方人民政府负有煤矿安全生产监督管理职责的部门、所在地矿山安全监察机构报告。

煤矿企业不得因从业人员拒绝违章指挥或者强令冒险作业而降低其工资、福利等待遇，无正当理由调整工作岗位，或者解除与其订立的劳动合同。

【条文解读】 本条是关于煤矿从业人员安全生产职责的规定。

《安全生产法》第五十七条规定，从业人员在作业过程中，应当严格落实岗位安全责任，遵守本单位的安全生产规章制度和操作规程，服从管理，正确佩戴和使用劳动防护用品。第五十八条规定，从业人员应当接受安全生产教育和培训，掌握本职工作所需的安全生产知识，提高安全生产技能，增强事故预防和应急处理能力。第五十九条规定，从业人员发现事故隐患或者其他不安全因素，应当立即向现场安全生产管理人员或者本单位负责人报告；接到报告的人员应当及时予以处理。

煤炭行业作为高危行业，安全隐患多，安全责任重大，煤矿从业人员必须全员履行安全生产职责，这也是煤矿从业人员应尽的义务。只有每个从业人员都认真履行自己在安全生产方面的职责，煤矿企业的安全生产工作才能有保障。煤矿生产实际中，许多生产安全事故的发生，都是由从业人员不遵守规章制度、安全生产意识淡薄、安全生产技能不足、缺乏事故预防和应急处理能力、违章操作等原因造成的。因此本条第一款明确规定煤矿从业人员在作业过程中必须遵守煤矿企业安全生产规章制度和作业规程、操作规程，严格落实岗位安全责任；必须参加安全生产教育和培训，掌握本职工作所需要的安全生产知识，提高安全生产技能，增强事故预防和应急处理能力；及时报告发现的事故隐患或者其他不安全因素。

为了保护从业人员的权利，《安全生产法》第五十四条规定，从业人员有权对本单位安全生产工作中存在的问题提出批评、检举、控告；有权拒绝违章指挥和强令冒险作业。生产经营单位不得因从业人员对本单位安全生产工作提出批评、检举、控告或者拒绝违章指挥、强令冒险作业而降低其工资、福利等待遇或者解除与其订立的劳动合同。第五十五条规定，从业人员发现直接危及人身安全的紧急情况时，有权停止作业或者在采取可能的应急措施后撤离作业场所。生产经营单位不得因从业人员在前款紧急情况下停止作业或者采取紧急撤离措施而降低其工资、福利等待遇或者解除与其订立的劳动合同。

第二十一条【从业人员准入条件】

煤矿企业主要负责人和安全生产管理人员应当通过安全生产知识和管理能力考核，并持续保持相应水平和能力。

煤矿企业从业人员经安全生产教育和培训合格，方可上岗作业。煤矿企业特种作业人员应当按照国家有关规定经专门的安全技术培训和考核合格，并取得相应资格。

【条文解读】　本条是关于煤矿企业从业人员准入条件的规定。

主要负责人是本单位安全生产工作的第一责任人，安全生产管理人员是本单位直接负责安全生产工作的人员，因此主要负责人和安全生产管理人员的安全生产知识和技能水平直接影响企业安全生产工作的好坏。本条明确规定主要负责人和安全生产管理人员的安全生产知识和管理能力应经考核合格，并持续保持相应水平和能力。

安全生产教育和培训是安全生产管理工作的一个重要组成部分，是实现安全生产的一项重要的基础性工作。在我国由于人的不安全行为所导致的生产安全事故数量在事故总数中占有很大比例。对从业人员进行安全生产教育和培训，控制和规范人的不安全行为，对减少生产安全事故的发生是极为重要的举措。通过安全生产教育和培训，可以使从业人员认识和掌握生产中的危险因素和生产安全事故的发生规律，正确运用科学技术知识加以治理和预防，及时发现和消除事故隐患，保证安全生产。《安全生产法》第二十八条规定，生产经营单位应当对从业人员进行安全生产教育和培训，保证从业人员具备必要的安全生产知识，熟悉有关的安全生产规章制度和安全操作规程，掌握本岗位的安全操作技能，了解事故应急处理措施，知悉自身在安全生产方面的权利和义务。未经安全生产教育和培训合格的从业人员，不得上岗作业。因此，煤矿企业从业人员应当经安全生产教育和培训合格后，方可上岗作业。

《特种作业人员安全技术培训考核管理规定》第三条规定，本规定所称特种作业，是指容易发生事故，对操作者本人、他人的安全健康及设备、设施的安全可能造成重大危害的作业。特种作业的范围由特种作业目录规定。本规定所称特种作业人员，是指直接从事特种作业的从业人员。特种作业人员应当按照《安全生产法》《煤矿安全培训规定》等有关规定经专门的安全技术培训和考核合格，并取得相应资格。

第二十二条【专职、专业技术人员配置与灾害专门防治机构设置】

煤矿企业应当为煤矿分别配备专职矿长、总工程师，分管安全、生产、机电

的副矿长以及专业技术人员。

对煤(岩)与瓦斯(二氧化碳)突出、高瓦斯、冲击地压、煤层容易自燃、水文地质类型复杂和极复杂的煤矿,还应当设立相应的专门防治机构,配备专职副总工程师。

【条文解读】 本条是关于专职、专业技术人员配置与灾害专门防治机构设置的规定。

煤炭行业为高危行业,煤炭开采过程中工序较多、危险因素也较多,若要达到较高的安全生产水平,就需要设立不同的安全管理机构并配备合理的人员,以达到各司其职、各尽其责的预期效果,保证煤矿生产安全。本条第一款明确规定"煤矿企业应当为煤矿分别配备专职矿长、总工程师,分管安全、生产、机电的副矿长以及专业技术人员",以使煤矿安全生产得到基本保障。其中,各个煤矿必须配备"五职"矿长,具体是指矿长、总工程师、安全副矿长、生产副矿长、机电副矿长。"五职"矿长必须有主体专业大专以上学历且有 10 年以上煤矿一线从业经历,同时每年必须接受专门的安全培训教育。

我国绝大多数煤矿采用井工开采的方式,由于煤矿井下地质条件、生产系统及开采工艺复杂,井下作业人员面对水、火、瓦斯、粉尘、顶板、冲击地压、煤(岩)与瓦斯(二氧化碳)突出、高温热害等多种灾害的威胁。因此,对煤(岩)与瓦斯(二氧化碳)突出、高瓦斯、冲击地压、煤层容易自燃、水文地质类型复杂和极复杂的煤矿,应当设立相应的专门防治机构,配备专职副总工程师,系统地开展防突出、防瓦斯、防冲击地压、防火、防治水工作,确保责任到人,防治措施、管理制度、技术应用到位。

第二十三条【领导带班下井】

煤矿企业应当按照国家有关规定建立健全领导带班制度并严格考核。

井工煤矿企业的负责人和生产经营管理人员应当轮流带班下井，并建立下井登记档案。

【条文解读】　本条是关于煤矿企业领导带班下井的规定。

本条规定所称领导，是指煤矿的主要负责人、领导班子成员和副总工程师。根据《煤矿领导带班下井及安全监督检查规定》第七条规定，煤矿应当建立健全领导带班下井制度，并严格考核。带班下井制度应当明确带班下井人员、每月带班下井的个数、在井下工作时间、带班下井的任务、职责权限、群众监督和考核奖惩等内容。煤矿的主要负责人每月带班下井不得少于5个。煤矿领导带班下井时，其领导姓名应当在井口明显位置公示。煤矿领导每月带班下井工作计划的完成情况，应当在煤矿公示栏公示，接受群众监督。

井工煤矿企业负责人和生产经营管理人员应当轮流带班下井，并实行井下交接班制度。上一班的带班领导应当在井下向接班的领导详细说明井下安全状况、存在的问题及原因、需要注意的事项等，并认真填写交接班记录簿。《煤矿领导带班下井及安全监督检查规定》第十一条规定，煤矿应当建立领导带班下井档案管理制度。煤矿领导升井后，应当及时将下井的时间、地点、经过路线、发现的问题及处理情况、意见等有关情况进行登记，并由专人负责整理和存档备查。煤矿领导带班下井的相关记录和煤矿井下人员定位系统存储信息保存期不少于一年。

第二十四条【从业人员劳动保护】

煤矿企业应当为从业人员提供符合国家标准或者行业标准的劳动防护用品，并监督、教育从业人员按照使用规则佩戴、使用。

煤矿井下作业人员实行安全限员制度。煤矿企业应当依法制定井下工作时间管理制度。煤矿井下工作岗位不得使用劳务派遣用工。

【条文解读】　本条是关于煤矿企业从业人员劳动保护的规定。

本条第一款是关于煤矿企业提供劳动防护用品的规定。《安全生产法》第四十五条规定，生产经营单位必须为从业人员提供符合国家标准或者行业标准的劳动防护用品，并监督、教育从业人员按照使用规则佩戴、使用。劳动防护用品主要是指劳动者在生产过程中为免遭或者减轻事故伤害和职业危害所配备的防护装备，是保护从业人员安全所采取的必不可少的辅助措施，是劳动者防止职业伤害的最后一道防线。在劳动条件差、危害程度高的情况下，劳动防护用品会成为保护劳动者的主要措施。因此，劳动防护用品的质量好坏，对于保障劳动者的劳动安全是非常重要的。煤炭行业作为高危行业，为保障从业人员安全，应当为从业人员提供符合国家标准或者行业标准的劳动防护用品，并监督、教育从业人员按照使用规则佩戴、使用。

本条第二款是关于煤矿井下限员限时的规定。按照《煤矿单班入井（坑）作业人数限员规定》的要求，为提高煤矿安全保障能力和生产效率，应引导和推动煤矿企业加强机械化、自动化、信息化、智能化建设，简化生产系统，优化劳动组织，减少入井（坑）作业人数，从源头上防控群死群伤事故风险。因此煤矿井下作业人员实行安全限员制度。井工煤矿单班入井作业人数应符合以下规定：

生产能力 K/(万 t/a)	灾害严重矿井/人	其他矿井/人
$K \leqslant 30$	$\leqslant 100$	$\leqslant 80$
$30 < K \leqslant 60$	$\leqslant 200$	$\leqslant 100$
$60 < K < 120$	$\leqslant 300$	$\leqslant 180$
$120 \leqslant K < 180$	$\leqslant 400$	$\leqslant 200$
$180 \leqslant K < 300$	$\leqslant 600$	$\leqslant 280$
$300 \leqslant K < 500$	$\leqslant 800$	$\leqslant 400$
$K \geqslant 500$	$\leqslant 850$	$\leqslant 450$

注：灾害严重矿井是指高瓦斯矿井、煤（岩）与瓦斯（二氧化碳）突出矿井、水文地质类型复杂极复杂矿井、冲击地压矿井。

鉴于煤矿井下所处环境的复杂性和危险性，煤矿企业应严控井下作业人员下井时间，保证工人身心健康，防止井下工人疲劳作业。《中华人民共和国劳动法》第三十六条明确规定，国家实行劳动者每日工作时间不超过 8 小时、平均每周工作时间不超过 44 小时的工时制度。因此，本条第二款中明确规定煤矿企业应当依法制定煤矿井下工作时间管理制度。

煤矿井下工作岗位是煤矿企业主营业务岗位。为进一步规范煤矿劳动用工，提高煤矿从业人员素质，提升煤矿安全保障能力，促进煤矿安全生产，本条第二款中明确规定煤矿井下工作岗位不得使用劳务派遣用工。

第二十五条【安全设备】

煤矿企业使用的安全设备的设计、制造、安装、使用、检测、维修、改造和报废，应当符合国家标准或者行业标准。

煤矿企业应当建立安全设备台账和追溯、管理制度，对安全设备进行经常性维护、保养并定期检测，保证正常运转，对安全设备购置、入库、使用、维护、保养、检测、维修、改造、报废等进行全流程记录并存档。

煤矿企业不得使用应当淘汰的危及生产安全的设备、工艺，具体目录由国家矿山安全监察机构制定并公布。

【条文解读】　本条是关于煤矿安全设备的规定。

本条所称的安全设备，主要是指为了保护劳动者安全、防止生产安全事故发生以及在发生生产安全事故时用于救援而安装使用的机械设备和器械，如煤矿使用的自救器、通风设备、排水设备、压风设备、灭火设备以及各种安全检测仪器等。

安全设备质量的好坏，直接关系生产经营活动的安全性以及在发生生产安全事故时能否及时救援、减少损失。在实践中，因为安全设备的设计、制造、安装、使用、检测、维修、改造和报废不符合有关标准而导致发生生产安全事故或损失扩大的情况屡见不鲜。为了防止类似事故发生，《中华人民共和国矿山安全法》第十五条规定，矿山使用的有特殊安全要求的设备、器材、防护用品和安全检测仪器，必须符合国家安全标准或者行业安全标准；不符合国家安全标准或者行业安全标准的，不得使用。因此，煤矿使用的安全设备必须符合煤矿安全规程、强制性国家标准、有关煤矿安全的行业标准和国家有关规定，由专业生产单位生产，并经具有专业资质的检测、检验机构检测、检验合格，依法取得煤矿矿用产品安全标志。

为了保证安全设备的规范管理，并在安装使用后处于正常运转的状态，真正能起到保证生产安全的作用，本条第二款规定“煤矿企业应当建立安全设备台账和追溯、管理制度，对安全设备进行经常性维护、保养并定期检测，保证正常运转，对安全设备购置、入库、使用、维护、保养、检测、维修、改造、报废等进行全流程记录并存档”。

部分煤矿生产安全事故频发的原因是煤矿企业采用落后的生产工艺和设备。采用这些危及生产安全的工艺和设备，将使煤矿生产过程存在较大的安全隐患，导致生产安全事故的发生。因此，为了从根本上预防煤矿生产安全事故的发生，防止资金的浪费，国家明确规定煤矿不得使用严重危及生产安全的工艺和设备。《安全生产法》第三十八条规定，国家对严重危及生产安全的工艺、设备实行淘汰制度，具体目录由国务院应急管理部门会同国务院有关部门制定并公布。法律、行政法规对目录的制定另有规定的，适用其规定。省、自治区、直辖市人民政府可以根据本地区实际情况制定并公布具体目录，对前款规定以外的危及生产安全的工艺、设备予以淘汰。生产经营单位不得使用应当淘汰的危及生产安全的工艺、设备。《煤矿安全规程》中明确规定，严禁使用国家明令禁止使用或者淘汰的危及生产安全和可能产生职业病危害的技术、工艺、材料和设备。因此本条第三款明确规定“煤矿企业不得使用应当淘汰的危及生产安全的设备、工艺，具体目录由国家矿山安全监察机构制定并公布”。

典型案例：

陕西某矿非防爆运煤车产生火花点燃煤尘造成重大爆炸事故

一、事故经过

2019 年 1 月 12 日，某矿连采队队长张某主持召开班前会，当班副队长屈某和班长李某安排具体工作。连采队当班出勤 26 人，当班任务是在 506 连采工作面三支巷回采 3 个采硐，并进行运输、放顶、支护等工作，然后在二区掘进。当班人员先后从副平硐乘车入井，开始爆破强制放顶，爆炸冲击波及全矿井，扬起的煤尘遇到无 MA 标志非防爆 C17 号运煤车火花发生爆炸，造成 21 人死亡。

二、事故原因

（一）直接原因

506 连采工作面和开采保安煤柱工作面采空区及与之连通的老空区顶板大面积垮落，老空区气体压入与老空区连通的巷道内，扬起巷道内沉积的煤尘，弥漫506连采工作面，并达到爆炸浓度，在三支巷中部处于怠速状态下的无MA标志非防爆C17号运煤车产生火花，点燃煤尘，发生爆炸，造成人员伤亡。

（二）间接原因

(1) 违法进入老空组织回采，开采老空保安煤柱。一是回采方案和506连采工作面作业规程中设计的部分支巷位于采空区保安煤柱范围内。二是超出回采方案和作业规程中506连采工作面开采范围，违法组织开采采空区煤柱。

(2) 使用国家明令禁止的设备和工艺。一是506连采工作面主、辅运输车辆均为无MA标志的非防爆柴油无轨胶轮车，主运输车辆由个人购买，自管自用。二是采用落后淘汰的巷道式开采工艺回采边角煤，以掘代采、以探代采。三是二区边角煤开采没有独立的进风巷，利用506进风巷作为进风巷，垂直于506进风巷掘进探巷，后退式单翼采硐回采，局部通风机通风，串联通风。四是506连采工作面采用每采2～3个采硐强制放顶方式，放顶后工作面只有1个安全出口，工作面风流通过冒落的采空区回风。

(3) 井下采掘工程违规承包分包，现场安全管理失控。一是将井下采掘工程分别承包给两个公司。二是将井下综掘和连采工作面承包给不具备安全生产条件和相应资质的某某公司。三是某矿业、某公司项目部、某某公司共同隐瞒采掘承包真相。四是没有建立统一有效、合理健全的安全管理体系，管理体制混乱，职责相互交叉，责任不明确。五是某某公司组织机构不健全，未设置安全管理机构。六是某公司在陕公司未将采掘承包情况向有关部门报告，对某项目部部分管理人员在某矿业煤矿担任煤矿领导职务制止不力。

(4) 资料造假，蓄意隐瞒违法违规行为，逃避监管。一是506连采工作面开切眼东南部老空内巷道及开采情况没有出现在作业规程中，也没有填绘在采掘工程平面图上，图纸、资料等与实际不符。二是对专家“会诊”检查出的重大问题未落实整改。

(5) 矿井安全投入不足，职工培训不到位，现场管理混乱。一是某矿业和某公司未配备钻探设备和防爆运输车辆。二是职工安全意识差，安全教育培训不到位，有入井人员携带烟火现象。三是防尘设施不全：洒水管路未按规定延伸至所有作业地点；在进、回风巷未安设自动控制风流净化水幕等设施。

(6) 对隐蔽致灾因素没有进行治理。一是对于已经探明的老空存在的大面积悬顶等安全隐患未进行治理。二是掘进巷道9次打通老空后，没有退回并未按规定构筑防爆防水密闭墙。

三、防范措施

（1）落实煤矿企业主体责任。严格按照相关法律法规和标准进行管理和经营，杜绝“非法违法承包分包”“采用国家明令淘汰的巷道式采煤方法采煤”“非防爆胶轮车入井”“超层越界乱采乱挖”“违法开采保安煤柱”“隐瞒资料，蓄意造假”等故意违法问题，建立健全风险分级管控、事故隐患排查治理和安全质量达标“三位一体”的煤矿安全生产管理体系，提高煤矿安全保障能力。

（2）加大安全投入。按规定开展职工安全培训教育，落实煤矿企业“三项岗位人员”考核的规定，注重提高从业人员的安全素质，提高风险辨识、应急处置、突发性灾害辨识、自救互救和应急逃生能力培训的实效性；采购符合国家标准的机电设备设施，定期检修，保障设备的安全运行。

（3）建立健全事故隐患排查治理制度。建立事故隐患记录报告工作机制，及时记录排查发现的事故隐患，并逐级上报本企业相关部门；对于有条件立即治理的事故隐患，在采取措施确保安全的前提下，应当及时治理；对于难以采取有效措施立即治理的事故隐患，及时制定治理方案，限期完成治理；对于重大事故隐患，应当由煤矿或煤矿企业主要负责人负责组织制定治理方案；事故隐患治理完成后，相应的验收责任单位应当及时对事故隐患治理结果进行验收，验收合格后解除督办、予以销号。制定的事故隐患治理方案必须做到责任、措施、资金、时限和预案“五落实”。

第二十六条【煤矿主要生产系统和安全设施】

煤矿的采煤、掘进、机电、运输、通风、排水、排土等主要生产系统和防瓦斯、防煤(岩)与瓦斯(二氧化碳)突出、防冲击地压、防火、防治水、防尘、防热害、防滑坡、监控与通讯等安全设施，应当符合煤矿安全规程和国家标准或者行业标准规定的管理和技术要求。

煤矿企业及其有关人员不得关闭、破坏直接关系生产安全的监控、报警、防护、救生设备、设施，或者篡改、隐瞒、销毁其相关数据、信息，不得以任何方式影响其正常使用。

【条文解读】 本条是关于煤矿主要生产系统和安全设施的规定。

我国绝大多数煤矿采用井工开采的方式，由于煤矿井下地质条件、生产系统及开采工艺复杂，井下作业人员面对水、火、瓦斯、粉尘、顶板、冲击地压、煤(岩)与瓦斯(二氧化碳)突出、高温热害等多种灾害的威胁，同时部分露天煤矿由于安全管理及安全技术措施不当易发生滑坡事故，此外煤矿安全监察监管存在一定的困难，从而造成煤矿事故频发，产生人员伤亡和财产损失。因此，为保障煤矿安全生产以及从业人员的人身安全和健康，防止煤矿事故与职业病危害，按照国家和行业标准从客观条件改善煤矿从业人员所处环境，本条第一款明确规定“煤矿的采煤、掘进、机电、运输、通风、排水、排土等主要生产系统和防瓦斯、防煤(岩)与瓦斯(二氧化碳)突出、防冲击地压、防火、防治水、防尘、防热害、防滑坡、监控与通讯等安全设施，应当符合煤矿安全规程和国家标准或者行业标准规定的管理和技术要求”。

2020 年 12 月 26 日，第十三届全国人民代表大会常务委员会第二十四次会议通过的《中华人民共和国刑法修正案(十一)》，针对生产安全事故频发增加了危险作业罪，对在生产、作业中违反有关安全管理的规定，关闭、破坏直接关系生产安全的监控、报警、防护、救生设备、设施，或者篡改、隐瞒、销毁其相关数据、信息的行为，规定了刑事责任。为了做好《安全生产法》与《中华人民共和国刑法修正案(十一)》关于危险作业罪规定的衔接，2021 年修正的《安全生产法》中增加了”生产经营单位不得关闭、破坏直接关系生产安全的监控、报警、防护、救生设备、设施，或者篡改、隐瞒、销毁其相关数据、信息”的规定。

及时、准确地掌握与生产安全存在直接关系的监控、报警、防护、救生设备、设施及相关数据、信息，是有效防止生产安全事故发生的重要保障。实践中，有些生产经营单位和责任人员为节省运营成本、逃避监管，存在故意关闭、破坏相关设施或者篡改、隐瞒、销毁相关数据、信息的行为，致使相关设备、设施不能发挥应有的预防和保护功能，导致生产安全事故发生或者事故损失进一步扩大。本条所规定的关闭、破坏的“设备、设施”，属于“直接关系生产安全的”设备、设施，关闭、破坏后可能直接导致事故发生，具有客观现实危险性。篡改、隐瞒、销毁的数据、信息，应当与生产安全存在直接关系。篡改、隐瞒、销毁这些数据、信息，将影响生产安全，妨碍有关部门的监督管理。因此本条第二款明确规定“煤矿企业及其有关人员不得关闭、破坏直接关系生产安全的监控、报警、防护、救生设备、设施，或者篡改、隐瞒、销毁其相关数据、信息，不得以任何方式影响其正常使用”。

典型案例：

贵州六盘水某矿违规排放瓦斯产生火花造成重大瓦斯爆炸事故

一、事故经过

2014 年 11 月 27 日 3 时 52 分，贵州六盘水某矿发生一起重大瓦斯爆炸事故，造成 11 人死亡、8 人受伤。

二、事故原因

（一）直接原因

因井下监控分站电源漏电造成 1705 工作面区域停电，1705 工作面改造巷停风、瓦斯积聚；恢复送电时，采取“一风吹”的方式将 1705 工作面改造巷内积聚的高浓度瓦斯压出；误启动 1705 改造巷开口往里 4 m 位置闲置的风机，变形叶片运转产生摩擦火花，造成瓦斯爆炸。

（二）间接原因

(1) 局部通风、机电管理混乱。一是 1705 工作面改造巷局部通风机未用“三专两闭锁”供电，未实现“双风机、双电源”，1705 工作面区域停电后，造成 1705 工作面改造巷局部通风机停电，瓦斯超限后不能实现瓦斯电闭锁。二是事故当班，1705 工作面区域停电，未按规定将作业人员撤至安全区域。三是 1705 工作面改造巷掘进工作面与 1705 工作面违反规定同时作业，未实现专用回风巷回风。四是停送电制度不落实，在未检查送电区域瓦斯的情况下，井下人员随意送电。

(2) 安全监测监控系统弄虚作假。故意将 1705 工作面改造巷等隐瞒工作面的甲烷传感器数据不上传，且将 1705 采煤工作面回风流的 T_1 甲烷传感器用塑料袋包住，导致安全监测监控系统不能反映真实情况。

(3) 非法越界、多面非法组织生产。一是多面组织生产，事故发生前，井下实际布置有 4 个采煤工作面和 3 个掘进工作面，其中，1705 采煤工作面、1202 采煤工作面下段及 3 个掘进工作面均处于矿界之外。二是非法生产行为，煤矿部分采掘工作面不上图、不提供生产管理记录，有关部门检查时，采用临时密闭隐瞒不上图的工作面等来逃避监管。三是图纸造假、图实严重不符，掩盖其越界非法生产行为。

(4) 安全制度不落实。事故报告制度不落实，事故发生后，未按有关规定要求及时、如实报告事故。

(5) 安全管理机构不健全。该矿上级公司——贵州某公司虽设置了相应的职能部门，但没有配备足够的管理人员，只配备一名部长，不具备对下属 8 处煤矿实施监管的能力，也没有发挥出应有的监管作用。且事故报告、救援不及时，事故发生后，矿领导带队下井查看现场，迟滞近两个小时才向当地政府报告。

三、防范措施

(1) 提高法治意识，严格落实安全生产主体责任。一是必须树立法治思维，坚守法治底线，依法办矿，依法管矿。合法合规安排生产和建设，严禁布置隐蔽工作面违法组织生产，服从监管监察指令，做到令行禁止。二是要完善安全管理制度和管理机构，建立以总工程师为首的技术管理体系及瓦斯防治体系，并配齐专业技术人员和特种作业人员。三是加大反“三违”力度，严禁违章指挥和违章作业。

(2) 强化安全培训和警示教育。规范煤矿从业人员的培训，确保新工人和转岗人员培训时间不得少于 72 学时，每年再培训的时间不得少于 20 学时。安排有经验的职工带领新招入矿的井下作业人员进行实习。新招入矿的井下作业人员实习满4个月后，方可独立上岗作业。要加强煤矿安全知识、操作技能、规程措施和应急处置教育，提高从业人员辨识风险的能力和现场应急处置及自救、互救能力。

（3）强化安全监测监控系统管理。一是及时升级改造安全监测监控系统。对于老化严重、故障频繁的安全监测监控系统要坚决淘汰，进行升级改造，确保系统运行可靠、监控有效。二是加强作业人员培训，做到持证上岗。作业人员必须经专门培训，熟知基础安全知识，熟练掌握系统操作业务，防止盲目执行错误指令，坚决打击弄虚作假行为。

（4）加强安全管理。完善通风系统及设施，提高通风设施可靠性，确保通风系统稳定，消除串联风、微风、循环风；加大瓦斯巡检力度，发现瓦斯积聚和超限立即撤人；局部通风机供电要实现“三专两闭锁”和“双风机、双电源”，严格执行停送电报告、审批制度，未经批准严禁随意停送电；加大巡查力度，防止电缆、开关等电气设备出现失爆现象。

第二十七条【井工煤矿安全生产技术条件】

井工煤矿应当有符合煤矿安全规程和国家标准或者行业标准规定的安全出口、独立通风系统、安全监控系统、防尘供水系统、防灭火系统、供配电系统、运送人员装置和反映煤矿实际情况的图纸，并按照规定进行瓦斯等级、冲击地压、煤层自燃倾向性和煤尘爆炸性鉴定。

井工煤矿应当按矿井瓦斯等级选用相应的煤矿许用炸药和电雷管，爆破工作由专职爆破工承担。

【条文解读】 本条是关于井工煤矿安全生产技术条件的规定。

井工煤矿空间狭窄，开采技术复杂，生产环节多，存在瓦斯、煤尘、顶板、火、

水、冲击地压等多种灾害，需要采取矿井通风、防尘、安全监控等多种措施来保障安全生产。因此本条第一款中明确规定"井工煤矿应当有符合煤矿安全规程和国家标准或者行业标准规定的安全出口、独立通风系统、安全监控系统、防尘供水系统、防灭火系统、供配电系统、运送人员装置和反映煤矿实际情况的图纸"。其中，矿井生产管理图纸应当与矿井实际情况相符，并及时进行更新。对于煤矿来说，不同瓦斯等级、有无冲击地压、煤层自燃倾向性强弱和煤尘有无爆炸性所采取的安全措施是明显不同的，而这些又都是主要导致事故发生的因素，因此应按照规定进行瓦斯等级、冲击地压、煤层自燃倾向性和煤尘爆炸性鉴定。

本条第二款规定"井工煤矿应当按矿井瓦斯等级选用相应的煤矿许用炸药和电雷管，爆破工作由专职爆破工承担"。根据《煤矿安全规程》第三百五十条规定，井下爆破作业，必须使用煤矿许用炸药和煤矿许用电雷管。一次爆破必须使用同一厂家、同一品种的煤矿许用炸药和电雷管。煤矿许用炸药的选用必须遵守下列规定：① 低瓦斯矿井的岩石掘进工作面，使用安全等级不低于一级的煤矿许用炸药。② 低瓦斯矿井的煤层采掘工作面、半煤岩掘进工作面，使用安全等级不低于二级的煤矿许用炸药。③ 高瓦斯矿井，使用安全等级不低于三级的煤矿许用炸药。④ 突出矿井，使用安全等级不低于三级的煤矿许用含水炸药。在采掘工作面，必须使用煤矿许用瞬发电雷管、煤矿许用毫秒延期电雷管或者煤矿许用数码电雷管。使用煤矿许用毫秒延期电雷管时，最后一段的延期时间不得超过 130 ms。使用煤矿许用数码电雷管时，一次起爆总时间差不得超过 130 ms，并应当与专用起爆器配套使用。

爆破工作是煤矿特种作业中的一类，因此爆破工必须经专门的安全技术培训和考核合格，并取得相应资格，持证上岗。

第二十八条【露天煤矿边坡管理】

露天煤矿的采场及排土场边坡与重要建筑物、构筑物之间应当留有足够的安全距离。

煤矿企业应当定期对露天煤矿进行边坡稳定性评价，评价范围应当涵盖露天煤矿所有边坡。达不到边坡稳定要求时，应当修改采矿设计或者采取安全措施，同时加强边坡监测工作。

【条文解读】 本条是关于露天煤矿边坡管理的规定。

进行露天煤矿边坡设计时，应充分考虑露天煤矿采场及排土场边坡与重要建筑物、构筑物之间留设的安全距离，并对露天煤矿开展每年例行的边坡稳定性评价。边坡稳定性评价是评价影响边坡稳定性的工程地质条件和水文地质条件等各种地质因素的重要环节，同时也有助于及时、准确地掌握边坡岩性及其物理力学性质变化、边坡内结构面的空间分布及其与边坡临空面的相互位置关系，判定构造应力的性质、方向和大小，水对岩石抗剪强度、溶蚀和风化作用的影响程度以及滑动层(面)所产生的浮托力和水平推力的大小及变化等。煤矿企业应当定期对露天煤矿进行边坡稳定性评价。《煤矿安全规程》第五百八十三条规定，露天煤矿应当进行专门的边坡工程、地质勘探工程和稳定性分析评价。第五百八十五条规定，工作帮边坡在临近最终设计的边坡之前，必须对其进行稳定性分析和评价。当原设计的最终边坡达不到稳定的安全系数时，应当修改设计或者采取治理措施。

露天煤矿边坡稳定性评价的范围应涵盖露天煤矿所有边坡。露天煤矿的长远和年度采矿工程设计，必须进行边坡稳定性验算，达不到边坡稳定性要求的就不能按照原设计进行生产。若问题比较严重，应修改采矿设计并重新进行边坡稳定性验算，同时加强边坡监测工作；若问题不严重，可按原设计进行生产，但必须制定安全措施，以及加强边坡监测工作。当边坡出现明显沉降、严重变形、变形加速等情形时，应采取措施进行治理；出现滑坡征兆时，应及时停止作业并撤出人员。“明显沉降”是指硬岩(岩石饱和单轴抗压强度＞30 MPa)沉降≥10 cm、软岩(岩石饱和单轴抗压强度5～30 MPa之间)沉降≥25 cm、极软岩(岩石饱和单轴抗压强度≤5 MPa)沉降≥40 cm 等情形。“严重变形”是指边坡出现较大裂缝(30 cm 以上),平盘大面积滑落、垮塌或者平盘明显底鼓等情形。“变形加速”是指边坡监测资料显示的边坡位移量在 72 h 内连续出现加速变化的趋势。“滑坡征兆”包括边坡出现大面积滚石滑落或者裂缝增大、贯通等现象。“裂缝增大、贯通”是指采场边坡裂缝长度达到 200 m 及以上且高度超过 3 个台阶,排土场边坡裂缝长度达到 500 m 及以上且高度超过 3 个台阶的情形。

典型案例:

内蒙古阿拉善某露天煤矿特别重大坍塌事故

一、事故经过

2023 年 2 月 22 日 6 时 30 分,内蒙古阿拉善某露天煤矿挖机司机、自卸卡车司机、钻机司机等 222 人陆续进入作业现场。11 时 56 分起,事发区域西侧、顶部等地点发生小面积滑塌,边坡坡面及底部出现裂缝、冒尘等滑塌征兆。12 时27 分,在事发区域东侧边界处+1 395 m 台阶坡脚进行爆破作业。12 时 40 分,176 名作业人员午饭后返回采场作业。13 时许,工人李某到西区南帮查看施工作业时,发现北帮边坡异常后使用对讲机分别于 13 时 6 分许、10 分许、12 分许喊话,通知“挖机装完后撤离”“所有汽车、挖机向后撤”“所有人员撤离”。13 时 12 分许,采场北帮边帮岩体发生大面积滑落坍塌,现场 59 名作业人员和 17 台挖机、27 台自卸卡车、8 台钻机、4 台皮卡车、1 台装载机、1 台小型客车等 58 台作业设备被埋,最终造成 53 人死亡、6 人受伤,直接经济损失 20 430.25 万元。

事发区域最终形成最大厚度 105 m、体积约 756 万 m^3 的堆积体,破坏范围南北最长 630 m、东西最宽 520 m,面积约 23 万 m^2。

二、事故原因

(1) 直接原因

未按初步设计施工,随意合并台阶,形成超高超陡边坡,在采场底部连续高强度剥离采煤,致使边坡稳定性持续降低,处于失稳状态,边帮岩体沿断层面和节理面滑落坍塌,加之应急处置不力,未能及时组织现场作业人员逃生,造成重大人员伤亡和财产损失。

(2) 原因分析

① 未按设计施工，形成超高超陡边坡。按照设计，该矿剥采台阶高度应不大于10 m，最小工作平盘宽度为32 m，按设计进度应形成21个剥离台阶和1个采煤台阶；实际事发区域上部仅形成3个台阶，台阶高度均超过10 m、最高达145 m。按照设计，采场最终稳定边坡角为36°，计算边坡稳定系数为4.287，满足安全储备要求；事发时，边坡最大垂直高度315 m，整体边坡角达到39°，局部台阶最大边坡角达到61°，计算边坡稳定系数为0.982，处于不稳定状态。

② 高强度剥离采煤导致边坡稳定性持续降低。煤矿剥采作业布置在采场底部东西长500 m、南北宽130 m的狭长范围内，剥采设备密集布置，持续高强度作业，2022年12月2日至2023年2月19日，80 d内事发区域剥采位置平均降深65 m，超挖边帮岩体压脚量，边坡抗滑力减小、下滑力增加，计算边坡稳定系数2022年12月2日、2023年1月3日分别为2.179、1.192，持续降低。

③ 剥采作业扰动和越界排土导致边坡断层、节理裂隙发育加剧。事发区域的断层和节理，在剥采、爆破等生产活动扰动下，不断扩展贯通，岩体的完整性持续被破坏。此外，外部排土场超越设计境界排土，排土位置与事发区域采场地表境界紧邻，也增加了边坡载荷。

④ 未按规定设置监测预警系统，应急处置不果断。按开发利用方案安全设施设计，采场应设置49个监测点、形成11条监测线，但实际仅布设7个监测点且均在事发区域外，未形成监测线，无法发挥边坡监测预警作用。没有制定生产安全事故应急预案，没有明确紧急情况下的撤离顺序和路线，没有组织过应急演练。在提前6 min发现大规模坍塌迹象的情况下，仍没有果断组织所有车辆、人员立即撤离，错失了避免重大人员伤亡的机会。

三、防范措施

(1) 全面开展矿山重大事故隐患专项排查整治行动。压紧压实责任措施，明确各级矿山监管部门负责直接监管的矿山名单，严格落实每一处矿山日常安全监管主体、联系包保、驻矿盯守、安全巡查等责任，并建立事故隐患排查责任倒查机制，对问题突出的地区和企业“开小灶”，坚决防止搞形式走过场、把专项整治行动异化成一个“动作”。加大重大事故隐患整治力度，对照矿山重大事故隐患判定标准，特别是针对近期事故暴露出的突出问题，对所有矿山企业一家一家“过筛子”，建立“一地一册”“一矿一册”重大安全风险隐患台账，实行清单化管理，完善闭环销号机制。整改难度大的由各级安委会挂牌督办，并加大现场核查力度，严防“纸面整改”。强化“打非治违”，综合运用举报奖励、约谈曝光、联合惩戒、追责问责、行刑衔接等手段，严厉打击不按设计施工、超层越界、边建设边生产、边坡超设计角度、无资质施工、中介机构造假等违法违规行为，保持“打非治违”高压态势。

(2) 切实提升发现问题解决问题的强烈意愿和能力水平。强化责任意识和作风建设，坚决防止把企业责任不落实作为地方和部门脱身推责的“挡箭牌”，以对党和人民高度负责精神认真履行矿山安全监管监察职责。对因责任不落实造成事故的，实行企业、监管部门、地方政府“一案三查”、一体追究，真正做到“四不放过”。开展安全监管执法作风整顿，深入查找执法检查中存在的突出问题，坚决整治执法检查“宽松软虚”等问题，该停产整顿或责令关闭的坚决处理到位。同时，既要严格执法也要指导服务，真诚帮助企业查隐患、解难题。完善工作机制，加大暗查暗访、异地执法、交叉互检等力度，聘请专业院校技术人才、行业专家等力量，提高执法专业能力。落实“管行业必须管安全、管业务必须管安全、管生产经营必须管安全”要求，统筹安全监管监察、发展改革、能源、自然资源、公安、生态环境等部门力量，定期开展矿山安全风险研判、信息通报、联合执法等工作，分兵把守加大对矿山立项、审批、建设、技术改造、开采作业等全过程监管力度。充分发挥安委会综合协调作用，建立完善联席会议、信息沟通、案件移送、行刑衔接、联合惩戒等工作机制，形成工作合力。

(3) 全面提高企业安全条件和管理水平。提高办矿条件，要研究制定提高矿山办矿条件的政策措施，明确最小开采规模、最低服务年限、管理团队、人员素质、装备系统、安全投入等方面标准和条件。提升安全管理水平，督促矿山企业配齐安全管理和专业技术人员，明确董事长、总经理、实际控制人等关键人员责任清单，严禁“五职”矿长挂名行为，加强从业人员培训和应急演练；持续推进安全生产标准化创建，加强事故隐患排查治理，严格现场管理；严格落实外包工程安全生产主体责任，对承包单位实施统一管理，做到管理、培训、检查、考核、奖惩“五统一”。加强风险监测预警和隐蔽灾害治理，加强矿山安全风险监测预警，强化“电子封条”、卫星遥感识别等应用，加快推进露天煤矿边坡在线监测、视频监测、车辆调度等系统建设联网，实现风险早识别、早研判、早处置。推动矿山企业掌握矿井地质构造、煤层赋存及地质条件，全面查清边坡断层、采空区、水害等隐蔽致灾因素，严格落实治理措施。

(4) 严格整顿规范中介机构从业行为。严格内部管理，地质勘探、设计、监理、评价、爆破、检测检验、培训等第三方技术服务机构必须依法依规开展工作，建立健全项目管理、内部审查、职业操守等制度，严格落实各环节责任人责任。严格监督检查，开展矿山行业中介机构整顿规范，加大监督检查力度，着力整治出具虚假报告、出租出借资质、从业人员出租出借资格证书等问题，严肃处理违法违规行为，实行失信联合惩戒。

(5) 加快推动矿山高质量发展。加强矿山规划管理，完善矿产资源节约与综合利用相关制度，科学规划矿产资源，合理设置矿业权，保障露天煤矿用地配置，优化煤炭资源开发布局，保证井田的科学划分和合理开发，推动形成有利于保护和节约资源的矿山开发秩序，从源头上杜绝“一矿多开”“大矿小开”。推动矿山行业转型升级，积极实施淘汰退出一批、整合重组一批、改造提升一批、规划建设一批“四个一批”措施，推动矿山行业走上大型化、集约化、智能化发展之路。对存在重大事故隐患，整改后仍无法达到安全条件的矿山，坚决予以淘汰退出；对资源划分不科学、不合理，井田面积小，可集中开发的，依法依规实施整合重组；对现有储量大、具备条件的，加快推进改造提升；对有开发潜力的地区，积极对接国家产业政策，规划建设一批大型现代化矿山。加快智能化建设，鼓励支持矿山企业加快推进机械化、自动化、智能化，特别是推动露天煤矿积极应用无人驾驶、边坡雷达监测等先进技术，实现管控一体化、开采智能化、装备重型化、队伍专业化。

第二十九条【应急救援预案制定与救护队设立】

煤矿企业应当依法制定生产安全事故应急救援预案，与所在地县级以上地方人民政府组织制定的生产安全事故应急救援预案相衔接，并定期组织演练。

煤矿企业应当设立专职救护队；不具备设立专职救护队条件的，应当设立兼职救护队，并与邻近的专职救护队签订救护协议。发生事故时，专职救护队

应当在规定时间内到达煤矿开展救援。

【条文解读】　本条是关于煤矿企业制定应急救援预案和设立救护队的规定。

为了消除事故隐患，提高事故防范意识，减少事故的发生，控制事故的进一步恶化，煤矿企业开展应急救援预案编制工作具有重要的意义。应急救援预案应具有衔接性和协调性。应急救援预案在企业应急救援预案体系之间、与所在地县级以上地方人民政府组织制定的生产安全事故应急救援预案之间应做到纵向和横向方面的相互衔接、有机联系、配套运行。只有这样，在发生事故时，煤矿企业应急救援预案与地方人民政府的应急救援预案才能有效衔接，有条不紊地发挥作用，达到劲往一处使，形成合力，实现快速、高效地处理好事故的预期目标。应急救援预案只是为实战提供了一个方案，保障生产安全事故发生时能够及时、协调、有序地开展应急救援等应急处置工作，所以生产经营单位应当通过经常性的演练来提高实战能力和水平。因此本条第一款规定"煤矿企业应当依法制定生产安全事故应急救援预案，与所在地县级以上地方人民政府组织制定的生产安全事故应急救援预案相衔接，并定期组织演练"。

当煤矿井下发生灾变事故时，不仅需要上级部门召请外援救护队抢险救灾，还需要本企业的救护队和附近与企业签订救护协议的救护队同时协作救援，避免延误救灾时间，造成灾害扩大。因此本条第二款中明确规定"煤矿企业应当设立专职救护队；不具备设立专职救护队条件的，应当设立兼职救护队，并与邻近的专职救护队签订救护协议"。《煤矿安全规程》第六百七十六条规定，所有煤矿必须有矿山救护队为其服务。井工煤矿企业应当设立矿山救护队，不具备设立矿山救护队条件的煤矿企业，所属煤矿应当设立兼职救护队，并与就近的救护队签订救护协议；否则，不得生产。矿山救护队到达服务煤矿的时间应当不超过 30 min。

第三十条【保安煤柱】

煤矿企业应当在依法确定的开采范围内进行生产，不得超层、越界开采。

采矿作业不得擅自开采保安煤柱，不得采用可能危及相邻煤矿生产安全的决水、爆破、贯通巷道等危险方法。

【条文解读】 本条是关于煤矿保安煤柱留设的规定。

矿产资源开采矿区范围以经纬度划分的区块为基本单位，以地质地形图或地质图为底图，以国家直角坐标确定。矿区范围的划定专业性较强，矿区范围的划定不但包括平面的坐标、面积，还包括最低开采标高和最高开采标高等开采深度数据。因此，矿区范围是一个立体范围，并且矿区范围的整体形状不一定呈现规则的方形，实践中一般把超越平面区域的开采行为定义为越界开采行为，把超越规定开采高度和深度的开采行为定义为越层开采行为。

越层、越界开采，可从四个方面来概定：一是自然资源部门认定为超层越界的；二是超出采矿许可证规定开采的煤层层位进行开采的；三是超出采矿许可证载明的坐标控制范围开采的；四是擅自开采保安煤柱的。

越层、越界开采属于违法行为，因此，本条第一款明确规定“煤矿企业应当在依法确定的开采范围内进行生产，不得超层、越界开采”。

煤矿企业应严格按照规定在井筒、工业广场、矿区边界、河床、公路、铁路、水体及断层下，以及矿井边界留设保安煤柱。留设的保安煤柱必须绘制、标注

到相应的采掘工程平面图、井上下对照图上。保安煤柱一经留设，严禁开采；如有特殊情况需要开采的，必须报上级主管部门审核批准后才能开采。因此，本条第二款明确规定“采矿作业不得擅自开采保安煤柱，不得采用可能危及相邻煤矿生产安全的决水、爆破、贯通巷道等危险方法”。

典型案例：

福建龙岩某矿煤压出引起瓦斯涌出造成较大窒息事故

一、事故经过

2018 年 12 月 28 日，某矿西采区早班 27 名作业人员下井，朱某某等 9 人到达－100 m 区段开始作业。10 时 30 分左右，－100 m 区段的－43# 西采面开切眼掘进工作面发生煤压出继而引发甲烷、二氧化碳等气体瞬间涌出。正在－20 m 上部车场的安全员罗某某感觉风流异常，认为－100 m 区段可能发生事故，于是赶往－100 m 区段。10 时 40 分左右，罗某某到达－100 m 区段下部车场，发现巷道煤尘大，呼吸困难，无法前进，于是返回到－20 m 绞车房打电话向井口调度室报告井下发生了事故。此次事故共造成 6 人死亡。

二、事故原因

（一）直接原因

某矿西采区主井借改建项目名义越界非法盗采，－100 m 区段没有形成通风系统，长期微风、循环风作业，氧气含量低；－100 m 区段的－43# 西采面开切眼掘进工作面位于应力集中区域的小背斜轴部，巷道采用木头点柱支护，支护强度低，人工落煤，在煤层底部掏挖，造成集中应力失衡，引发煤压出，将作业面 1 名工人掩埋；煤压出导致甲烷、二氧化碳等气体和煤尘瞬间涌出，并向下部－100 m 区段巷道扩散，引起氧气浓度急剧下降，造成在－100 m 区段巷道作业的 6 名人员死亡。

（二）间接原因

(1) 越界违法盗采。长期越界违法开采，越界范围最长平面直线距离达 900 m，越界垂深达 245 m，并采用假密闭、假图纸等隐蔽手段逃避监管。

(2) 边建设边生产。以薄弱环节技术改造项目和改建项目为依托，长期以建设项目名义边建设边生产，2016 年 9 月以来至事故发生时，从未停止煤炭生产。

三、防范措施

(1) 依法生产,严禁越界违法盗采。矿井严禁越界违法开采,严禁使用假密闭、假图纸等隐蔽手段逃避监管。

(2) 严禁边建设边生产。矿井严禁以薄弱环节技术改造项目和改建项目为依托,以建设项目名义边建设边生产,建设区域严禁生产。

(3) 按照国家规定设立安全生产和技术管理机构,充实专业技术人员和管理人员。

(4) 加强通风管理。完善通风系统及设施,消除循环风、高温作业。

(5) 加强职工安全知识教育和培训,提高职工自我防护意识和遇险处置能力。

第三十一条【煤矿企业生产规模】

煤矿企业不得超能力、超强度或者超定员组织生产。正常生产煤矿因地质、生产技术条件、采煤方法或者工艺等发生变化导致生产能力发生较大变化的,应当依法重新核定其生产能力。

县级以上地方人民政府及其有关部门不得要求不具备安全生产条件的煤矿企业进行生产。

【条文解读】 本条是关于煤矿企业生产规模的规定。

"超能力、超强度或者超定员组织生产"属于煤矿企业重大事故隐患,在《煤矿重大事故隐患判定标准》中进行了详细解释。其中第四条规定,"超能力、超强度或者超定员组织生产"重大事故隐患,是指有下列情形之一的:

(1) 煤矿全年原煤产量超过核定(设计)生产能力幅度在10%以上,或者月原煤产量大于核定(设计)生产能力的10%的;

(2) 煤矿或其上级公司超过煤矿核定(设计)生产能力下达生产计划或者经营指标的;

(3) 煤矿开拓、准备、回采煤量可采期小于国家规定的最短时间,未主动采取限产或者停产措施,仍然组织生产的(衰老煤矿和地方人民政府计划停产关闭煤矿除外);

(4) 煤矿井下同时生产的水平超过2个,或者一个采(盘)区内同时作业的采煤、煤（半煤岩）巷掘进工作面个数超过《煤矿安全规程》规定的；

（5）瓦斯抽采不达标组织生产的；

（6）煤矿未制定或者未严格执行井下劳动定员制度，或者采掘作业地点单班作业人数超过国家有关限员规定20%以上的。

煤矿的生产能力一般可分为设计生产能力和核定生产能力。当正常生产煤矿因地质、生产技术条件、采煤方法或者工艺等发生变化导致生产能力发生较大变化的，应当依法重新核定其生产能力。这里的生产能力发生较大变化包含两种情况，即生产能力有可能变大和也有可能变小，煤矿企业应依照《应急管理部 国家矿山安监局 国家发展改革委 国家能源局关于印发煤矿生产能力管理办法和核定标准的通知》重新核定生产能力。其中《煤矿生产能力管理办法》第二十四条规定，煤矿应当按照均衡生产原则，安排年度、季度、月度生产计划，合理组织生产。年度原煤产量不得超过生产能力，月度原煤产量不得超过生产能力的10%。煤矿应在显著位置公示煤矿生产能力和年度、月度生产计划，接受社会、群众和舆论监督。

同时，本条第二款规定“县级以上地方人民政府及其有关部门不得要求不具备安全生产条件的煤矿企业进行生产”，一旦发生事故对负有责任的直接责任人、领导人员要严肃追究责任，涉嫌违法犯罪的要移送司法机关追究刑事责任。

第三十二条【灾害预防和处理计划】

煤矿企业应当按照煤矿灾害程度和类型实施灾害治理，编制年度灾害预防和处理计划，并根据具体情况及时修改。

【条文解读】 本条是关于煤矿企业灾害预防和处理计划的规定。

安全是煤矿生产的前提和保障，鉴于煤矿灾害的多发性，为保证煤矿安全生产、保障职工人身安全、保护国家财产不受损失，2020年5月原国家煤矿安全监察局印发了《煤矿安全生产标准化管理体系考核定级办法（试行）》和《煤矿安全生产标准化管理体系基本要求及评分方法（试行）》，统称为煤矿安全生产标准化管理体系。该体系构建了一套具有我国煤炭行业特色的煤矿安全生产标准化管理体系模式，实现了静态达标和动态达标、硬件达标和软件达标、内容达标和形式达标、过程达标和结果达标、制度设计和现场管理、考核检查和信息化的有机统一。

依据《煤矿安全规程执行说明(2016)》规定,每一生产和在建煤矿都必须编制年度《煤矿灾害预防和处理计划》。《煤矿灾害预防和处理计划》必须由矿总工程师负责组织通风、采掘、机电、地测、技术等单位的有关人员编制,并有矿山救护队参加,且必须在每年开始前一个月报矿长批准。在每季度开始前 15 天,矿总工程师根据矿井自然条件和采掘工程的变动情况,组织有关部门进行修改和补充。

《煤矿灾害预防和处理计划》内容包括:① 根据本矿的采掘等生产计划、区域地质条件和其他自然因素,列举瓦斯爆炸、煤(岩)与瓦斯(二氧化碳)突(喷)出、火灾、水害、冲击地压、滑坡等事故的预兆、预防措施等。② 制定发生事故后所有现场人员的自救、撤离、抢救等措施、方案、职责,明确避灾路线,规定所必须的工程、设备、仪表、器材、工具、标识的数量、使用地点、使用方法和管理办法等。③ 制定处理事故的组织领导和有关单位、部门及其负责人的任务、职责、通知方法和顺序。④ 列出有关处理各种事故必备的技术资料,包括通风系统示意图、网路图(在这两种图上都应当标明通风设施的位置、风向、风量)及反风试验报告;供电系统图和电话的安装地点;地面和井下消防洒水、排水、注浆、充填、瓦斯抽采和压风等管路系统图;地面和井下消防材料库的位置及其所储备的材料、设备、工具的品名和数量登记表;井上下对照图,图中应标明井口位置和标高、地面铁路、公路、钻孔、水井、水管、储水池以及其他存放可供处理事故的材料、设备和工具的地点。

煤矿企业应建立灾害预防和处理计划领导小组,明确灾害预防和处理计划由煤矿矿长负责组织实施,并应当及时向全体职工(包括全体矿山救护队员)贯彻,组织学习。每年至少组织一次应急演练。对演练中发现的问题,必须采取措施,立即修改。已批准的《煤矿灾害预防和处理计划》(含所附工程图和表册)应当分别送交矿长、副矿长、矿总工程师,调度、生产、地测、机电、通风、运输、安全、救护等业务部门及驻矿安全机构等。有上级企业的,还应当报上级企业的技术负责人和调度室、安全、计划等相关部门。上述单位和负责人应当经常或定期检查《煤矿灾害预防和处理计划》的贯彻执行情况。

第三十三条【专项设计】

煤矿开采有下列情形之一的，应当编制专项设计：

（一）有煤（岩）与瓦斯（二氧化碳）突出的；

（二）有冲击地压危险的；

（三）开采需要保护的建筑物、水体、铁路下压煤或者主要井巷留设煤柱的；

（四）水文地质类型复杂、极复杂或者周边有老窑采空区的；

（五）开采容易自燃和自燃煤层的；

（六）其他需要编制专项设计的。

【条文解读】　本条是关于煤矿专项设计的规定。

煤矿井下地质条件、生产系统及开采工艺复杂，井下作业人员面对水、火、瓦斯、粉尘、顶板、冲击地压、煤（岩）与瓦斯（二氧化碳）突出、高温等多种灾害的威胁，因此，为保障煤矿安全生产和从业人员的人身安全和健康，防止煤矿事故与职业病危害，煤矿（企业）必须针对井下安全隐患编制专项设计。专项设计针对的主体涉及以下几个方面：

（1）有煤（岩）与瓦斯（二氧化碳）突出的，根据《防治煤与瓦斯突出细则》有关规定：

① 非突出矿井升级为突出矿井时，必须编制矿井防突专项设计。设计应当包括开拓方式、煤层开采顺序、采区巷道布置、采煤方法、通风系统、防突设施（设备）、两个“四位一体”综合防突措施等内容。

② 揭煤作业前应当编制井巷揭煤防突专项设计，并报煤矿企业技术负责人审批。井巷揭煤防突专项设计应当至少包括下列内容：a. 井巷揭煤区域煤层、瓦斯、地质构造及巷道布置的基本情况；b. 建立安全可靠的独立通风系统及加

强控制通风风流设施的措施；c. 控制突出煤层层位、准确确定安全岩柱厚度的措施，测定煤层瓦斯参数的钻孔等工程布置、实施方案；d. 揭煤工作面突出危险性预测及防突措施效果检验的方法、指标，预测及检验钻孔布置等；e. 井巷揭煤工作面防突措施；f. 安全防护措施及组织管理措施；g. 加强过煤层段巷道的支护及其他措施。

③ 突出煤层的每个煤巷掘进工作面和采煤工作面都必须编制工作面防突专项设计，报煤矿总工程师批准。实施过程中当煤层赋存条件变化较大或者巷道设计发生变化时，还应当作出补充或者修改设计。煤巷掘进和采煤工作面防突专项设计应当至少包括下列内容：a. 煤层、瓦斯、地质构造及邻近区域巷道布置的基本情况；b. 建立安全可靠的独立通风系统及加强控制通风风流设施的措施；c. 工作面突出危险性预测及防突措施效果检验的方法、指标以及预测、效果检验钻孔布置等；d. 防突措施的选取及施工设计；e. 安全防护措施；f. 组织管理措施。

（2）有冲击地压危险的，根据《防治煤矿冲击地压细则》第二十四条规定，新建矿井和冲击地压矿井的新水平、新采区、新煤层有冲击地压危险的，必须编制防冲设计。防冲设计应当包括开拓方式、保护层的选择、巷道布置、工作面开采顺序、采煤方法、生产能力、支护形式、冲击危险性预测方法、冲击地压监测预警方法、防冲措施及效果检验方法、安全防护措施等内容。

新建矿井防冲设计还应当包括：防冲必须具备的装备、防冲机构和管理制度、冲击地压防治培训制度和应急预案等。

新水平防冲设计还应当包括：多水平之间相互影响、多水平开采顺序、水平内煤层群的开采顺序、保护层设计等。

新采区防冲设计还应当包括：采区内工作面采掘顺序设计、冲击地压危险区域与等级划分、基于防冲的回采巷道布置、上下山巷道位置、停采线位置等。

（3）开采需要保护的建筑物、水体、铁路下压煤或者主要井巷留设煤柱的，根据《建筑物、水体、铁路及主要井巷煤柱留设与压煤开采规范》规定，建筑物（构筑物）、水体、铁路和主要井巷保护煤柱或者安全煤（岩）柱的留设应当编制专项设计。《煤矿防治水细则》第八十七条规定，水体下采煤，其防隔水煤（岩）柱应当按照裂缝角与水体采动等级所要求的防隔水煤（岩）柱相结合的原则设计留设。煤层（组）垮落带、导水裂隙带高度、保护层厚度可以按照《建筑物、水体、铁路及主要井巷煤柱留设与压煤开采规范》中的公式计算，或者根据实测、类似地质条件下的经验数据结合力学分析、数值模拟、物理模拟等多种方法综合确定。放顶煤开采或者大采高（3 m 以上）综采的垮落带、导水裂隙带高度，应当根据本矿区类似地质条件实测资料等多种方法综合确定。煤层顶板存在富水性中等及以上含水层或者其他水体威胁时，应当实测垮落带、导水裂隙带发育高度，进行专项设计，确定防隔水煤（岩）柱尺寸。

（4）水文地质类型复杂、极复杂或者周边有老空的，根据《煤矿防治水细则》需编制专项设计：

① 放水试验应当编制放水试验设计，确定试验方法、降深值和放水量。放水量视矿井现有最大排水能力而确定，原则上放水试验的观测孔应当有明显的水位降深。其设计由煤矿总工程师组织审批。

② 物探作业前，应当根据采掘工作面的实际情况和工作目的等编写设计，设计时充分考虑控制精度，设计由煤矿总工程师组织审批。

③ 采掘工作面探水前，应当编制探放水设计和施工安全技术措施，确定探水线和警戒线，并绘制在采掘工程平面图和矿井充水性图上。探放水钻孔的布置和超前距、帮距，应当根据水头值高低、煤（岩）层厚度、强度及安全技术措施等确定，明确测斜钻孔及要求。探放水设计由地测部门提出，探放水设计和施工安全技术措施经煤矿总工程师组织审批，按设计和措施进行探放水。探放老空水和钻孔水，老空和钻孔位置清楚时，应当根据具体情况进行专门探放水设计，经煤矿总工程师组织审批后，方可施工。

④ 每年雨季前，必须对煤矿防治水工作进行全面检查，制定雨季防治水措施，建立雨季巡视制度，组织抢险队伍并进行演练，储备足够的防洪抢险物资。对检查出的事故隐患，应当制定措施，落实资金，责任到人，并限定在汛期前完成整改。需要施工防治水工程的应当有专门设计，工程竣工后由煤矿总工程师组织验收。

⑤ 当承压含水层的补给水源充沛，不具备疏水降压和帷幕注浆的条件时，可以采用地面区域治理，或者局部注浆加固底板隔水层、改造含水层的方法，但应当编制专门的设计，在有充分防范措施的条件下进行试采，并制定专门的防

止淹井措施，由煤炭企业总工程师审批。

⑥ 煤层底板存在高承压岩溶含水层，且富水性强或者极强，采用井下探查、注浆加固底板或者改造含水层时，应当编制注浆加固底板或者改造含水层设计和施工安全技术措施，由煤矿总工程师组织审批。

⑦ 煤层底板存在高承压岩溶含水层，且富水性强或者极强，采用地面区域治理方法时，煤矿总工程师组织编制区域治理设计方案，由煤炭企业总工程师审批。

⑧ 煤矿应当根据老空水查明程度和防治措施落实到位程度，对受老空水影响的煤层按威胁程度编制分区管理设计，由煤矿总工程师组织审批。老空积水情况清楚且防治措施落实到位的区域，划为可采区；否则，划为缓采区。缓采区由煤矿地测部门编制老空水探查设计，通过井上下探查手段查明老空积水情况，防治措施落实到位后，方可转为可采区；治理后仍不能保证安全开采的，划为禁采区。

⑨ 疏放老空水时，应当由地测部门编制专门疏放水设计，经煤矿总工程师组织审批后，按设计实施。

⑩ 防隔水煤(岩)柱应当由矿井地测部门组织编制专门设计，经煤炭企业总工程师组织有关单位审批后实施。

⑪ 矿井最大涌水量与正常涌水量相差大的矿井，排水能力和水仓容量应当由有资质的设计单位编制专门设计，由煤炭企业总工程师组织审批。

(5) 开采容易自燃和自燃煤层的，根据《煤矿防灭火细则》需编制专项设计。《煤矿防灭火细则》第七条规定，开采容易自燃和自燃煤层的矿井，必须编制矿井防灭火专项设计，采取综合预防煤层自然发火的措施。第二十二条规定，构筑、维修采空区密闭时必须编制设计，制定专项安全措施。第二十七条规定，采用水力采煤时，应当根据煤层自然发火期进行区段划分，保证划分区段在自然发火期内采完并及时封闭。密闭设施必须进行专项设计。同时《煤矿防灭火细则》中还明确了防灭火专项设计内容。

(6) 其他需要编制专项设计的，如采煤工作面采用充填法控制顶板时，控顶距离超过作业规程规定，应当根据地表保护级别，编制专项设计等。专项设计需经煤矿企业主要技术负责人(煤矿总工程师)审批。

典型案例：

湖北恩施某矿采煤工作面应力集中区回采造成重大煤与瓦斯突出事故

一、事故经过

2016年12月5日16时05分，湖北恩施某矿＋617 m采煤工作面16人入井后，进入工作面采煤。19时10分，工作面上部发出“轰轰”的响声，并有大量的煤粉涌到装载点处，风流逆向，煤尘弥漫看不清，在装载点附近作业的5人立即向三石门外跑，进入主平硐内。19时15分，张某某用三石门的电话向地面调度室报告：“＋617 m采煤工作面发生了突出事故”。

根据某矿地面监控中心监控站显示的＋617 m采煤工作面下出口装载点处甲烷传感器瞬间超限报警情况，认定该事故发生时间为19时10分，事故发生时井下共有作业人员46人，其中事故工作面作业人员16人，事发后，5人安全出井，11人遇难，造成直接经济损失1 531.5万元。

二、事故原因

（一）直接原因

某矿开采煤层具有突出危险性，＋617 m采煤工作面位于采动应力集中区，未按规定采取防治煤与瓦斯突出措施，在未消除突出危险的情况下违法生产，割煤机扰动诱发煤与瓦斯突出。

（二）间接原因

(1) 没有执行《防治煤与瓦斯突出规定》①。2013年7月2日，相邻开采同一组煤层的某矿二号井发生煤与瓦斯突出事故，该矿没有按照《防治煤与瓦斯突出规定》要求按突出矿井进行管理。2015年11月19日，在＋617 m南三石门运输巷掘进过程中发生响煤炮、卡钻等瓦斯动力现象后，矿井没有按照《防治煤与瓦斯突出规定》的规定重新进行煤与瓦斯突出危险性鉴定，没有按突出煤层管理，没有向有关部门报告。

(2) 采掘部署和通风管理混乱。边角煤采区采用明令禁止的前进式采煤和巷道式采煤，没有布置专用回风上山。＋660 m回风平巷没有按照设计施工到

① 本书的典型案例中所涉的法律法规均为当时生效的法律法规，下同。

采区边界，+617 m采煤工作面采过+660 m回风平巷与工作面的联络点后，工作面的回风无法按照设计从+660 m回风平巷进入采区回风上山，而是经过采区上部采空区维护巷道(+660～+686 m区段开切眼、+686～+720 m区段边界回风上山)回到总回风巷。矿井在+660 m回风巷上部违规布置采煤作业点，并利用局部通风机供风，没有形成全风压通风，工作面回风同+617 m采煤工作面(事故地点)回风一起经过采空区排入总回风巷。

(3) 技术管理混乱。矿井在发生动力现象后，没有编制防突专项设计，编制的+617 m采煤工作面排放瓦斯措施严重不符合要求，措施无效。没有测定煤层瓦斯含量、压力等与突出危险性相关的参数，没有采取区域防突措施，没有进行瓦斯排放效果检验，无法确定采煤工作面煤层是否消除突出危险性。

(4) 安全管理混乱。矿井实际生产过程中的安全管理人员与文件任命的安全管理人员及职责不一致，部分安全管理人员不清楚自己的管理职责。+617 m采煤工作面的作业工人没有经过岗前培训就上岗作业，部分安全员和瓦斯检查工没有取得特殊工种上岗证，防突队成员进矿后没有进行防突培训，不具备防突的能力。该矿没有配备机电副矿长。

(5) 违反监管指令违法生产。2016年9月28日，湖北省煤矿交叉执法检查时，发现该矿存在"+617 m采煤工作面、+660 m回风巷未安装甲烷传感器""+617 m采煤工作面利用采空区回风""未严格执行瓦斯检查制度"等21条隐患，责令矿井停产整改，隐患整改结束后报某县安全监督管理部门复查合格后才能恢复生产。但该矿无视监管监察指令，在隐患未整改到位且未申报某县安全监督管理部门验收的情况下，擅自于10月20日安排人员到+617 m采煤工作面采煤。

三、防范措施

(1) 矿井应按规定对煤层进行煤与瓦斯突出危险性鉴定，或者直接按照突出煤层进行管理，采取区域和局部综合防突措施。

(2) 严格落实两个"四位一体"综合防突措施，建立完善的综合防突措施实施、检查、验收、审批等管理制度，把每一个环节都落实到人，层层把关，责任明确，考核严明。

(3) 根据实际地质情况采取有针对性的区域防突措施，确保有效消除突出危险性。

(4) 突出矿井必须确定合理的采掘部署，使煤层的开采顺序、巷道布置、采煤方法、采掘接替等有利于区域防突措施的实施。

(5) 突出矿井、有突出煤层的采区应当有独立的回风系统，并实行分区通风，采区回风巷和区段回风石门是专用回风巷。突出煤层采掘工作面回风应当直接进入专用回风巷。

(6) 采煤工作面出现打钻喷孔、卡钻等瓦斯动力现象和区域验证指标超标情况，必须立即停止作业，对异常区域重新补充有针对性的区域防突措施。

(7) 加强防突知识培训，确保人人熟悉防突知识。

(8) 加强安全监管队伍建设，完善监管机构建设，充实监管人员数量，增强专业技术力量，提高履职能力和监管效果，为煤矿安全生产工作创造条件。

第三十四条【危险作业】

在煤矿进行石门揭煤、探放水、巷道贯通、清理煤仓、强制放顶、火区密闭和启封、动火以及国家矿山安全监察机构规定的其他危险作业，应当采取专门安全技术措施，并安排专门人员进行现场安全管理。

【条文解读】　本条是关于煤矿危险作业的规定。

当煤矿井下进行石门揭煤、探放水、巷道贯通、清理煤仓、强制放顶、火区密闭和启封、动火以及国家矿山安全监察机构规定的其他危险作业时，为防止安全技术措施不到位产生的设备、设施损坏与人员伤亡，煤矿企业必须专门编制危险作业项目的安全技术措施，并安排专门人员进行现场安全管理。

编制危险作业项目的安全技术措施至少应包含以下内容：① 措施应用的单位或工作场地；② 措施名称；③ 措施目的和内容；④ 经费预算及来源；⑤ 实施部门和负责人；⑥ 开工日期和竣工日期；⑦ 措施预期效果及检查验收。

危险作业未制定专门安全技术措施或者未依法编制专项设计，以及未安排专门人员进行现场安全管理的，依照《安全生产法》第一百零一条及其他相关规定予以处罚。《安全生产法》第一百零一条规定，生产经营单位有下列行为之一的，责令限期改正，处十万元以下的罚款；逾期未改正的，责令停产停业整顿，并处十万元以上二十万元以下的罚款，对其直接负责的主管人员和其他直接责任人员处二万元以上五万元以下的罚款；构成犯罪的，依照刑法有关规定追究刑事责任：……（三）进行爆破、吊装、动火、临时用电以及国务院应急管理部门会同国务院有关部门规定的其他危险作业，未安排专门人员进行现场安全管理的……

第三十五条【双重预防机制】

煤矿企业应当建立安全风险分级管控制度，开展安全风险辨识评估，按照安全风险分级采取相应的管控措施。

煤矿企业应当建立健全事故隐患排查治理制度，采取技术、管理措施，及时发现并消除事故隐患。事故隐患排查治理情况应当如实记录，并定期向从业人员通报。重大事故隐患排查治理情况的书面报告经煤矿企业负责人签字后，每季度报县级以上地方人民政府负有煤矿安全生产监督管理职责的部门和所在地矿山安全监察机构。

煤矿企业应当加强对所属煤矿的安全管理，定期对所属煤矿进行安全检查。

【条文解读】 本条是关于煤矿双重预防机制的规定。

建立煤矿安全风险分级管控和事故隐患排查治理双重预防机制，要求煤矿企业应强化源头管控，从根本上消除事故隐患，通过实施超前辨识预判、提前预警、远程监管监察、精准现场检查等措施，提高风险防控能力，把安全风险管控挺在隐患前面，把风险隐患化解在萌芽之时、成灾之前。根据《国务院安委会办公室关于实施遏制重特大事故工作指南构建双重预防机制的意见》（安委办〔2016〕11号）文件精神，准确把握安全生产的特点和规律，坚持风险预控、关口前移，全面推行安全风险分级管控，进一步强化隐患排查治理，推进事故预防工作科学化、信息化、标准化，实现把风险控制在隐患形成之前、把隐患消灭在事故前面。

（1）全面开展安全风险辨识。企业应制定科学的安全风险辨识程序和方法，全面开展安全风险辨识。企业应组织专家和全体员工，采取安全绩效奖惩等有效措施，全方位、全过程辨识生产工艺、设备设施、作业环境、人员行为和管理体系等方面存在的安全风险，做到系统、全面、无遗漏，并持续更新完善

（2）科学评定安全风险等级。企业要对辨识出的安全风险进行分类梳理，

参照《企业职工伤亡事故分类》(GB 6441—1986),综合考虑起因物、引起事故的诱导性原因、致害物、伤害方式等,确定安全风险类别。对不同类别的安全风险,采用相应的风险评估方法确定安全风险等级。安全风险评估过程要突出遏制重特大事故,高度关注暴露人群,聚焦重大危险源、劳动密集型场所、高危作业工序和受影响的人群规模。安全风险等级从高到低划分为重大风险、较大风险、一般风险和低风险,分别用红、橙、黄、蓝四种颜色标示。其中,重大安全风险应填写清单、汇总造册,按照职责范围报告属地负有安全生产监督管理职责的部门。要依据安全风险类别和等级建立企业安全风险数据库,绘制企业"红橙黄蓝"四色安全风险空间分布图。

(3) 有效管控安全风险。企业要根据风险评估的结果,针对安全风险特点,从组织、制度、技术、应急等方面对安全风险进行有效管控。要通过隔离危险源、采取技术手段、实施个体防护、设置监控设施等措施,达到回避、降低和监测风险的目的。要对安全风险分级、分层、分类、分专业进行管理,逐一落实企业、车间、班组和岗位的管控责任,尤其要强化对重大危险源和存在重大安全风险的生产经营系统、生产区域、岗位的重点管控。企业要高度关注运营状况和危险源变化后的风险状况,动态评估、调整风险等级和管控措施,确保安全风险始终处于受控范围内。

(4) 实施安全风险公告警示。企业要建立完善安全风险公告制度,并加强风险教育和技能培训,确保管理层和每名员工都掌握安全风险的基本情况及防范、应急措施。要在醒目位置和重点区域分别设置安全风险公告栏,制作岗位安全风险告知卡,标明主要安全风险、可能引发事故隐患类别、事故后果、管控措施、应急措施及报告方式等内容。对存在重大安全风险的工作场所和岗位,要设置明显警示标志,并强化危险源监测和预警。

(5) 建立完善事故隐患排查治理体系。风险管控措施失效或弱化极易形成隐患,酿成事故。企业要建立完善事故隐患排查治理制度,制定符合企业实际的事故隐患排查治理清单,明确和细化事故隐患排查的事项、内容和频次,并将责任逐一分解落实,推动全员参与自主排查事故隐患,尤其要强化对存在重大风险的场所、环节、部位的事故隐患排查。要通过与政府部门互联互通的事故隐患排查治理信息系统,全过程记录报告事故隐患排查治理情况。对于排查发现的重大事故隐患，应当在向县级以上地方人民政府负有煤矿安全生产监督管理职责的部门和所在地矿山安全监察机构报告的同时，制定并实施严格的事故隐患治理方案，做到责任、措施、资金、时限和预案“五落实”，实现事故隐患排查治理的闭环管理。事故隐患整治过程中无法保证安全的，应停产停业或者停止使用相关设施设备，及时撤出相关作业人员，必要时向当地人民政府提出申请，配合疏散可能受到影响的周边人员。

煤矿为贯彻落实“安全第一、预防为主、综合治理”的方针，强化各级领导的安全生产责任制，加强现场安全管理，排查事故隐患，杜绝重特大事故的发生，煤矿企业应当加强对所属煤矿的安全管理，定期对所属煤矿进行安全检查。

第三十六条【重大事故隐患判定】

煤矿企业有下列情形之一的，属于重大事故隐患，应当立即停止受影响区域生产、建设，并及时消除事故隐患：

（一）超能力、超强度或者超定员组织生产的；

（二）瓦斯超限作业的；

（三）煤（岩）与瓦斯（二氧化碳）突出矿井未按照规定实施防突措施的；

（四）煤（岩）与瓦斯（二氧化碳）突出矿井、高瓦斯矿井未按照规定建立瓦斯抽采系统，或者系统不能正常运行的；

（五）通风系统不完善、不可靠的；

（六）超层、越界开采的；

（七）有严重水患，未采取有效措施的；

（八）有冲击地压危险，未采取有效措施的；

（九）自然发火严重，未采取有效措施的；

（十）使用应当淘汰的危及生产安全的设备、工艺的；

（十一）未按照规定建立监控与通讯系统，或者系统不能正常运行的；

（十二）露天煤矿边坡角大于设计最大值或者边坡发生严重变形，未采取有效措施的；

（十三）未按照规定采用双回路供电系统的；

（十四）新建煤矿边建设边生产，煤矿改扩建期间，在改扩建的区域生产，或者在其他区域的生产超出设计规定的范围和规模的；

（十五）实行整体承包生产经营后，未重新取得或者及时变更安全生产许可证而从事生产，或者承包方再次转包，以及将井下采掘工作面和井巷维修作业外包的；

（十六）改制、合并、分立期间，未明确安全生产责任人和安全生产管理机构，或者在完成改制、合并、分立后，未重新取得或者及时变更安全生产许可证等的；

（十七）有其他重大事故隐患的。

【条文解读】　本条是关于煤矿重大事故隐患判定的规定。

2020年11月，应急管理部发布了《煤矿重大事故隐患判定标准》，将煤矿重大事故隐患划分为15个方面。此次《煤矿安全生产条例》又增加了两个方面，即"（十一）未按照规定建立监控与通讯系统，或者系统不能正常运行的"和"（十二）露天煤矿边坡角大于设计最大值或者边坡发生严重变形，未采取有效措施的"。各方面具体评判标准如下：

（一）"超能力、超强度或者超定员组织生产的"重大事故隐患，是指有下列情形之一的：

（1）煤矿全年原煤产量超过核定（设计）生产能力幅度在10%以上，或者月原煤产量大于核定（设计）生产能力的10%的；

（2）煤矿或其上级公司超过煤矿核定（设计）生产能力下达生产计划或者经营指标的；

（3）煤矿开拓、准备、回采煤量可采期小于国家规定的最短时间，未主动采取限产或者停产措施，仍然组织生产的（衰老煤矿和地方人民政府计划停产关闭煤矿除外）；

(4) 煤矿井下同时生产的水平超过2个,或者一个采(盘)区内同时作业的采煤、煤(半煤岩)巷掘进工作面个数超过《煤矿安全规程》规定的;

(5) 瓦斯抽采不达标组织生产的;

(6) 煤矿未制定或者未严格执行井下劳动定员制度,或者采掘作业地点单班作业人数超过国家有关限员规定20%以上的。

(二)"瓦斯超限作业的"重大事故隐患,是指有下列情形之一的:

(1) 瓦斯检查存在漏检、假检情况且进行作业的;

(2) 井下瓦斯超限后继续作业或者未按照国家规定处置继续进行作业的;

(3) 井下排放积聚瓦斯未按照国家规定制定并实施安全技术措施进行作业的。

(三)"煤(岩)与瓦斯(二氧化碳)突出矿井未按照规定实施防突措施的"重大事故隐患,是指有下列情形之一的:

(1) 未设立防突机构并配备相应专业人员的;

(2) 未建立地面永久瓦斯抽采系统或者系统不能正常运行的;

(3) 未按照国家规定进行区域或者工作面突出危险性预测的(直接认定为突出危险区域或者突出危险工作面的除外);

(4) 未按照国家规定采取防治突出措施的;

(5) 未按照国家规定进行防突措施效果检验和验证,或者防突措施效果检验和验证不达标仍然组织生产建设,或者防突措施效果检验和验证数据造假的;

(6) 未按照国家规定采取安全防护措施的;

(7) 使用架线式电机车的。

(四)"煤(岩)与瓦斯(二氧化碳)突出矿井、高瓦斯矿井未按照规定建立瓦斯抽采系统,或者系统不能正常运行的"重大事故隐患,是指有下列情形之一的:

(1) 按照《煤矿安全规程》规定应当建立而未建立瓦斯抽采系统或者系统不正常使用的;

(2) 未按照国家规定安设、调校甲烷传感器,人为造成甲烷传感器失效,或者瓦斯超限后不能报警、断电或者断电范围不符合国家规定的。

（五）“通风系统不完善、不可靠的”重大事故隐患，是指有下列情形之一的：

（1）矿井总风量不足或者采掘工作面等主要用风地点风量不足的；

（2）没有备用主要通风机，或者两台主要通风机不具有同等能力的；

（3）违反《煤矿安全规程》规定采用串联通风的；

（4）未按照设计形成通风系统，或者生产水平和采（盘）区未实现分区通风的；

（5）高瓦斯、煤与瓦斯突出矿井的任一采（盘）区，开采容易自燃煤层、低瓦斯矿井开采煤层群和分层开采采用联合布置的采（盘）区，未设置专用回风巷，或者突出煤层工作面没有独立的回风系统的；

（6）进、回风井之间和主要进、回风巷之间联络巷中的风墙、风门不符合《煤矿安全规程》规定，造成风流短路的；

（7）采区进、回风巷未贯穿整个采区，或者虽贯穿整个采区但一段进风、一段回风，或者采用倾斜长壁布置，大巷未超前至少 2 个区段构成通风系统即开掘其他巷道的；

（8）煤巷、半煤岩巷和有瓦斯涌出的岩巷掘进未按照国家规定装备甲烷电、风电闭锁装置或者有关装置不能正常使用的；

（9）高瓦斯、煤（岩）与瓦斯（二氧化碳）突出矿井的煤巷、半煤岩巷和有瓦斯涌出的岩巷掘进工作面采用局部通风时，不能实现双风机、双电源且自动切换的；

（10）高瓦斯、煤（岩）与瓦斯（二氧化碳）突出建设矿井进入二期工程前，其他建设矿井进入三期工程前，没有形成地面主要通风机供风的全风压通风系统的。

（六）“超层、越界开采的”重大事故隐患，是指有下列情形之一的：

（1）超出采矿许可证载明的开采煤层层位或者标高进行开采的；

（2）超出采矿许可证载明的坐标控制范围进行开采的；

（3）擅自开采（破坏）安全煤柱的。

（七）“有严重水患，未采取有效措施的”重大事故隐患，是指有下列情形之一的：

（1）未查明矿井水文地质条件和井田范围内采空区、废弃老窑积水等情况而组织生产建设的；

(2) 水文地质类型复杂、极复杂的矿井未设置专门的防治水机构、未配备专门的探放水作业队伍，或者未配齐专用探放水设备的；

(3) 在需要探放水的区域进行采掘作业未按照国家规定进行探放水的；

(4) 未按照国家规定留设或者擅自开采(破坏)各种防隔水煤(岩)柱的；

(5) 有突(透、溃)水征兆未撤出井下所有受水患威胁地点人员的；

(6) 受地表水倒灌威胁的矿井在强降雨天气或其来水上游发生洪水期间未实施停产撤人的；

(7) 建设矿井进入三期工程前，未按照设计建成永久排水系统，或者生产矿井延深到设计水平时，未建成防、排水系统而违规开拓掘进的；

(8) 矿井主要排水系统水泵排水能力、管路和水仓容量不符合《煤矿安全规程》规定的；

(9)开采地表水体、老空水淹区域或者强含水层下急倾斜煤层，未按照国家规定消除水患威胁的。

(八)“有冲击地压危险，未采取有效措施的”重大事故隐患，是指有下列情形之一的：

(1) 未按照国家规定进行煤层(岩层)冲击倾向性鉴定，或者开采有冲击倾向性煤层未进行冲击危险性评价，或者开采冲击地压煤层，未进行采区、采掘工作面冲击危险性评价的；

(2) 有冲击地压危险的矿井未设置专门的防冲机构、未配备专业人员或者未编制专门设计的；

(3) 未进行冲击地压危险性预测，或者未进行防冲措施效果检验以及防冲措施效果检验不达标仍组织生产建设的；

(4) 开采冲击地压煤层时，违规开采孤岛煤柱，采掘工作面位置、间距不符合国家规定，或者开采顺序不合理、采掘速度不符合国家规定、违反国家规定布置巷道或者留设煤(岩)柱造成应力集中的；

(5) 未制定或者未严格执行冲击地压危险区域人员准入制度的。

(九)“自然发火严重，未采取有效措施的”重大事故隐患，是指有下列情形之一的：

(1) 开采容易自燃和自燃煤层的矿井，未编制防灭火专项设计或者未采取综合防灭火措施的；

(2) 高瓦斯矿井采用放顶煤采煤法不能有效防治煤层自然发火的；

(3) 有自然发火征兆没有采取相应的安全防范措施继续生产建设的；

(4) 违反《煤矿安全规程》规定启封火区的。

(十) “使用应当淘汰的危及生产安全的设备、工艺的”重大事故隐患，是指有下列情形之一的：

(1) 使用被列入国家禁止井工煤矿使用的设备及工艺目录的产品或者工艺的；

(2) 井下电气设备、电缆未取得煤矿矿用产品安全标志的；

(3) 井下电气设备选型与矿井瓦斯等级不符，或者采(盘)区内防爆型电气设备存在失爆，或者井下使用非防爆无轨胶轮车的；

(4) 未按照矿井瓦斯等级选用相应的煤矿许用炸药和雷管、未使用专用发爆器，或者裸露爆破的；

(5) 采煤工作面不能保证 2 个畅通的安全出口的；

(6) 高瓦斯矿井、煤与瓦斯突出矿井、开采容易自燃和自燃煤层(薄煤层除外)矿井，采煤工作面采用前进式采煤方法的。

(十一) “未按照规定建立监控与通讯系统，或者系统不能正常运行的”重大事故隐患，是指有下列情形之一的：

(1) 未按规定建立监控与通讯系统的；

(2) 安全监控系统运行不正常的；

(3) 安全监控、人员位置监测不能实时上传数据的；

(4) 安全监控系统报警、断电等功能缺失或者未发挥作用的；

(5) 安全监控设备不具备故障闭锁功能的；

(6) 煤矿企业对瓦斯超限等数据异常情况未按规定进行处置的。

(十二) “露天煤矿边坡角大于设计最大值或者边坡发生严重变形，未采取有效措施的”重大事故隐患，是指有下列情形之一的：

(1) 露天煤矿边坡角大于设计最大值的；(依据《煤矿安全规程》第五百三十九条规定，露天采场最终边坡的台阶坡面角和边坡角，必须符合最终边坡设计要求。)

(2) 露天煤矿边坡发生严重变形,未采取有效措施的。

(十三)"未按照规定采用双回路供电系统的"重大事故隐患,是指有下列情形之一的:

(1) 单回路供电的;

(2) 有两回路电源线路但取自一个区域变电所同一母线段的;

(3) 进入二期工程的高瓦斯、煤与瓦斯突出、水文地质类型为复杂和极复杂的建设矿井,以及进入三期工程的其他建设矿井,未形成两回路供电的。

(十四)"新建煤矿边建设边生产,煤矿改扩建期间,在改扩建的区域生产,或者在其他区域的生产超出设计规定的范围和规模的"重大事故隐患,是指有下列情形之一的:

(1) 建设项目安全设施设计未经审查批准,或者审查批准后作出重大变更未经再次审查批准擅自组织施工的;

(2) 新建煤矿在建设期间组织采煤的(经批准的联合试运转除外);

(3) 改扩建矿井在改扩建区域生产的;

(4) 改扩建矿井在非改扩建区域超出设计规定范围和规模生产的。

(十五)"实行整体承包生产经营后,未重新取得或者及时变更安全生产许可证而从事生产,或者承包方再次转包,以及将井下采掘工作面和井巷维修作业外包的"重大事故隐患,是指有下列情形之一的:

(1) 煤矿未采取整体承包形式进行发包,或者将煤矿整体发包给不具有法人资格或者未取得合法有效营业执照的单位或者个人的;

(2) 实行整体承包的煤矿,未签订安全生产管理协议,或者未按照国家规定约定双方安全生产管理职责而进行生产的;

(3) 实行整体承包的煤矿,未重新取得或者变更安全生产许可证进行生产的;

(4) 实行整体承包的煤矿,承包方再次将煤矿转包给其他单位或者个人的;

(5) 井工煤矿将井下采掘作业或者井巷维修作业(井筒及井下新水平延深的井底车场、主运输、主通风、主排水、主要机电硐室开拓工程除外)作为独立工程发包给其他企业或者个人的,以及转包井下新水平延深开拓工程的。

(十六)"改制、合并、分立期间,未明确安全生产责任人和安全生产管理机构,或者在完成改制、合并、分立后,未重新取得或者及时变更安全生产许可证等的”重大事故隐患，是指有下列情形之一的：

（1）改制期间，未明确安全生产责任人进行生产建设的；

（2）改制期间，未健全安全生产管理机构和配备安全管理人员进行生产建设的；

（3）完成改制后，未重新取得或者变更采矿许可证、安全生产许可证、营业执照而进行生产建设的。

（十七）“有其他重大事故隐患的”，是指有下列情形之一的：

（1）未分别配备专职的矿长、总工程师和分管安全、生产、机电的副矿长，以及负责采煤、掘进、机电运输、通风、地测、防治水工作的专业技术人员的；

（2）未按照国家规定足额提取或者未按照国家规定范围使用安全生产费用的；

（3）未按照国家规定进行瓦斯等级鉴定，或者瓦斯等级鉴定弄虚作假的；

（4）出现瓦斯动力现象，或者相邻矿井开采的同一煤层发生了突出事故，或者被鉴定、认定为突出煤层，以及煤层瓦斯压力达到或者超过 0.74 MPa 的非突出矿井，未立即按照突出煤层管理并在国家规定期限内进行突出危险性鉴定的（直接认定为突出矿井的除外）；

（5）图纸作假、隐瞒采掘工作面，提供虚假信息、隐瞒下井人数，或者矿长、总工程师（技术负责人）履行安全生产岗位责任制及管理制度时伪造记录，弄虚作假的；

（6）提升（运送）人员的提升机未按照《煤矿安全规程》规定安装保护装置，或者保护装置失效，或者超员运行的；

（7）带式输送机的输送带入井前未经过第三方阻燃和抗静电性能试验，或者试验不合格入井，或者输送带防打滑、跑偏、堆煤等保护装置或者温度、烟雾监测装置失效的；

（8）掘进工作面后部巷道或者独头巷道维修（着火点、高温点处理）时，维修（处理）点以里继续掘进或者有人员进入，或者采掘工作面未按照国家规定安设压风、供水、通信线路及装置的；

（9）国家矿山安全监察机构认定的其他重大事故隐患。

煤矿企业违反《煤矿安全规程》，构成本条规定的重大生产安全事故隐患的，依据本条例第六十四条的规定进行处罚。

典型案例：

内蒙古赤峰某矿违规焊接引爆瓦斯造成特别重大事故

一、事故经过

2016 年 12 月 3 日 11 时 10 分，内蒙古赤峰某矿 6040 综放工作面区域发生瓦斯爆炸事故，共造成 32 人死亡、20 人受伤。

经调查认定，瓦斯爆炸发生在 6040 工作面进风平巷内，有两个爆炸点(见下图)，第一爆炸点是 6040 巷采工作面口往 6040 综放工作面方向的 6040 工作面进风平巷 25 m 至 67 m 区域，第二爆炸点是盲巷口。

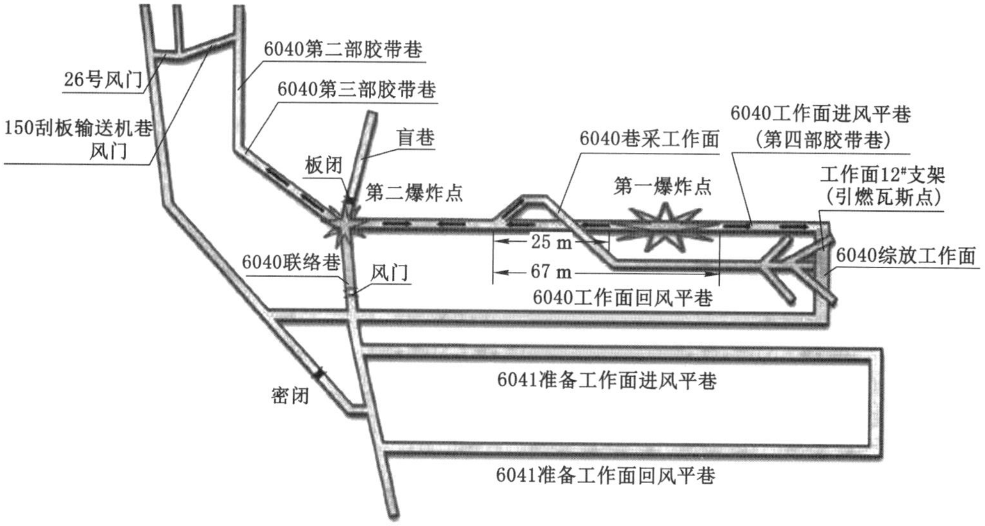

二、事故原因

(一) 直接原因

借回撤越界区域内设备名义违法组织生产，6040 巷采工作面因停电停风造成瓦斯积聚，1 h 后恢复供电通风，积聚的高浓度瓦斯排入与之串联通风的 6040 综放工作面，遇到正在违规焊接支架的电焊火花引起瓦斯燃烧，产生的火焰传导至 6040 工作面进风平巷，引起瓦斯爆炸。

(二) 间接原因

(1) 长时间、长距离、大范围、大规模疯狂进行越界违法开采。违反《中华人民共和国矿产资源法》第十九条的规定，从 2008 年开始超越采矿许可证规定的采矿范围，最长越界直线距离近 2 km，越界区域面积约 1.45 km^2。违反《煤矿安全规程》第九十五条的规定，事故发生前，越界区域布置2个综采放顶煤工作面、1个巷采工作面、3个综合机械化掘进工作面和2个炮掘工作面。2016年1月14日越界开采行为被查处后，不执行“责令该矿立即停止越界开采，封闭所有越界开采区域”的指令，3月底开始以撤回设备的名义，继续在越界区域违法组织生产。

(2) 弄虚作假，掩盖越界区域，销毁证据，蓄意逃避监管。该矿采用假密闭、假图纸、假数据、假回撤等手段隐蔽越界区域，蓄意逃避监管。该矿在通往越界区域的巷道内建有经过伪装的假密闭，越界区域内未安设安全监控系统和人员位置监测系统，并隐匿各类图纸、资料、台账、数据。

(3) 越界区域内管理混乱，冒险蛮干。长期采用国家明令禁止的“巷道式采煤”工艺。通风瓦斯管理制度不落实。6040巷采工作面与6040综放工作面串联通风；6040巷采工作面采用“一风吹”的方式违规排放瓦斯时，未检查甲烷浓度、未停电撤人；6040巷采工作面使用1台局部通风机同时向2个采掘作业地点供风，且局部通风机无“三专两闭锁”；6040联络巷风门等通风设施漏风严重；越界区域经常不测风，即使测风后也不记录、不上报。电气设备管理制度不落实，违规使用电焊，仅2016年11月11日至27日，有14 d在6040综放工作面使用电焊；不执行停送电报告、审批制度，随意停送电；电缆、开关等电气设备失爆现象严重；越界区域无供配电系统图和电气设备布置图，随意布置电气设备。强令工人冒险作业，“要钱不要命”。回撤已回采完毕的6039工作面设备时，一氧化碳浓度最高达0.05%，工人不同程度出现头疼、恶心等症状，不仅未立即停止作业、排除隐患，而且让工人服用脑立清、葡萄糖、氨酚待因等药物，继续组织工人冒险作业。

三、防范措施

(1) 落实煤矿企业主体责任。必须依法办矿、依法生产、依法管理，严格按照相关法律法规及标准组织生产建设，健全安全管理机构，配足安全技术管理人员，完善相关制度，加强安全生产管理；加大安全投入，确保安全生产系统、技术、设备符合相关规定；严禁违章指挥、违章作业、超层越界开采，禁止使用国家明令禁止的设备和工艺。

(2) 加强安全管理。完善通风系统及设施，提高通风设施可靠性，确保通风系统稳定，消除串联风、微风、循环风；加大瓦斯巡检力度，发现瓦斯积聚和超限立即撤人；制定专项措施，严禁用"一风吹"的方式排放瓦斯；局部通风机供电要实现"三专两闭锁"和"双风机、双电源"，严格执行停送电报告、审批制度，未经批准严禁随意停送电；加大巡查力度，防止电缆、开关等电气设备出现失爆现象；禁止随意布置电气设备。

(3) 加强职工安全知识教育和培训。按规定开展职工安全培训教育，落实煤矿企业"三项岗位人员"考核的规定，注重提高从业人员的安全素质，提高职工自我防护意识和遇险处置能力。

第三十七条【监督检查】

煤矿企业及其有关人员对县级以上人民政府负有煤矿安全生产监督管理职责的部门、国家矿山安全监察机构及其设在地方的矿山安全监察机构依法履行职责，应当予以配合，按照要求如实提供有关情况，不得隐瞒或者拒绝、阻挠。

对县级以上人民政府负有煤矿安全生产监督管理职责的部门、国家矿山安全监察机构及其设在地方的矿山安全监察机构查处的事故隐患，煤矿企业应当立即进行整改，并按照要求报告整改结果。

【条文解读】 本条是关于煤矿接受安全监管监察机构监督检查的规定。

煤矿企业及其有关人员有义务配合县级以上人民政府负有煤矿安全生产监督管理职责的部门、国家矿山安全监察机构及其设在地方的矿山安全监察机构依法履行职责，并按照要求如实提供有关情况，不得隐瞒或者拒绝、阻挠。隐瞒存在的事故隐患以及其他安全问题的按本条例第六十六条规定，责令改正；拒不改正的，处 10 万元以上 20 万元以下的罚款；对其直接负责的主管人员和其他直接责任人员处 1 万元以上 2 万元以下的罚款。

对县级以上人民政府负有煤矿安全生产监督管理职责的部门、国家矿山安全监察机构及其设在地方的矿山安全监察机构查处的事故隐患，煤矿企业应当立即进行整改，并按照要求的时限及时以书面形式报告整改结果。

第三十八条【安全生产费用】

煤矿企业应当及时足额安排安全生产费用等资金，确保符合安全生产要求。煤矿企业的决策机构、主要负责人对由于安全生产所必需的资金投入不足导致的后果承担责任。

【条文解读】　本条是关于煤矿安全生产费用的规定。

煤矿企业应当及时足额安排安全生产费用等资金，确保符合安全生产要求。2022年11月21日，《财政部 应急部关于印发〈企业安全生产费用提取和使用管理办法〉的通知》（财资〔2022〕136号）中对煤矿企业安全生产费用作出了详细规定，煤矿企业应严格按照此规定执行，具体如下：

第六条　煤炭生产是指煤炭资源开采作业有关活动。

批准进行联合试运转的基本建设煤矿，按照本节规定提取使用企业安全生产费用。

第七条　煤炭生产企业依据当月开采的原煤产量，于月末提取企业安全生产费用。提取标准如下：

（一）煤（岩）与瓦斯（二氧化碳）突出矿井、冲击地压矿井吨煤50元；

（二）高瓦斯矿井，水文地质类型复杂、极复杂矿井，容易自燃煤层矿井吨煤30元；

（三）其他井工矿吨煤15元；

（四）露天矿吨煤5元。

矿井瓦斯等级划分执行《煤矿安全规程》（应急管理部令第8号）和《煤矿瓦斯等级鉴定办法》（煤安监技装〔2018〕9号）的规定；矿井冲击地压判定执行《煤矿安全规程》（应急管理部令第8号）和《防治煤矿冲击地压细则》（煤安监技装〔2018〕8号）的规定；矿井水文地质类型划分执行《煤矿安全规程》（应急管理部令第8号）和《煤矿防治水细则》（煤安监调查〔2018〕14号）的规定。

多种灾害并存矿井，从高提取企业安全生产费用。

第八条　煤炭生产企业安全生产费用应当用于以下支出：

（一）煤与瓦斯突出及高瓦斯矿井落实综合防突措施支出，包括瓦斯区域预抽、保护层开采区域防突措施、开展突出区域和局部预测、实施局部补充防突措施等两个“四位一体”综合防突措施，以及更新改造防突设备和设施、建立突出防治实验室等支出；

（二）冲击地压矿井落实防冲措施支出，包括开展冲击地压危险性预测、监测预警、防范治理、效果检验、安全防护等防治措施，更新改造防冲设备和设施，建立防冲实验室等支出；

（三）煤矿安全生产改造和重大事故隐患治理支出，包括通风、防瓦斯、防煤尘、防灭火、防治水、顶板、供电、运输等系统设备改造和灾害治理工程，实施煤矿机械化改造、智能化建设，实施矿压、热害、露天煤矿边坡治理等支出；

（四）完善煤矿井下监测监控、人员位置监测、紧急避险、压风自救、供水施救和通信联络等安全避险设施设备支出，应急救援技术装备、设施配置和维护保养支出，事故逃生和紧急避难设施设备的配置和应急救援队伍建设、应急预案制修订与应急演练支出；

（五）开展重大危险源检测、评估、监控支出，安全风险分级管控和事故隐患排查整改支出，安全生产信息化建设、运维和网络安全支出；

（六）安全生产检查、评估评价（不含新建、改建、扩建项目安全评价）、咨询、标准化建设支出；

（七）配备和更新现场作业人员安全防护用品支出；

（八）安全生产宣传、教育、培训和从业人员发现并报告事故隐患的奖励支出；

（九）安全生产适用新技术、新标准、新工艺、煤矿智能装备及煤矿机器人等新装备的推广应用支出；

（十）安全设施及特种设备检测检验、检定校准支出；

（十一）安全生产责任保险支出；

（十二）与安全生产直接相关的其他支出。

煤矿企业的决策机构、主要负责人对由于安全生产所必需的资金投入不足导致的后果承担责任。依照本条例第六十八条规定进行处罚，即煤矿企业的决策机构、主要负责人、其他负责人和安全生产管理人员未依法履行安全生产管理职责的，依照《安全生产法》有关规定处罚并承担相应责任。煤矿企业主要负责人未依法履行安全生产管理职责，导致发生煤矿生产安全事故的，依照下列规定处以罚款：

（一）发生一般事故的，处上一年年收入40%的罚款；

（二）发生较大事故的，处上一年年收入60%的罚款；

（三）发生重大事故的，处上一年年收入80%的罚款；

（四）发生特别重大事故的，处上一年年收入100%的罚款。

第三章 煤矿安全生产监督管理

第三十九条【监管责任制】

煤矿安全生产实行地方党政领导干部安全生产责任制，强化煤矿安全生产属地管理。

【条文解读】 本条是关于煤矿安全生产实行地方党政领导干部安全生产责任制的规定。

党的十八大以来，中央政治局常委会多次讨论安全生产问题，高度重视安全生产工作。《地方党政领导干部安全生产责任制规定》第三条指出，实行地方党政领导干部安全生产责任制，必须以习近平新时代中国特色社会主义思想为指导，切实增强政治意识、大局意识、核心意识、看齐意识，牢固树立发展决不能以牺牲安全为代价的红线意识，按照高质量发展要求，坚持安全发展、依法治理，综合运用巡查督查、考核考察、激励惩戒等措施，加强组织领导，强化属地管理，完善体制机制，有效防范安全生产风险，坚决遏制重特大生产安全事故，促使地方各级党政领导干部切实承担起"促一方发展、保一方平安"的政治责任，为统筹推进"五位一体"总体布局和协调推进"四个全面"战略布局营造良好稳定的安全生产环境。

（1）县级以上地方各级党委和政府领导班子成员实行煤矿安全生产责任制，应当坚持党政同责、一岗双责、齐抓共管、失职追责。依据《地方党政领导干部安全生产责任制规定》第四条规定，实行地方党政领导干部安全生产责任制，应当坚持党政同责、一岗双责、齐抓共管、失职追责，坚持管行业必须管安全、管业务必须管安全、管生产经营必须管安全。地方各级党委和政府主要负责人是本地区安全生产第一责任人，班子其他成员对分管范围内的安全生产工作负领导责任。

(2) 县级以上地方各级人民政府按“属地管理、分级负责”原则，对辖区内煤矿安全生产工作实施监督管理。县级以上地方各级人民政府要结合机构改革要求，设置负有煤矿安全生产监督管理职责的部门，明确省、市、县三级负有煤矿安全生产监督管理职责的部门的责任，足额配备专职安全生产和应急管理人员，对辖区内煤矿安全生产工作实施监督管理。

地方各级人民政府要切实履行分级属地监管责任，强化“一岗双责”，严格执行“一票否决”。强化责任追究，对不履行或履行监管职责不力的，要依纪依法严肃追究相关人员的责任。

第四十条【政府监管职责】

省、自治区、直辖市人民政府应当按照分级分类监管的原则，明确煤矿企业的安全生产监管主体。

县级以上人民政府相关主管部门对未依法取得安全生产许可证等擅自进行煤矿生产的，应当依法查处。

乡镇人民政府在所辖区域内发现未依法取得安全生产许可证等擅自进行煤矿生产的，应当采取有效措施制止，并向县级人民政府相关主管部门报告。

【条文解读】 本条是关于明确各级人民政府分级分类监管职责的规定。

煤矿安全生产监管执法是地方政府及其监管部门落实“国家监察、地方监管、企业负责”煤矿安全生产工作机制的重要手段，必须贯彻落实《安全生产法》《中共中央 国务院关于推进安全生产领域改革发展的意见》《国务院办公厅关于进一步加强煤矿安全生产工作的意见》《国务院办公厅关于加强安全生产监管执法的通知》等法律法规，落实属地监管责任。

省级人民政府应当制定煤矿安全生产分级监管办法，按照分级属地监管原则，确定省、市、县三级负有煤矿安全生产监督管理职责的部门负责监管的煤矿范围，明确辖区内各类煤矿的直接监管部门，确保每一处煤矿明确一个日常安全监管主体，负责日常监管工作。上级负有煤矿安全生产监督管理职责的部门应当通过安全督导、随机抽查、示范性执法等，对下级负有煤矿安全生产监督管理职责的部门的煤矿安全生产监管工作进行检查指导。根据辖区内煤矿分类情况，分析不同类型煤矿的灾害特点、近三年事故情况、安全生产标准化等级以及生产特点，确定各类煤矿的监管重点，“一矿一册”建档，“一矿一策”监管。同时，突出对事故多发地区的煤矿和瓦斯、水、火、冲击地压等灾害严重矿井的安全生产监管执法。

《安全生产许可证条例》第二条规定，国家对矿山企业、建筑施工企业和危险化学品、烟花爆竹、民用爆炸物品生产企业（以下统称企业）实行安全生产许可制度。企业未取得安全生产许可证的，不得从事生产活动。

本条第二款明确了对于未依法取得安全生产许可证等擅自进行生产的煤矿，县级以上人民政府相关主管部门的职责，即应当依法查处。本条第三款明确了乡镇人民政府在所辖区域内发现未依法取得安全生产许可证等擅自进行煤矿生产的职责，即应当采取有效措施制止，并向县级人民政府相关主管部门报告。

第四十一条【安全设施设计审查和竣工验收监督核查】

省、自治区、直辖市人民政府负有煤矿安全生产监督管理职责的部门审查煤矿建设项目安全设施设计，应当自受理之日起 30 日内审查完毕，签署同意或者不同意的意见，并书面答复。

省、自治区、直辖市人民政府负有煤矿安全生产监督管理职责的部门应当加强对建设单位安全设施验收活动和验收结果的监督核查。

【条文解读】　本条是煤矿建设项目安全设施设计审查和竣工验收监督核查的规定。

煤矿建设项目安全设施设计审查和竣工验收监督核查工作，须按照《安全生产法》《煤矿安全规程》《煤矿建设项目安全设施监察规定》《关于加强煤矿建设项目安全设施设计审查与竣工验收工作的通知》《关于印发〈煤矿建设项目安全设施竣工验收监督核查暂行办法〉的通知》《煤矿建设项目安全设施设计审查和竣工验收规范》（AQ 1055—2018）、《中共中央办公厅 国务院办公厅关于进一步加强矿山安全生产工作的意见》等法律法规和规定，以及省级人民政府安全生产监督管理部门出台的建设项目安全设施设计审查和竣工验收监督核查相关实施细则等执行。

煤矿建设项目安全设施设计审查由省级以上矿山安全监管部门负责，不得下放或者委托。矿山安全监管部门应当制定煤矿建设项目安全设施设计审查规范，严格实质内容审查，不得仅对程序和形式进行审查。煤矿开发没有进行一次性总体设计的，原则上不得审批安全设施设计。一个采矿权范围内原则上只能设置一个生产系统。

（一）安全设施设计审查

煤矿建设项目安全设施设计审查的申请包括初次申请和变更申请；设计审查前，必须经政府有关部门核准（或批准）。煤矿建设单位申请安全设施设计审查前，应按照规定上报各项资料，所报资料必须完整可靠，负有煤矿安全生产监督管理职责的部门应当自受理之日起30日内审查完毕，经审查同意的，应当以文件形式批复；不同意的，应当提出审查意见，并以书面形式答复。

（1）初次申请煤矿建设项目的安全设施设计审查，应当提交下列资料：

① 安全设施设计审查申请表；

② 建设项目审批、核准或者备案的文件；

③ 采矿许可证或者矿区范围批准文件；

④ 初步设计及安全设施设计说明书；

⑤ 井田勘探地质报告；

⑥ 市、县负有煤矿安全生产监督管理职责的部门意见；

⑦ 其他需要说明的材料。

（2）变更申请时，应当提交下列资料：

① 安全设施设计变更申请表；

② 变更后的安全设施设计和初步设计说明书；

③ 变更前后对照表及变更原因说明；

④ 市、县负有煤矿安全生产监督管理职责的部门意见。

煤矿建设单位负责组织对煤矿建设项目安全设施进行竣工验收，并对验收结果负责；煤矿建设单位实行多级管理的，由项目建设单位上一级具有独立法人资格的单位（或公司总部）负责组织验收。

（二）安全设施竣工验收监督核查

煤矿建设项目竣工投入生产或使用前，其安全设施和安全条件应经煤矿建设单位验收合格。负有煤矿安全生产监督管理职责的部门对建设单位的验收活动和验收结果进行监督核查。

（1）煤矿建设单位组织安全设施竣工验收前，应编制验收方案。验收方案应包含以下内容：

① 煤矿建设项目基本情况；

② 参与验收人员（含验收专家组成员）及其工作内容和责任；

③ 验收工作时间安排、程序。

（2）煤矿建设项目符合以下条件后，方可组织安全设施竣工验收：

① 按批准的安全设施设计建设完成；

② 单项工程经过工程质量机构认证，并取得质量合格认证书；

③ 经过联合试运转运行正常，提交联合试运转报告，并取得联合试运转备案回复；

④ 提交进一步查清包含采空区积水、积气、火区等有关隐蔽致灾因素的建井地质报告；

⑤ 安全验收评价合格；

⑥ 取得采矿许可证，矿长和安全生产管理人员取得安全生产知识和管理能力考核合格证，特种作业人员经培训取得资格证书，从业人员经安全培训并考试合格；

⑦ 提交矿井瓦斯等级、各煤层煤尘爆炸性和自燃倾向性鉴定报告、主要电器和机械设备检测检验合格报告；突出矿井还应提交已揭露煤层的突出危险性鉴定报告；冲击地压矿井还应提交冲击倾向性和冲击危险性评价报告。

第四十二条【安全生产许可证颁发和管理】

省、自治区、直辖市人民政府负有煤矿安全生产监督管理职责的部门负责煤矿企业安全生产许可证的颁发和管理，并接受国家矿山安全监察机构及其设在地方的矿山安全监察机构的监督。

【条文解读】 本条是关于煤矿企业安全生产许可证颁发和管理的规定。

煤矿企业安全生产许可证的颁发和管理，须按照《安全生产许可证条例》《国务院关于深化“证照分离”改革进一步激发市场主体发展活力的通知》《煤矿企业安全生产许可证实施办法》《国家煤矿安全监察局关于印发落实“证照分离”改革全覆盖试点工作实施方案的通知》《国家矿山安全监察局综合司关于开展煤矿安全生产许可事项移交工作的通知》《国家矿山安全监察局关于做好煤矿企业安全生产许可证颁发管理工作的通知》《煤矿整体托管安全管理办法（试行）》等规定，以及省级人民政府负有煤矿安全生产监督管理职责的部门出台的煤矿企业安全生产许可证颁发管理相关实施细则等执行。

煤炭安全生产许可证审批由省级以上矿山安全监管部门负责，不得下放或者委托；审批首次申请安全生产许可证的，应进行现场核查；并接受国家矿山安全监察机构及其设在地方的矿山安全监察机构的监督。

（一）申请领取安全生产许可证应当提供的文件、资料

（1）煤矿企业提供的文件、资料：

① 安全生产许可证申请书；

② 主要负责人安全生产责任制，各分管负责人、安全生产管理人员以及职能部门负责人安全生产责任制目录清单；

③ 安全生产规章制度目录清单；

④ 设置安全生产管理机构、配备专职安全生产管理人员的文件；

⑤ 主要负责人、安全生产管理人员安全生产知识和管理能力考核合格的证明材料；

⑥ 特种作业人员培训计划，从业人员安全生产教育培训计划；

⑦ 为从业人员缴纳工伤保险费的有关证明材料；

⑧ 重大危险源检测、评估和监控措施；

⑨ 事故应急救援预案，设立矿山救护队的文件或者与专业矿山救护队签订的救护协议。

（2）煤矿提供的文件、资料和图纸：

① 安全生产许可证申请书；

② 采矿许可证；

③ 主要负责人安全生产责任制，各分管负责人、安全生产管理人员以及职能部门负责人安全生产责任制目录清单；

④ 安全生产规章制度和操作规程目录清单；

⑤ 设置安全生产管理机构和配备专职安全生产管理人员的文件；

⑥ 矿长、安全生产管理人员安全生产知识和管理能力考核合格的证明材料；

⑦ 特种作业人员操作资格证书的证明材料；

⑧ 从业人员安全生产教育培训计划和考试合格的证明材料；

⑨ 为从业人员缴纳工伤保险费的有关证明材料；

⑩ 具备资质的中介机构出具的安全评价报告；

⑪ 矿井瓦斯等级鉴定文件；高瓦斯、煤与瓦斯突出矿井瓦斯参数测定报告，煤层自燃倾向性和煤尘爆炸危险性鉴定报告；

⑫ 矿井灾害预防和处理计划；

⑬ 井工煤矿采掘工程平面图，通风系统图；

⑭ 露天煤矿采剥工程平面图，边坡监测系统平面图；

⑮ 事故应急救援预案，设立矿山救护队的文件或者与专业矿山救护队签订的救护协议；

⑯ 井工煤矿主要通风机、主提升机、空压机、主排水泵的检测检验合格报告。

（二）申请安全生产许可证直接延期应当提供的文件、资料

（1）煤矿企业提供的文件、资料：

① 安全生产许可证直接延期申请书；

② 所属煤矿安全生产标准化管理体系达到二级及以上的公告；

③ 原安全生产许可证正本、副本；

④ 对照相关规定认真开展自查后形成的自查报告书（加盖煤矿企业公章）。

（2）煤矿提供的文件、资料：

① 安全生产许可证直接延期申请书；

② 采矿许可证正本、副本；

③ 煤矿安全生产标准化管理体系达到二级及以上的公告；

④ 原安全生产许可证正本、副本；

⑤ 对照相关规定认真开展自查后形成的自查报告书（加盖煤矿企业公章）。

（三）申请变更安全生产许可证应当提供的文件、资料

（1）主要负责人变更：

① 安全生产许可证变更申请书；

② 主要负责人任命文件（或者聘书）；

③ 主要负责人安全生产知识和管理能力考核合格证或自任职之日起 30 日内向考核部门提出的考核申请；

④ 变更后的营业执照副本；

⑤ 原安全生产许可证正本、副本。

(2) 隶属关系、经济类型、煤矿企业名称变更：

① 安全生产许可证变更申请书；

② 变更后的工商营业执照副本；

③ 原安全生产许可证正本、副本。

(3) 煤矿改建、扩建工程经验收合格变更：

① 安全生产许可证变更申请书；

② 改建、扩建工程安全设施及条件竣工验收通过监督核查的文件；

③ 原安全生产许可证正本、副本。

补办安全生产许可证应当提供煤矿企业申请文件、有关情况说明、媒体公告等资料。

第四十三条【年度监督检查计划编制和执行】

县级以上地方人民政府负有煤矿安全生产监督管理职责的部门应当编制煤矿安全生产年度监督检查计划，并按照计划进行监督检查。

煤矿安全生产年度监督检查计划应当抄送所在地矿山安全监察机构。

【条文解读】 本条是关于煤矿安全生产年度监督检查计划编制和执行的规定。

依据《安全生产法》第六十二条规定，县级以上地方各级人民政府应当根据本行政区域内的安全生产状况，组织有关部门按照职责分工，对本行政区域内容易发生重大生产安全事故的生产经营单位进行严格检查。应急管理部门应当按照分类分级监督管理的要求，编制安全生产年度监督检查计划，并按照年度监督检查计划进行监督检查，发现事故隐患，应当及时处理。

县级以上地方人民政府负有煤矿安全生产监督管理职责的部门应当根据《安全生产年度监督检查计划编制办法》等的要求，按照“统筹兼顾、分类分级、突出重点、提高效能、留有余地”“属地监管与分级监管相结合，以属地监管为主”的原则，以监督检查作为年度计划基本内容，包括重点检查、一般检查两个部分的安排，以重点检查为主，对重点检查单位每年至少进行一次监督检查，编制煤矿安全生产年度监督检查计划。

(1) 煤矿安全生产年度监督检查计划中应编制煤矿安全生产监督检查计划

表，计划表应包含监督检查项目、监督检查重点及具体安排、计划时间等内容。其中，监督检查项目应包含对下级安全监管部门监督检查、综合执法检查、专项检查等内容；监督检查重点及具体安排应包含检查范围、抽查最低比例或具体矿井名称等内容。

（2）监督检查应当采取“双随机一公开”“四不两直”“联合执法”、暗访检查等方式，并统筹监管力量，充分发挥专家作用，强化煤矿现场安全监督检查。年度监督检查计划的一般检查，因监督检查人员数量、专业等限制难以实施“双随机”抽查的，应当随机选取被检查单位；组织实施年度监督检查计划的重点检查时，应当结合实际情况随机确定监督检查人员。

煤矿安全生产年度监督检查计划应当报本级政府批准，并报上一级负有煤矿安全生产监督管理职责的部门备案，并抄送所在地矿山安全监察机构。

第四十四条【监督检查措施】

县级以上地方人民政府负有煤矿安全生产监督管理职责的部门依法对煤矿企业进行监督检查，并将煤矿现场安全生产状况作为监督检查重点内容。监督检查可以采取以下措施：

（一）进入煤矿企业进行检查，重点检查一线生产作业场所，调阅有关资料，向有关单位和人员了解情况；

（二）对检查中发现的安全生产违法行为，当场予以纠正或者要求限期改正；

（三）对检查中发现的事故隐患，应当责令立即排除；重大事故隐患排除前或者排除过程中无法保证安全的，应当责令从危险区域内撤出作业人员，责令暂时停产或者停止使用相关设施、设备；

（四）对有根据认为不符合保障安全生产的国家标准或者行业标准的设施、设备、器材予以查封或者扣押。

监督检查不得影响煤矿企业的正常生产经营活动。

【条文解读】　本条是关于县级以上地方人民政府负有煤矿安全生产监督管理职责的部门进行监督检查的规定。

（1）对煤矿企业进行监督检查时，县级以上地方人民政府负有煤矿安全生产监督管理职责的部门享有以下权力：

① 现场调查取证的权力。有权进入煤矿企业进行检查，重点检查一线生产作业场所，被检查单位不得拒绝；有权向被检查煤矿企业调阅与监督检查有关的资料，被检查单位应如实提供；有权向被检查单位相关管理、技术、作业等人员了解情况，相关人员应予以配合。

② 现场处理的权力。对监督检查中发现的安全生产违法行为，有权予以纠正或者要求限期改正；对现场监督检查中发现的事故隐患，有权责令立即排除；重大事故隐患排除前或者排除过程中无法保证安全的，有权要求从危险区域内撤出作业人员，以及暂时停产或者停止使用相关设施、设备。

③ 采取查封或者扣押行政强制的权力。有权对有根据认为不符合保障安全生产的国家标准或者行业标准的设施、设备、器材予以查封或者扣押。

（2）实施监督检查，是为了保障矿工的人身安全，确保矿山设备的安全运行，保持矿山的正常生产秩序，减少生产安全事故的发生，促进经济社会发展。监督检查不得影响煤矿企业的正常生产经营活动，但检查中发现问题和隐患，责令立即整改、停产整顿、查封或者扣押等措施，不属于影响正常生产经营活动，煤矿企业不得以此为借口，拒绝、阻挠监督检查。

典型案例：

河南许昌某矿架棚接顶不实致一般伤亡事故

一、事故经过

2019 年 9 月 15 日 16 时 7 分，河南许昌某矿新主斜井掘进工作面发生一起顶板事故，造成 2 人死亡、2 人重伤。

9 月 15 日 6 时 30 分，施工队副队长组织 8 点班班前会，安排当班任务是先维修迎头2 架棚，再向前架设 2 架棚。当班施工队共出勤 8 人，分别为副队长、班长及 6 名工人。

7 时 30 分，8 人到达作业地点，按照班前会安排任务开始作业，至16 时顺利完成当班工作任务。事故发生前，班长在迎头紧固卡缆，2 名工人在迎头拆卸工作台，4 名工人在迎头后方整理工具，副队长在迎头后方 20 m 处补风筒。

16 时 7 分，迎头后方 3.5～11.5 m 范围内巷道突然冒顶，造成除副队长外的其余 7 人被困。经抢救，5 人生还，2 人无生命特征。

二、事故原因

（一）直接原因

事故地点临近老空区，顶板岩体已经受到破坏，巷道顶部煤矸脱落，钢棚支护不接顶，受维修和架棚扰动，顶部大块岩石失稳突然下沉垮落，摧垮钢棚，导致事故发生。

（二）间接原因

(1) 现场管理不到位。① 施工队未按照施工设计规定的倾角和棚距施工；② 巷道施工工程质量差，顶板支护不严不实，钢棚不能有效支护顶板；③ 架棚后未及时喷浆。

(2) 技术管理不到位。① 施工队编制的作业规程未按照初步设计和安全设施设计要求确定新主斜井施工倾角和棚距，矿审批时未纠正；② 新主斜井接近老空区，施工队和矿未制定针对性措施；③ 巷道顶板煤层垮落，钢棚接顶不实，施工队和矿未采取有效措施。

(3) 安全教育培训不到位。① 作业人员安全意识差，违章冒险作业；② 施工队副队长、当班班长均未取得安全资格证书；③ 施工队未组织施工作业人员认真学习作业规程。

(4) 安全主体责任未落实。① 某公司仅出让工程资质给施工队，未实施管理；② 施工队重施工进度、轻安全管理，巷道顶板支护不严不实的隐患未处理而继续施工，长达 100 m 巷道未按规定及时喷浆；③ 矿未对施工队实施有效监督管理；④ 施工队和矿未认真开展隐患排查治理和风险评估管控工作，事故隐患长期存在。

(5) 上级公司安全管理不到位。上级公司未及时发现矿新主斜井项目存在的安全隐患和无证上岗、借用施工资质、无工程监理建设等违法违规行为。

三、防范措施

(1) 加强事故隐患排查治理，加强履职尽责监管力度。所属煤矿要立即开展建设项目专项检查，排查建设项目存在的事故隐患及违法违规行为，对未按照批准的初步设计及安全设施设计进行施工的建设项目，一律停止施工进行整改；严格履行建设单位安全生产主体责任，加强对建设项目施工单位安全生产责任制落实情况、隐患排查治理、现场安全管理、技术管理的监督检查，对未按规定委托工程监理和施工单位挂靠施工资质的建设项目立即停止建设。

(2) 严格建设项目施工队伍现场安全管理。要强化对施工单位现场隐患排查和工程质量检查验收，督促施工单位认真排查、整改现场生产安全隐患，加强顶板管理，严格按照批准的初步设计和安全设施设计组织施工，严禁违章指挥、冒险作业。

(3) 加强技术管理。① 要组织对建设项目采掘工作面作业规程及安全措施进行审查，修改不符合规定的内容；② 当井巷施工接近或通过老空区和断层、褶曲等地质构造带时，要制定切实有效的针对性措施。

(4) 加强安全教育培训。强化对建设项目施工单位人员安全教育培训工作的监督检查，真正提高工人安全意识和安全技能，施工人员必须经安全培训并考核合格后方可上岗作业。

第四十五条【重大事故隐患数据库机制和治理督办制度】

县级以上地方人民政府负有煤矿安全生产监督管理职责的部门应当将重大事故隐患纳入相关信息系统，建立健全重大事故隐患治理督办制度，督促煤矿企业消除重大事故隐患。

【条文解读】 本条是关于建立完善重大事故隐患数据库机制和治理督办制度的规定。

县级以上地方人民政府负有煤矿安全生产监督管理职责的部门要通过汇总梳理企业上报、督导检查、群众举报等途径，收集各类潜在的和存在的重大事故隐患信息，建立完善本地区重大事故隐患数据库体系，用以收集、存储、分析，以便及时、准确掌握重大事故隐患的分布、类型、数量。

建立健全重大事故隐患治理督办制度是保障安全生产的重要措施。首先，要求煤矿企业对发现的重大事故隐患，应当立即采取措施进行治理，并按照规定向负有安全生产监督管理职责的部门报告；其次，负有安全生产监督管理职责的部门应当对煤矿企业的重大事故隐患治理情况进行监督检查，对未按照规定进行治理的煤矿企业进行督促整改，对整改不力的进行处罚。同时，还鼓励社会公众对重大事故隐患进行举报，并对举报人的合法权益予以保护。

综上所述，将重大事故隐患纳入相关信息系统与建立健全重大事故隐患治理督办制度形成了有效合力，对督促煤矿企业加大重大事故隐患治理力度、真正消除重大事故隐患，以及预防和减少事故的发生提供了有力保障。

典型案例：

黑龙江鸡西某矿馈电开关短路引发较大瓦斯燃烧事故

一、事故经过

2015年11月28日，黑龙江鸡西某矿矿长张某组织召开生产调度会，布置当天的任务是集中所有人员到二段左零路35#层采煤工作面下巷采后留巷回撤该巷道内的设备。王某完成导车工作后，带领3名机电工人回撤JD-11.4调度绞车。9时20分，矿井地面安全监控系统报警，二段左零路35#层采煤工作面上巷瓦斯超限，此时3名机电工人正在运送拆卸下来的电缆，拉扯时造成巷道内距离终采线32 m处的JD-25调度绞车馈电开关倾倒，产生电火花，引燃了该处积聚的瓦斯，瞬间产生的高温气体冲击回撤巷道内的设备及作业人员，现场人员遭受不同程度烧伤及挫伤。此次事故共造成3人死亡、9人受伤，直接经济损失439万元。

二、事故原因

（一）直接原因

二段左零路35#层采煤工作面下巷采后留巷内微风，采空区瓦斯涌出，造成留巷内瓦斯积聚，在留巷内的人员作业时造成JD-25调度绞车馈电开关倾倒，致使馈电开关内电源线相间短路，产生电火花，引燃巷道内瓦斯，导致事故发生。

（二）间接原因

(1) 矿井隐患排查治理不到位。该矿未按照停产期间市、县煤矿安全生产监管部门的有关要求开展隐患自检自查。二段左零路35#层采煤工作面回撤设备前，基本顶来压时，曾发生过瓦斯超限，发现这一情况后，煤矿未制定防范措施。

(2) 矿井通风管理不到位。11月28日矿井回撤设备期间，对二段左零路35#层采煤工作面下巷采后留巷存在风量不足、不符合通风要求和该工作面上巷瓦斯监控异常的情况没有采取措施进行处理，致使瓦斯突然涌出，造成瓦斯积聚。

(3) 矿井机电设备管理不到位。井下机电作业人员未严格落实回撤报告中井下电气设备防爆的有关要求，违规作业。JD-11.4 调度绞车与回撤运输用 JD-25 调度绞车共用一台馈电开关作为电源，在拆除电缆时，未安装馈电开关的防爆部件，造成馈电开关失爆。

(4) 作业现场安全管理不到位。回撤作业现场安全管理混乱，多工种交叉作业，人员及设备集中，回撤无序，导致馈电开关倾倒，造成馈电开关内电源线相间短路而产生电火花。

(5) 矿井未严格执行停产、停工监管指令。该矿未执行各级煤矿安全生产监管部门下达的停产停工监管指令，通过非正常手段打开安全锁，组织工人违规采煤和回撤设备。

三、防范措施

(1) 加强对煤矿事故隐患的排查治理。建立生产安全事故隐患排查治理长效机制，建立健全事故隐患排查治理制度，加大隐患排查、自检自查力度，研究制定有针对性的防范措施。

(2) 强化煤矿通风、瓦斯、顶板管理。加强通风系统的检查，严禁微风、无风作业。加大对采煤工作面采空区的顶板管理工作，采空区悬顶超过规定时必须进行强制放顶。

(3) 加强煤矿井下设备管理。煤矿要加强设备管理，制定井下机电设备安全管理措施，严格按照操作规程作业，杜绝电气设备失爆，保证机电设备安全可靠。

(4) 加强回撤期间的现场安全管理。规范设备回撤期间的各项制度，认真研究制定回撤方案，安全有序回撤。严禁违章指挥、违规作业。

(5) 强化煤矿依法办矿意识。煤矿企业要严格落实监管指令，在复产复工前，要严格履行开工手续，报请有关部门批准，坚决杜绝擅自开工及违法违章作业行为。

第四十六条【煤矿安全生产技术服务机构】

县级以上地方人民政府负有煤矿安全生产监督管理职责的部门应当加强对煤矿安全生产技术服务机构的监管。

承担安全评价、认证、检测、检验等职责的煤矿安全生产技术服务机构应当依照有关法律法规和国家标准或者行业标准的规定开展安全生产技术服务活

动,并对出具的报告负责,不得租借资质、挂靠、出具虚假报告。

【条文解读】 本条是关于规范煤矿安全生产技术服务机构的规定。

承担安全评价、认证、检测、检验等职责的煤矿安全生产技术服务机构是社会主义市场经济条件下参与和推进安全生产工作的重要力量,对在新形势下提高我国安全生产整体水平发挥了积极作用。国家提倡以安全生产服务需求为导向,以服务企业安全生产、服务政府安全监管监察、服务公众安全教育为主责,以自觉遵守法律法规和加强监督管理为重点,以提升安全生产社会治理能力为目标,坚持专项服务与综合服务相结合,搭建服务平台,壮大服务市场,规范服务行为,更好地为安全生产提供技术服务、责任保险、专业人才、安全培训、科技支撑、行业组织等社会化服务,加快建立主体多元、覆盖全面、综合配套、机制灵活、运转高效的新型安全生产社会化服务体系,不断提高安全生产和职业健康工作服务水平,为推进安全生产形势持续稳定好转做出积极贡献。

煤炭行业作为一个高危行业,当前的安全生产社会化服务工作明显存在力量不足、能力不强、信息不对称、信用观念差等突出问题,特别是部分煤矿安全生产技术服务机构存在弄虚作假、租借资质、违法挂靠、法律意识淡薄等问题,破坏了正常的煤矿安全生产秩序。因此,县级以上地方人民政府及有关部门应当推进煤矿安全生产技术服务体系建设,培育和规范煤矿安全生产技术服务机构。

培育和规范煤矿安全生产技术服务机构:一是加强监管。县级以上地方人民政府负有煤矿安全生产监督管理职责的部门要对承担安全评价、认证、检测、检验等职责的煤矿安全生产技术服务机构的资质有效期、认可的业务范围,技术、管理人员的资格,检测方法、检验操作的要求等国家规定的资质条件进行检查。二是规范服务行为。技术服务机构应当客观、公正、规范、专业地完成受委托事项,出具的报告应当与实际情况相符,结论客观、公正、准确。报告存在失实情况或者出具虚假报告的机构应承担相应的法律职责。不具备资质的机构不得向具备资质的机构租借资质或者挂靠具备资质的机构。

第四十七条【失信惩戒】

县级以上人民政府及其有关部门对存在安全生产失信行为的煤矿企业、煤矿安全生产技术服务机构及有关从业人员,依法依规实施失信惩戒。

【条文解读】 本条是关于煤矿安全生产失信行为的联合惩戒的规定。

根据《对安全生产领域失信行为开展联合惩戒的实施办法》第二条规定，生产经营单位及其有关人员存在下列失信行为之一的，纳入联合惩戒对象：① 发生较大及以上生产安全责任事故，或 1 年内累计发生 3 起及以上造成人员死亡的一般生产安全责任事故的；② 未按规定取得安全生产许可，擅自开展生产经营建设活动的；③ 发现重大生产安全事故隐患，或职业病危害严重超标，不及时整改，仍组织从业人员冒险作业的；④ 采取隐蔽、欺骗或阻碍等方式逃避、对抗安全监管监察的；⑤ 被责令停产停业整顿，仍然从事生产经营建设活动的；⑥ 瞒报、谎报、迟报生产安全事故的；⑦ 矿山、危险化学品、金属冶炼等高危行业建设项目安全设施未经验收合格即投入生产和使用的；⑧ 矿山生产经营单位存在超层越界开采、以探代采行为的；⑨ 发生事故后，故意破坏事故现场，伪造有关证据资料，妨碍、对抗事故调查，或主要负责人逃逸的；⑩ 安全生产和职业健康技术服务机构出具虚假报告或证明，违规转让或出借资质的。

根据国家发展和改革委员会、中国人民银行、国家安全生产监督管理总局①、中央文明办等 18 部门(单位)联合发布的《关于对安全生产领域失信生产经营单位及其有关人员开展联合惩戒的合作备忘录》规定：

联合惩戒的对象为在安全生产领域存在失信行为的生产经营单位及其法定代表人、主要负责人、分管安全的负责人、负有直接责任的有关人员等。

联合惩戒措施如下：

(1) 加强安全监管监察。各级负有安全监管监察职责的部门针对存在失信行为的生产经营单位及其有关人员制定并落实以下措施：① 加大执法检查频次；② 作为重点监管监察对象，建立常态化暗查暗访机制，不定期开展抽查；③ 约谈其主要负责人，对其主要负责人及相关责任人进行安全培训；④ 暂停对其安全生产标准化评审，对已取得安全生产标准化证书的，撤销其证书；⑤ 依法依规对存在失信行为的生产经营单位及其主要责任人实施市场禁入；⑥ 发现有新的安全生产违法违规行为的，依法依规从重处罚。

(2) 依法暂停审批其新的重大项目申报，核减、停止拨付或收回政府补贴

---

① 根据第十三届全国人民代表大会第一次会议(2018 年 3 月)批准的国务院机构改革方案，将国家安全生产监督管理总局的职责整合，组建中华人民共和国应急管理部(简称“应急管理部”)，不再保留国家安全生产监督管理总局。下同，不再作此说明。

资金。

(3) 依法限制参与建设工程招投标。

(4) 依法限制取得政府性资金支持。

(5) 依法限制生产经营单位取得或者终止其基础设施和公用事业特许经营。

(6) 依法限制、暂停企业债券、公司债券和股票发行。

(7) 暂停审批存在失信行为的生产经营单位科技项目。

(8) 在全国企业信用信息公示系统上公示存在失信行为的生产经营单位行政处罚信息。

(9) 对吊销或者撤销安全生产许可证的存在失信行为生产经营单位，依法撤销注册登记或者吊销营业执照，或者责令当事人依法办理变更登记。

(10) 存在失信行为的生产经营单位的相关责任人，在法定期限内不得担任相关生产经营单位的法定代表人、负责人，已经担任的依法责令办理变更登记。

(11) 存在失信行为的生产经营单位变更名称的，将变更前后的名称在全国企业信用信息公示系统上公示。

(12) 限制存在失信行为的生产经营单位发布广告。

(13) 将存在失信行为的生产经营单位信息通报金融机构，作为其评级授信、信贷融资、管理和退出的重要参考依据。

(14) 在审批证券、证券投资基金及期货公司设立、变更时，依法将生产经营单位失信行为作为重要参考，从严掌握或者不予批准。

(15) 证券交易所在审核证券上市交易、全国中小企业股份转让系统在审核企业挂牌时，将生产经营单位的失信行为作为重要参考。

(16) 要求上市企业将本企业纳入黑名单情况作为必须披露事项。

(17) 根据安全生产风险水平，上调存在失信行为的生产经营单位安全生产责任保险的保险费率。

(18) 依法限制存在失信行为的生产经营单位参与政府采购活动。

(19) 在土地使用、采矿权取得等环节对存在失信行为的生产经营单位依法采取严格限制或禁止等措施。

(20) 将生产经营单位失信行为作为相关责任人考核、干部选任的重要参考，作为评先评优的限制条件。

(21) 对存在失信行为的生产经营单位进出口货物实施严密监管，在办理通关业务时，加强单证审核或布控查验。

(22) 限制成为海关认证企业。存在失信行为的生产经营单位申请适用海关认证企业管理的，海关不予通过认证；已经成为认证企业的，按照规定下调企业信用等级。

(23) 将企业违法失信行为纳入检验检疫进出口企业信用管理系统，依据《出入境检验检疫企业信用管理办法》对其进行信用评级和监督。

(24) 依法限制取得生产许可。

(25) 要求认证机构暂停或者撤销存在失信行为的生产经营单位的相关认证证书。

(26) 严格、审慎审查存在失信行为的生产经营单位新改扩建项目的环评申报事项。

(27) 在实施税收优惠政策时，将生产经营单位的失信状况作为审慎性参考依据。

(28) 在向生产经营单位和个人颁发荣誉证书、嘉奖和表彰等荣誉性称号时，应当参考其安全生产信用状况，对存在失信行为的生产经营单位，不予颁发政府荣誉。

(29) 在各部门主管领域内取消对存在失信行为的生产经营单位的政策性资金支持。

联合惩戒的实施方式：国家安全生产监督管理总局通过全国信用信息共享平台向全国企业信用信息公示系统及各部门相关系统即时提供安全生产领域存在失信行为的生产经营单位及其有关人员相关信息，在国家安全生产监督管理总局政府网站、“信用中国”网站和企业信用信息公示系统向社会公布。各部门按照本备忘录约定内容，根据生产经营单位及有关人员失信行为严重程度，依法依规对其实施联合惩戒。同时，建立惩戒效果定期通报机制，各部门定期将联合惩戒实施情况通报给国家发展和改革委员会及国家安全生产监督管理总局。

第四十八条【停产整顿与恢复生产】

对被责令停产整顿的煤矿企业，在停产整顿期间，有关地方人民政府应当

采取有效措施进行监督检查。

煤矿企业有安全生产违法行为或者重大事故隐患依法被责令停产整顿的，应当制定整改方案并进行整改。整改结束后要求恢复生产的，县级以上地方人民政府负有煤矿安全生产监督管理职责的部门应当组织验收，并在收到恢复生产申请之日起20日内组织验收完毕。验收合格的，经本部门主要负责人签字，并经所在地矿山安全监察机构审核同意，报本级人民政府主要负责人批准后，方可恢复生产。

【条文解读】 本条是关于煤矿企业停产整顿与恢复生产的规定。

对被责令停产整顿的煤矿企业，应当暂扣安全生产许可证，停止采矿、生产、经营活动，保证煤矿企业能集中精力进行安全整改，尽快改善安全生产条件。在停产整顿期间，由有关地方人民政府采取有效措施进行监督检查。严厉打击未经批准擅自复工复产、以检修或整改隐患名义组织生产建设、明停暗开、昼停夜开以及关闭煤矿"死灰复燃"等行为。

煤矿企业有安全生产违法行为或者重大事故隐患依法被责令停产整顿的，应当制定整改方案，落实整改措施和安全技术规定，保证在规定期限内完成整改任务，不发生意外事故。整改结束后要求恢复生产的煤矿，由县级以上地方人民政府负有煤矿安全生产监督管理职责的部门组织验收，并在收到恢复生产申请之日起20日内组织验收完毕。验收合格的，经本部门主要负责人签字，并经所在地矿山安全监察机构审核同意，报本级人民政府主要负责人批准后，领取全部证照，方可恢复生产。发放证照部门要按照规定对批准生产的及时将证照返还煤矿；验收不合格的、逾期不提出验收申请的，县级以上地方人民政府负责煤矿安全生产监督管理的部门，应及时向有关人民政府报告并要求予以关闭。

煤矿企业复工复产须严格落实《煤矿复工复产验收管理办法》规定的复工复产条件，同时对各级监管监察部门检查督查发现问题未按要求整改到位的煤矿、存在开采保安煤柱和未对违规承包井下工程队伍清理到位的煤矿、列入年度退出计划的煤矿、长期停产停工的煤矿、安全生产标准化管理体系不达标的煤矿、"五职"矿长和技术管理人员不齐全的煤矿、职工培训不合格和特殊工种不能满足安全生产要求的煤矿、重点危险作业岗位和关键设备应急管理处置措施不完善的煤矿，不得以任何理由复工复产。

第四十九条【停产关闭及恢复公告】

县级以上地方人民政府负有煤矿安全生产监督管理职责的部门对被责令停产整顿或者关闭的煤矿企业，应当在5个工作日内向社会公告；对被责令停产整顿的煤矿企业经验收合格恢复生产的，应当自恢复生产之日起5个工作日内向社会公告。

【条文解读】 本条是关于煤矿企业停产整顿、关闭及恢复生产的社会公告的规定。

《安全生产法》第七十八条规定"负有安全生产监督管理职责的部门应当建立安全生产违法行为信息库，如实记录生产经营单位及其有关从业人员的安全生产违法行为信息；对违法行为情节严重的生产经营单位及其有关从业人员，应当及时向社会公告……对生产经营单位作出处罚决定后7个工作日内在监督管理部门公示系统予以公开曝光……"。本条款较《安全生产法》的规定更为严格。县级以上地方人民政府负有煤矿安全生产监督管理职责的部门对被责令停产整顿或者关闭的煤矿企业，应当自煤矿企业被责令停产整顿之日起5个工作日内向社会公告，颁发证照的部门应当暂扣采矿许可证、安全生产许可证、矿长资格证。被责令停产整顿的煤矿企业经验收合格恢复生产的，应当自煤矿企业恢复生产之日起5个工作日内在原登载停产整顿公告的同一媒体上向社会公告。

第四章　煤矿安全监察

第五十条【监督检查政府煤矿安全生产监管工作】

国家矿山安全监察机构及其设在地方的矿山安全监察机构应当依法履行煤矿安全监察职责，对县级以上地方人民政府煤矿安全生产监督管理工作加强监督检查，并及时向有关地方人民政府通报监督检查的情况，提出改善和加强煤矿安全生产工作的监察意见和建议，督促开展重大事故隐患整改和复查。

县级以上地方人民政府应当配合和接受国家矿山安全监察机构及其设在地方的矿山安全监察机构的监督检查，及时落实监察意见和建议。

【条文解读】　本条是关于矿山安全监察机构对县级以上地方人民政府煤矿安全生产监督管理工作依法监督检查的规定。

本条制定的目的是进一步明确、强化国家监察权力，做到权力明确、职责明晰，为进一步落实煤矿安全生产企业负责、地方监管、国家监察体制提供法律依据。

煤矿安全生产工作应当实行国家监察、地方监管、企业负责、职工参与、社会监督的工作机制。国家监察的主体是矿山安全监察机构。矿山安全监察机构包括国家矿山安全监察机构和在省、自治区、直辖市设立的省级矿山安全监察机构。

《中共中央办公厅 国务院办公厅关于印发〈国家矿山安全监察局职能配置、内设机构和人员编制规定〉的通知》第四条第一款第（二）、（八）项规定，国家矿山安全监察局负责贯彻落实党中央关于矿山安全监管监察工作的方针政策和决策部署，在履行职责过程中坚持和加强党对矿山安全监管监察工作的集中统一领导。主要职责是：（二）负责国家矿山安全监察工作。监督检查地方政府矿山安全监管工作。组织实施矿山安全生产抽查检查，对发现的重大事故隐患采取现场处置措施，向地方政府提出改善和加强矿山安全监管工作的意见和建议，督促开展重大隐患整改和复查。（八）职能转变。国家矿山安全监察局要进一步完善“国家监察、地方监管、企业负责”的矿山安全监管监察体制。以防范遏制重特大矿山生产安全事故为重点，坚持安全第一、预防为主、综合治理的方针，加强对地方政府落实矿山安全属地监管责任的监督检查，严密层级治理和行业治理、政府治理、社会治理相结合的安全生产治理体系，着力防范化解区域性、系统性矿山安全风险。推动地方矿山安全监督管理部门强化监管执法，依法严厉查处违法违规行为，督促企业落实安全生产主体责任，推动企业建立健全自我约束、持续改进的内生机制。强化矿山安全监管能力建设，建立健全监管执法人员资格管理制度，加强教育培训，推进安全科技创新，提升信息化建设和应用水平，进一步提高执法队伍能力和素质。将煤矿安全生产许可、建设工程安全设施设计审查和竣工验收核查、检验检测机构认证、相关人员培训等事项移交给地方政府。

《中共中央办公厅 国务院办公厅关于进一步加强矿山安全生产工作的意见》“（二十）强化矿山安全国家监察”中规定，健全国家矿山安全监察体制，国家矿山安全监察部门负责监督检查地方矿山安全监管工作，向地方政府提出改善和加强矿山安全监管工作的意见和建议。统筹矿山安全监管监察执法保障体系建设，推动落实监管监察能力建设规划，完善技术支撑体系，健全国家矿山安全智能化监管监察系统。

《关于防范遏制矿山领域重特大生产安全事故的硬措施》“七、强化矿山安全国家监察督政”中规定，国家矿山安全监察机构必须坚持严的基调，坚持多约谈、多通报、多发督促函、多暗访、多曝光，将责任、压力层层传递到基层末梢。国家矿山安全监察局各省级局要当好地方党委和政府矿山安全“吹哨人”，对矿山安全重大问题和重大事故隐患，及时向当地主要负责同志通报移办，对辖区矿山安全生产突出问题和对策建议，及时向省级党委和政府主要负责同志专报，切实让地方主要负责同志掌握矿山安全真实状况。要对地方和煤矿保供指标开展安全评估，对放任违规超能力超强度生产的，要及时介入“督政”。对矿山安全问题久拖不决或者对整改函、建议函不落实不反馈的地方政府，严肃约谈政府主要负责同志并通报上一级党委和政府。

《国家矿山安全监察局关于进一步加强和改进对地方政府矿山安全监管工作监督检查的意见》"三、监督检查的组织实施"中规定，国家矿山安全监察局向各省级矿山安全监察机构赋予全部的国家监察权力，各省级矿山安全监察机构要全面履行矿山安全国家监察职能，对负有矿山安全监管职责的省级有关部门和市、县级人民政府及其负有矿山安全监管职责的有关部门开展监督检查，通过查企督政、联系指导、明查暗访等方式抽查地方政府及其相关部门的矿山安全监管工作。

第五十一条【*煤矿安全生产监察*】

设在地方的矿山安全监察机构应当对所辖区域内煤矿安全生产实施监察；对事故多发地区，应当实施重点监察。国家矿山安全监察机构根据实际情况，组织对全国煤矿安全生产的全面监察或者重点监察。

【条文解读】 本条是关于设在地方的矿山安全监察机构对所辖区域内煤矿安全生产实施监察的规定。

设在地方的矿山安全监察机构负责辖区内矿山安全国家监察工作，监督检查地方矿山安全监管工作，督促落实矿山安全准入、监管执法、风险分级管控和隐患排查治理等政策措施，向地方政府提出改善和加强矿山安全监管工作的意见建议。国家矿山安全监察机构根据实际情况，组织对全国煤矿安全生产的全面监察或者重点监察。

依据《国家矿山安全监察局关于进一步加强和改进对地方政府矿山安全监管工作监督检查的意见》要求，矿山安全监察部门对地方政府矿山安全监管工作的监督检查，主要监察地方政府及其有关部门开展矿山安全监管工作的内容有：① 学习宣传贯彻习近平总书记关于安全生产重要论述和重要指示批示精神情况；② 落实国家有关法律法规和工作要求情况；③ 建立健全矿山安全监管责任体系及加强专业监管能力建设情况；④ 开展矿山安全监管执法工作情况；⑤ 开展矿山行政许可审查工作情况；⑥ 推进淘汰落后矿山工作情况；⑦ 督促落实矿山重大事故隐患排查治理情况；⑧ 落实矿山重大安全风险研判情况；⑨ 督促落实矿山重大灾害治理情况；⑩ 推进矿山安全基础建设情况；⑪ 强化对矿山第三方服务单位的监管情况；⑫ 督促落实矿山生产安全事故责任追究及防范措施等情况;⑬ 其他需要监督检查的内容。

设在地方的矿山安全监察机构应当编制监察计划,按照上级矿山安全监察机构批复的计划对煤矿安全分类实施重点监察、专项监察和定期监察。《煤矿安全监察执法工作计划编制和审批办法》规定,省级矿山安全监察机构要根据辖区煤矿数量、分布、生产规模、灾害程度及近五年安全生产状况等制定辖区煤矿分类标准,并对煤矿进行分类。根据辖区煤矿分类情况,分析不同类型煤矿的灾害特点和近五年事故情况以及生产特点,确定各类各级煤矿的监察执法重点。突出对事故多发地区的煤矿和瓦斯、水、火、冲击地压等灾害严重矿井的监察。

《煤矿安全生产重点县(市、区)和重点企业工作成效评估办法》规定,对重点县(市、区)、重点企业名单实施动态管理。每年根据评估结果将评估符合调出标准的重点县(市、区)、重点企业调出名单。同时,根据全国煤矿安全生产工作情况,将发生较大以上事故、事故多发、煤矿灾害较重、安全管理能力相对较弱的产煤县(市、区)和煤矿企业,调入下一年度重点县(市、区)、重点企业名单。

第五十二条【监督检查方式】

国家矿山安全监察机构及其设在地方的矿山安全监察机构对县级以上地方人民政府煤矿安全生产监督管理工作进行监督检查,可以采取以下方式:

(一)听取有关地方人民政府及其负有煤矿安全生产监督管理职责的部门工作汇报;

(二)调阅、复制与煤矿安全生产有关的文件、档案、工作记录等资料;

(三)要求有关地方人民政府及其负有煤矿安全生产监督管理职责的部门和有关人员就煤矿安全生产工作有关问题作出说明;

(四)有必要采取的其他方式。

【条文解读】 本条是关于矿山安全监察机构对县级以上地方人民政府煤矿安全生产监督管理工作进行监督检查的方式的规定。

本条例颁布之前如何对县级以上地方人民政府煤矿安全生产监督管理工作进行监督检查还存在盲区,法律法规上还存在空白,此次立法对相关监督检查工作进行了明确,有利于矿山安全监察机构对县级以上地方人民政府煤矿安全生产监督管理工作的监督检查的开展。

《国家矿山安全监察局关于进一步加强和改进对地方政府矿山安全监管工作监督检查的意见》中明确要求：① 各省级矿山安全监察机构对负有矿山安全监管职责的省级有关部门和市、县级人民政府及其负有矿山安全监管职责的有关部门开展监督检查，抽查地方政府及其相关部门的矿山安全监管工作。重点监督检查学习宣传贯彻习近平总书记关于安全生产重要论述和重要指示批示精神、落实国家有关法律法规和工作要求、安全监管责任体系和专业监管能力建设、开展安全监管执法、开展矿山行政许可审查、推进淘汰落后矿山、重大事故隐患排查治理、重大安全风险研判、重大灾害治理、安全基础建设、对矿山第三方服务单位的监管、落实矿山生产安全事故责任追究及防范措施等情况。② 各省级矿山安全监察机构要将监督检查地方政府矿山安全监管工作纳入年度监察执法计划。其中，在煤矿方面，对煤矿安全重点县（市、区）人民政府每季度至少开展一次监督检查，对产煤地级市和其他产煤县（市、区）人民政府每半年至少开展一次监督检查。③ 监督检查可采取听取汇报、查阅资料、抽查矿山、通报情况等方式进行。通过督促检查有关部门和现场抽查矿山企业，发现重大事故隐患和矿山安全生产领域的突出、共性、深层次问题，及时向有关地方人民政府及其有关部门提出监察意见和建议。要督促有关地方人民政府及其有关部门按期反馈对监察意见建议的整改情况，将整改情况在省级矿山安全监察机构门户网站进行公开，发挥社会监督作用，提升工作效能。④ 对地方各级矿山安全监管部门领导干部履行《地方党政领导干部安全生产责任制规定》所规定职责不到位或存在阻挠、干涉安全监察、事故调查处理工作等行为的，各级国有矿山企业领导干部履行安全生产主体责任不到位或存在《安全生产领域违法违纪行为政纪处分暂行规定》所列相关违法违纪行为的，要提出问责建议；对发现存在矿山安全生产突出问题的，监察意见建议整改措施落实差、不反馈整改情况的，要强化约谈、曝光。

第五十三条【现场检查权及处置权】

国家矿山安全监察机构及其设在地方的矿山安全监察机构履行煤矿安全监察职责，有权进入煤矿作业场所进行检查，参加煤矿企业安全生产会议，向有关煤矿企业及人员了解情况。

国家矿山安全监察机构及其设在地方的矿山安全监察机构发现煤矿现场存在事故隐患的，有权要求立即排除或者限期排除；发现有违章指挥、强令冒险作业、违章作业以及其他安全生产违法行为的，有权立即纠正或者要求立即停止作业；发现威胁安全的紧急情况时，有权要求立即停止危险区域内的作业并撤出作业人员。

矿山安全监察人员履行煤矿安全监察职责，应当出示执法证件。

【条文解读】 本条是关于矿山安全监察机构对煤矿企业现场检查权及现场处置权的规定。

本条是对原《煤矿安全监察条例》相关规定的延续，要求煤矿企业对矿山安全监察机构毫无保留地提供相关资料，赋予了矿山安全监察机构对于安全生产相关资料的追索权，也从法律上杜绝煤矿企业资料与现场“两张皮”的不良现象。

依据《安全生产法》第六十五条第一款规定，应急管理部门和其他负有安全生产监督管理职责的部门依法开展安全生产行政执法工作，对生产经营单位执行有关安全生产的法律、法规和国家标准或者行业标准的情况进行监督检查，行使以下职权：

(1) 进入生产经营单位进行检查，调阅有关资料，向有关单位和人员了解情况。

(2) 对检查中发现的安全生产违法行为，当场予以纠正或者要求限期改正；对依法应当给予行政处罚的行为，依照《安全生产法》和其他有关法律、行政法规的规定作出行政处罚决定。

(3) 对检查中发现的事故隐患，应当责令立即排除；重大事故隐患排除前或者排除过程中无法保证安全的，应当责令从危险区域内撤出作业人员，责令暂时停产停业或者停止使用相关设施、设备；重大事故隐患排除后，经审查同意，方可恢复生产经营和使用。

(4) 对有根据认为不符合保障安全生产的国家标准或者行业标准的设施、设备、器材以及违法生产、储存、使用、经营、运输的危险物品予以查封或者扣押，对违法生产、储存、使用、经营危险物品的作业场所予以查封，并依法作出处理决定。

本条中赋予矿山安全监察人员和矿山安全监察机构对煤矿安全隐患处理

的权力。矿山安全监察人员在煤矿现场发现存在安全隐患的，有权当场予以纠正或者要求限期改正；发现煤矿矿长或者其他主管人员违章指挥工人或者强令工人违章、冒险作业，或者发现工人违章作业，以及其他违法行为的，应当立即纠正或者责令立即停止作业；发现威胁从业人员生命安全的紧急情况时，有权要求煤矿立即停止危险区内的作业并撤出人员。

《安全生产法》第六十七条规定，安全生产监督检查人员应当忠于职守，坚持原则，秉公执法。安全生产监督检查人员执行监督检查任务时，必须出示有效的行政执法证件；对涉及被检查单位的技术秘密和业务秘密，应当为其保密。《矿山安全监察行政执法证管理暂行办法》第四条规定，矿山安全监察行政执法人员从事行政执法工作的，应当持有行政执法证，行政执法证首次取证培训考试不合格的，以及行政执法证有效期届满延续培训考试不合格的，不能取得行政执法证，未取得行政执法证的，不得出具矿山安全监察行政执法文书。矿山安全监察行政执法人员在依法开展矿山安全监察行政执法工作时，应当主动向检查对象出示行政执法证。因此，矿山安全监察人员在履行煤矿安全监察职责时，应当主动出示执法证件。

典型案例：

贵州六盘水某矿煤层未消突爆破揭煤引起重大煤与瓦斯突出事故

一、事故经过

2014年6月10日16时左右开完班前会，曾某某带领当班工人陆续到达1601回风巷2#联络巷，开始出渣、架棚作业。10日23时45分左右，4点班矿调度员在撤出事故区域的其他作业人员后，交班给11日0点班调度员刘某某时说："井下除1601回风巷2#联络巷作业人员外，其余人员已全部撤出，等中班安检员施某某汇报后就可以爆破。"10日24时整施某某向11日0点班调度员刘某某汇报"2#联络巷工作面人员已撤完，岗站好，电源已停，准备爆破"，刘某某同意爆破。11日0时5分，1601回风巷2#联络巷工作面发生煤与瓦斯突出，该工作面的T_1甲烷传感器显示数据为10%，回风T_2甲烷传感器显示数据为4.13%，突出煤(岩)量约1 010 t，瓦斯涌出量约12万m^3，造成10人死亡，直接经济损失1 634万元。

二、事故原因

（一）直接原因

某矿区域和局部防突措施落实不到位，1601 回风巷 2# 联络巷揭穿的 M_6 煤层未消突，石门揭煤时爆破诱发煤与瓦斯突出。

（二）间接原因

(1) 防突措施落实不到位。一是煤矿未对揭煤区域煤层松软、煤层厚度、煤层透气性等瓦斯条件进行认真分析，抽采钻孔由于垮孔严重使得钻孔中垮孔位置以里的部分抽采效果受限，甚至没有抽采，且未对区域抽采钻孔施工和验收进行管理，致使钻孔不能按设计施工到位。二是该掘进工作面消突评价报告中区域效果检验采用 1 a 前的检验结果，未考虑停抽后瓦斯分布情况。三是工作面局部防突措施采用钻孔排放瓦斯，排放孔无设计、无施工管理记录，不能保证局部防突措施落实到位。四是局部防突措施效果检验不符合规定要求，在 6 月 6 日测定钻屑瓦斯解吸指标 K_1 值达 0.79 后，矿上施工了排放钻孔，但在 6 月 7 日中班瓦斯排放完毕后仅测定了瓦斯涌出初速度，未按规定测定 K_1 值，便作出“已消除突出危险”的结论，但实际未消突。

(2) 管理混乱，安全设施存在严重问题。一是爆破措施不落实。事故当班 1601 回风巷 2# 联络巷工作面爆破未严格按要求落实爆破前撤人、拉警戒等措施。二是通风设施不合格。1601 回风巷 2# 联络巷反向风门设计不严谨，施工管理不到位，竣工未验收风门，风门设置位置不合理，最后一道反向风门距工作面距离小于 70 m，仅设置了 2 道反向风门，且反向风门墙体厚度和强度均达不到设计要求。三是在公司安全监察部发现该矿自查的 38 条隐患中有 4 条未整改完成，作出验收不通过结论后，矿安全监察部自己在综合验收结论栏填写“复查合格，同意复工”，并将两份验收表格作为某矿验收合格的依据向某安监站申请复查予以恢复建设。四是监测监控系统、人员定位系统维护和管理不到位。监测监控系统 5 月 1 日至 19 日无监控数据，人员定位系统存在数据不能上传、漏卡等现象。

三、防范措施

(1) 强化落实矿井安全生产主体责任，牢固树立依法办矿、依规管矿意识，坚守安全红线底线，切实落实矿井主体责任和第一责任人责任。

(2) 切实加强煤矿防突管理工作，认真落实两个“四位一体”综合防突措施，加强对现场钻孔施工的管理，严厉打击弄虚作假行为。

(3) 保证区域措施效果检验可靠性。各检验测试点应布置于所在部位钻孔密度较小、孔间距较大、预抽时间较短的位置，在地质构造复杂区域适当增加检验测试点。

(4) 进一步优化矿井生产布局，减少矿井石门揭煤次数。

(5) 加强通风设施验收管理。通风设施均要有专项设计及安全技术措施，井下通风设施要进行现场验收且验收资料要存档备查，确保通风设施安设合理、质量可靠。

(6) 认真开展隐患排查治理工作。矿井要建立长期排查治理长效机制和重大隐患分级挂牌督办制度，实现隐患排查治理工作常态化、规范化、科学化，重大生产安全隐患要按照“五落实”的要求真正做到措施不落实、隐患不排除不得生产。

(7) 加强防突知识培训。对井下从业人员进行全员防突知识培训，确保人人熟悉防突知识。

第五十四条【停产整顿处置】

国家矿山安全监察机构及其设在地方的矿山安全监察机构发现煤矿企业存在重大事故隐患责令停产整顿的，应当及时移送县级以上地方人民政府负有煤矿安全生产监督管理职责的部门处理并进行督办。

【条文解读】 本条是关于矿山安全监察机构对责令停产整顿的煤矿企业处置的规定。

本条明确矿山安全监察机构应及时将责令停产整顿的煤矿企业移送县级以上地方人民政府负有煤矿安全生产监督管理职责的部门(移送至监管主体及安全生产许可证的管理部门)，由这些部门负责依法处理处置到位(参考本条例第四十二、四十五、四十八、四十九、七十三条等相关规定)，同时矿山安全监察机构负责督办。

《安全生产法》第九条第一款规定，国务院和县级以上地方各级人民政府应当加强对安全生产工作的领导，建立健全安全生产工作协调机制，支持、督促各有关部门依法履行安全生产监督管理职责，及时协调、解决安全生产监督管理中存在的重大问题。第七十条第一款规定，负有安全生产监督管理职责的部门依法对存在重大事故隐患的生产经营单位作出停产停业、停止施工、停止使用相关设施或者设备的决定，生产经营单位应当依法执行，及时消除事故隐患。生产经营单位拒不执行，有发生生产安全事故的现实危险的，在保证安全的前提下，经本部门主要负责人批准，负有安全生产监督管理职责的部门可以采取通知有关单位停止供电、停止供应民用爆炸物品等措施，强制生产经营单位履行决定。通知应当采用书面形式，有关单位应当予以配合。

《矿山重大事故隐患整改跟踪督办办法》对移送县级以上地方人民政府负有煤矿安全生产监督管理职责的部门处理工作如何督办进行了具体规定。

第五十五条【移送处理违法行为】

国家矿山安全监察机构及其设在地方的矿山安全监察机构发现煤矿企业存在应当由其他部门处理的违法行为的，应当及时移送有关部门处理。

【条文解读】 本条是关于矿山安全监察机构移送非本部门处理违法行为的规定。

本条进一步明晰了其他负有安全生产监督管理职责的部门的责任，应切实落实《安全生产法》“三管三必须”的要求，依法处置，各负其责、各履其责、各尽其责、失职担责。

《安全生产法》第三条第三款规定，安全生产工作实行管行业必须管安全、管业务必须管安全、管生产经营必须管安全，强化和落实生产经营单位主体责任与政府监管责任，建立生产经营单位负责、职工参与、政府监管、行业自律和社会监督的机制。第六十九条规定，负有安全生产监督管理职责的部门在监督检查中，应当互相配合，实行联合检查；确需分别进行检查的，应当互通情况，发现存在的安全问题应当由其他有关部门进行处理的，应当及时移送其他有关部门并形成记录备查，接受移送的部门应当及时进行处理。

矿山安全监察机构在实施安全监察过程中，发现煤矿存在的安全问题或违法行为需要由有关地方人民政府或其有关部门来处理的，应当向有关地方人民政府或其有关部门提出建议，并向上级人民政府或其有关部门报告，案件及时移送到有关部门。

依据《国家煤矿安全监察局关于规范煤矿安全监管执法工作的意见》有关规定，发现煤矿存在非法违法行为的，应依法制止，并进行处理处罚；对需要移交其他部门进一步查处的，依照规定的程序办理移交，并制作执法文书形成记录备查。涉嫌超层越界开采的，移送自然资源部门；涉嫌非法违法用工的，移送人力资源和社会保障部门；涉嫌未批先建的建设项目，移送投资主管部门；涉嫌违反职业病危害防治有关规定的，移送职业卫生管理部门；涉及防雷检查的，移送气象部门。涉及需要采取停电、停止供应民用爆炸物品的，通知电力监管、公安部门。对存在重大事故隐患不消除或故意造成重大事故隐患的煤矿责任人，按照规定建议有关部门追究责任。

第五十六条【协同监管机制】

国家矿山安全监察机构及其设在地方的矿山安全监察机构和县级以上人民政府有关部门应当建立信息共享、案件移送机制，加强协作配合。

【条文解读】　本条是关于矿山安全监察机构与县级以上人民政府有关部门建立健全协同监管机制的规定。

地方人民政府应当支持矿山安全监察机构与相关政府部门建立健全沟通协调机制，形成部门合力共同打击煤矿安全生产领域违法违规行为，地方人民政府应当发挥总指挥、总协调作用。

根据《安全生产法》第九条第一款规定，国务院和县级以上地方各级人民政府应当加强对安全生产工作的领导，建立健全安全生产工作协调机制，支持、督促各有关部门依法履行安全生产监督管理职责，及时协调、解决安全生产监督管理中存在的重大问题。第十条第三款规定，应急管理部门和对有关行业、领域的安全生产工作实施监督管理的部门，统称负有安全生产监督管理职责的部门。负有安全生产监督管理职责的部门应当相互配合、齐抓共管、信息共享、资源共用，依法加强安全生产监督管理工作。矿山安全监察机构与县级以上人民政府有关部门应当建立信息共享、案件移送机制，不断强化协作配合，勠力同心做好煤矿安全生产监督管理工作。

第五十七条【安全生产信息化执法】

国家矿山安全监察机构及其设在地方的矿山安全监察机构应当加强煤矿安全生产信息化建设，运用信息化手段提升执法水平。

煤矿企业应当按照国家矿山安全监察机构制定的安全生产电子数据规范联网并实时上传电子数据，对上传电子数据的真实性、准确性和完整性负责。

【条文解读】 本条是关于矿山安全监察机构通过信息化手段实施煤矿安全生产监察执法的规定。

本条规定矿山安全监察机构应当加强煤矿安全生产信息化建设，运用信息化手段提升执法水平，同时建立健全煤矿安全生产信息化平台，并与煤矿安全监管部门和煤炭行业管理部门信息平台实现互联互通、资源共享。依据《国务院办公厅关于完善煤矿安全监察体制的意见》有关规定，应建立健全煤矿安全监察、监管协调工作机制。设在地方的矿山安全监察机构和有关地方人民政府及其相关部门，要加强联系、密切配合、协调行动，建立工作通报和信息交流制度，及时通报行政执法情况及有关资料；建立联席会议制度，及时协商解决煤矿安全监察、监管工作中的重大问题；完善联合执法机制，杜绝重复执法和“一事两罚”，提高执法效率。

《国家矿山安全监察局关于印发〈煤矿安全远程监察执法工作办法〉的通知》中强调，要依托国家矿山安全生产综合信息系统和各省级矿山安全监察机构自建的信息化系统等信息化平台，对煤矿企业进行远程监察，主要方式有：通过互联网技术使用计算机查看各类监测监控数据、煤矿安全生产基础数据、图纸、资料等，通过电话、网络进行安全警示提醒、了解安全生产状况等，通过传真、网络工具核查验证有关安全生产存在的问题、报送核查整改报告等，通过视频、拍照、微信等查看现场问题现状等。这样不仅打破了煤矿安全监察的地域、时域限制，实现了从单一的传统现场监察方式到现场监察和远程监察相结合的监察方式转变，丰富了监察执法手段，还提高了监察执法效率，进一步增强了对煤矿企业安全生产风险的把控。

煤矿信息化建设是行业转型发展、提高煤矿本质安全水平的必经之路，是国家数字化战略的重要组成部分，进一步推进煤矿信息化建设，以安全生产综合信息系统为抓手，通过对煤矿基础数据、感知数据采集，对各类报警信息、异常数据的及时有效处置，可以防范化解安全风险隐患，遏制事故发生。煤矿企业应当将安全生产电子数据规范联网，并对上传电子数据的真实性、准确性和完整性负责。

第五十八条【监督检查内容】

国家矿山安全监察机构及其设在地方的矿山安全监察机构依法对煤矿企

业贯彻执行安全生产法律法规、煤矿安全规程以及保障安全生产的国家标准或者行业标准的情况进行监督检查，行使本条例第四十四条规定的职权。

【条文解读】 本条是关于矿山安全监察机构对煤矿企业监督检查内容的规定。

本条明确了矿山安全监察机构对煤矿企业监督检查的内容，做到有的放矢、问题导向。监督检查的内容有：煤矿企业贯彻执行安全生产法律法规、煤矿安全规程以及保障安全生产的国家标准或者行业标准的情况。矿山安全监察机构在监督检查煤矿企业时，有权行使《安全生产法》第六十五条和本条例第四十四条规定的职权。

《安全生产法》第六十五条第一款规定，应急管理部门和其他负有安全生产监督管理职责的部门依法开展安全生产行政执法工作，对生产经营单位执行有关安全生产的法律、法规和国家标准或者行业标准的情况进行监督检查，行使以下职权：

（1）进入生产经营单位进行检查，调阅有关资料，向有关单位和人员了解情况。

（2）对检查中发现的安全生产违法行为，当场予以纠正或者要求限期改正；对依法应当给予行政处罚的行为，依照本法和其他有关法律、行政法规的规定作出行政处罚决定。

（3）对检查中发现的事故隐患，应当责令立即排除；重大事故隐患排除前或者排除过程中无法保证安全的，应当责令从危险区域内撤出作业人员，责令暂时停产停业或者停止使用相关设施、设备；重大事故隐患排除后，经审查同意，方可恢复生产经营和使用。

（4）对有根据认为不符合保障安全生产的国家标准或者行业标准的设施、设备、器材以及违法生产、储存、使用、经营、运输的危险物品予以查封或者扣押，对违法生产、储存、使用、经营危险物品的作业场所予以查封，并依法作出处理决定。

第五十九条【事故应急处置】

发生煤矿生产安全事故后，煤矿企业及其负责人应当迅速采取有效措施组织抢救，并依照《生产安全事故报告和调查处理条例》的规定立即如实向当地应

急管理部门、负有煤矿安全生产监督管理职责的部门和所在地矿山安全监察机构报告。

国家矿山安全监察机构及其设在地方的矿山安全监察机构应当根据事故等级和工作需要，派出工作组赶赴事故现场，指导配合事故发生地地方人民政府开展应急救援工作。

【条文解读】 本条是关于煤矿发生事故后应急处置的规定。

煤矿事故发生后，在采取必要的处置措施后，应按照报告程序尽快向上级进行报告，以便上级了解事故情况以及采取措施。对于煤矿事故发生后报告主体的规定，《安全生产法》亦有此规定。第八十三条规定，生产经营单位发生生产安全事故后，事故现场有关人员应当立即报告本单位负责人。单位负责人接到事故报告后，应当迅速采取有效措施，组织抢救，防止事故扩大，减少人员伤亡和财产损失，并按照国家有关规定立即如实报告当地负有安全生产监督管理职责的部门，不得隐瞒不报、谎报或者迟报，不得故意破坏事故现场、毁灭有关证据。第八十五条规定，有关地方人民政府和负有安全生产监督管理职责的部门的负责人接到生产安全事故报告后，应当按照生产安全事故应急救援预案的要求立即赶到事故现场，组织事故抢救。参与事故抢救的部门和单位应当服从统一指挥，加强协同联动，采取有效的应急救援措施，并根据事故救援的需要采取警戒、疏散等措施，防止事故扩大和次生灾害的发生，减少人员伤亡和财产损失。事故抢救过程中应当采取必要措施，避免或者减少对环境造成的危害。任何单位和个人都应当支持、配合事故抢救，并提供一切便利条件。

《生产安全事故报告和调查处理条例》第九条规定，事故发生后，事故现场有关人员应当立即向本单位负责人报告；单位负责人接到报告后，应当于 1 h 内向事故发生地县级以上人民政府安全生产监督管理部门和负有安全生产监督管理职责的有关部门报告。情况紧急时，事故现场有关人员可以直接向事故发生地县级以上人民政府安全生产监督管理部门和负有安全生产监督管理职责的有关部门报告。《矿山生产安全事故报告和调查处理办法》第十五条规定，地方人民政府和相关部门接到事故报告后，应当立即启动应急预案，组织开展现场应急处置工作。矿山安全监管监察部门接到事故报告后，应当根据事故等级和相关规定派员立即赶赴事故现场，协助有关地方人民政府做好应急处置工作。

各省级矿山安全监察机构依据本条编制本辖区的事故应急救援预案，应做到反应迅速、措施合理、威胁可控、救援得力，最大限度减少人员伤亡和财产损失，把事故危害降到最低点，维护社会稳定。

第六十条【事故调查权】

煤矿生产安全事故按照事故等级实行分级调查处理。

特别重大事故由国务院或者国务院授权有关部门依照《生产安全事故报告和调查处理条例》的规定组织调查处理。重大事故、较大事故、一般事故由国家矿山安全监察机构及其设在地方的矿山安全监察机构依照《生产安全事故报告和调查处理条例》的规定组织调查处理。

【条文解读】　本条是关于不同等级事故调查权的规定。

本条明确了特别重大煤矿生产安全事故由国务院或者国务院授权有关部门组织调查处理，重大及以下等级煤矿生产安全事故由国家矿山安全监察机构及其设在地方的矿山安全监察机构组织调查处理。

《生产安全事故报告和调查处理条例》第三条规定，根据生产安全事故（以下简称事故）造成的人员伤亡或者直接经济损失，事故一般分为以下等级：① 特别重大事故，是指造成 30 人以上死亡，或者 100 人以上重伤（包括急性工业中毒，下同），或者 1 亿元以上直接经济损失的事故；② 重大事故，是指造成 10 人以上 30 人以下死亡，或者 50 人以上 100 人以下重伤，或者 5 000 万元以上 1 亿元以下直接经济损失的事故；③ 较大事故，是指造成 3 人以上 10 人以下死亡，或者 10 人以上 50 人以下重伤，或者 1 000 万元以上 5 000 万元以下直接经济损失的事故；④ 一般事故，是指造成 3 人以下死亡，或者 10 人以下重伤，或者 1 000 万元以下直接经济损失的事故。……本条第一款所称的“以上”包括本数，所称的“以下”不包括本数。

《矿山生产安全事故报告和调查处理办法》第十八条规定，事故按照等级实行分级调查。重大及以下等级煤矿事故由国家矿山安全监察局省级局牵头组织调查。……未造成人员死亡的一般事故，县级人民政府或者国家矿山安全监察局省级局可以委托事故发生单位或者有关部门组织事故调查组进行调查。第十九条规定，国家矿山安全监察局认为必要时，可以调查由国家矿山安全监察局省级局负责调查的煤矿事故。……因伤亡人数变化导致事故等级发生变化，依照本办法应当由上级人民政府或者矿山安全监察机构调查的，上级人民政府或者矿山安全监察机构可以重新组织事故调查组进行调查。第二十条第一款规定，重大及以下等级煤矿事故，由国家矿山安全监察局省级局、有关地方人民政府、煤矿安全监管部门、煤炭行业管理部门、负有煤矿安全生产监督管理职责的其他有关部门、公安机关以及工会组织派人组成事故调查组，并邀请当地有管辖权的监察机关介入。

第五章　法律责任

第六十一条【无证照生产的责任】

未依法取得安全生产许可证等擅自进行煤矿生产的，应当责令立即停止生产，没收违法所得和开采出的煤炭以及采掘设备；违法所得在10万元以上的，并处违法所得2倍以上5倍以下的罚款；没有违法所得或者违法所得不足10万元的，并处10万元以上20万元以下的罚款。

关闭的煤矿企业擅自恢复生产的，依照前款规定予以处罚。

【条文解读】　本条是关于煤矿企业未依法取得相关许可证明擅自生产责任的规定。

本条规范的主体为煤矿企业，客观行为表现为“擅自生产”，即存在主观故意，明知不具备生产资格而生产。

本条在表述煤矿企业应当依法取得的相关许可证明时，使用的是“未依法取得安全生产许可证等”，即根据《煤矿企业安全生产许可证实施办法》认定应当办理的行政许可事项。

本条所规定的相关许可证明为“未依法取得”状态，强调的是煤矿企业在生产时，相关许可证明必须已经取得且有效，故“未依法取得”应当解释为以下状态：

(1) 从未取得的；

(2) 已经取得，但有效期届满未申请办理延期手续的；

(3) 已经取得，但现在状态为被暂扣或其他暂时无效状态的；

(4) 曾经取得，但现在已经注销或被吊销的；

(5) 其他法律、行政法规等规定的许可系无效状态的情形。

本条第二款的规定，系已经关闭的煤矿企业擅自生产的责任，属于上述的第四种情形，即曾经取得，但现在已经注销或者被吊销的情形。

典型案例：

福建龙岩某矿违章携带引火工具入井引发一般瓦斯燃烧事故

一、事故经过

2017年3月10日开始，福建龙岩某矿陆续进行违规采煤作业。该矿为了躲避监管部门巡查，一天只上一个班。5月20日，+280 m 39#上山小眼作业处工作面鼓风机开机通风，工人在搬木头，安全员陈某先爬到小眼迎头检查安全情况，发现工作面温度较高，其他没有异常。陈某出井时，在+376 m下山口碰到带班班长李某。李某上到该小眼，违规使用明火导致局部积聚的瓦斯被引燃，李某等5人全部被烧伤。此次事故共造成5人烧伤，直接经济损失244.91万元。

二、事故原因

（一）直接原因

该矿在被列入关闭对象、责令停产停工期间，超越采矿许可证范围，违法组织工人入井进行采煤作业，作业地点+280 m 39#上山小眼通风不良，局部瓦斯积聚，工人违章携带引火工具入井，引起局部积聚的瓦斯燃烧，造成5人烧伤。

（二）间接原因

（1）违法违规组织生产。该矿证照不全，被列入2017年关闭对象，在被责令停产停工期间，以假挡墙、假密闭作为掩护逃避监管巡查，违法组织生产，超越采矿许可证范围，越界盗采相邻国有煤矿煤炭资源。

（2）安全管理机构不健全、管理制度缺失。该矿长期停产停工，未设置技术和安全管理机构，只聘用了3名管理人员，缺少相应的专业技术人员，没有建立健全安全管理制度，在+280 m 39#上山小眼采煤没有编制作业规程、安全技术措施等管理制度。

（3）现场管理混乱。该矿未执行人员入井检身、登记等制度；没有实行机械通风，井下没有进行测风测气；井下使用蜗壳式鼓风机、编织袋风筒等非矿用设备；事故地点在该矿通风系统之外。

（4）煤矿安全教育培训工作不到位。该矿聘用的管理人员未经安全生产管理知识和能力考核,不具备安全生产常识和管理能力,井下作业人员未经培训,安全意识淡薄,思想麻痹,缺乏防范瓦斯事故方面的知识。

三、防范措施

(1)依法依规组织生产。严禁违法生产,严禁在采矿许可证范围外开展生产工作,严禁采用假图纸隐瞒采掘工作面,提供虚假信息。

(2)建立健全并严格执行入井检身制度,严禁携带烟草和点火物品入井,杜绝引火源。

(3)按规定测风,确保通风系统畅通。加强通风系统的检查,严禁微风、无风作业。

(4)加强机电设备管理。严把设备入井检测、安装验收和运行管理关口,不符合要求的设备严禁入井使用。

(5)健全安全管理机构,配足人员。按照《煤矿安全生产条例》等相关规定,配备满足生产需要的安全人员、技术人员和特种作业人员。

(6)加强安全教育培训工作。加强矿井火灾相关知识的宣传教育和培训,组织灭火和应急疏散预案的实施和演练。

第六十二条【未按规定执行安全生产保障措施的责任(一)】

煤矿企业有下列行为之一的,依照《中华人民共和国安全生产法》有关规定予以处罚:

(一)未按照规定设置安全生产管理机构并配备安全生产管理人员的;

(二)主要负责人和安全生产管理人员未按照规定经考核合格并持续保持相应水平和能力的;

(三)未按照规定进行安全生产教育和培训,未按照规定如实告知有关的安全生产事项,或者未如实记录安全生产教育和培训情况的;

(四)特种作业人员未按照规定经专门的安全作业培训并取得相应资格,上岗作业的;

(五)进行危险作业,未采取专门安全技术措施并安排专门人员进行现场安全管理的;

(六)未按照规定建立并落实安全风险分级管控制度和事故隐患排查治理制度的,或者重大事故隐患排查治理情况未按照规定报告的;

（七）未按照规定制定生产安全事故应急救援预案或者未定期组织演练的。

【条文解读】 本条是关于煤矿企业未按规定执行安全生产保障措施的责任的规定。

煤矿企业若要保障安全生产，不仅要避免发生本条所罗列的七项安全管理违法行为，而且要加强相关的安全管理举措。因为这些安全管理举措是煤矿安全生产的根本保障。本条精义主要体现在以下五个方面：

（1）煤矿企业管理机构方面。本条明确煤矿企业应设置安全生产管理机构并配备专职安全生产管理人员。煤矿企业必须设置专门从事安全生产管理的机构，不可与其他机构合并设置。煤矿企业安全生产管理人员，是指煤矿企业分管安全、采煤、掘进、通风、机电、运输、地测、防治水、调度等工作的副董事长、副总经理、副局长、副矿长，总工程师、副总工程师和技术负责人，安全生产管理机构负责人及其管理人员，采煤、掘进、通风、机电、运输、地测、防治水、调度等职能部门（含煤矿井、区、科、队）负责人。

（2）从业人员知识与技能要求方面。① 明确煤矿企业主要负责人和安全生产管理人员的安全生产知识和管理能力应经考核合格。“持续保持相应水平和能力”要求煤矿企业主要负责人和安全生产管理人员要在从业过程中定期进行安全生产教育和培训，防止其专业知识与现实新规定、新变化脱节。煤矿企业主要负责人是指煤矿企业的董事长、党委书记、总经理、煤矿矿长、法定代表人、实际控制人等。② 明确对从业人员的安全生产教育和培训的标准：a. 煤矿企业应当依法对相关人员进行安全生产教育和培训；b. 煤矿企业应当如实告知其有关的安全生产事项；c. 煤矿企业应当如实记录安全生产教育和培训的情况。③ 明确特种作业人员的资质标准。特种作业人员应当经有关主管部门考核合格，取得特种作业操作资格证书。根据《特种作业人员安全技术培训考核管理规定》的规定，特种作业是指容易发生事故，对操作者本人、他人的安全健康及设备、设施的安全可能造成重大危害的作业。特种作业人员是指取得特种作操作资格证书，直接从事特种作业的从业人员。《安全生产法》第三十条规定，生产经营单位的特种作业人员必须按照国家有关规定经专门的安全作业培训，取得相应资格，方可上岗作业。特种作业人员的范围由国务院应急管理部门会同国务院有关部门确定。

（3）危险作业安全防护方面。煤矿井下存在水、火、瓦斯、煤尘、顶板、冲击地压、煤与瓦斯突出、高温等多种灾害的威胁，当煤矿井下进行焊接、爆破、吊装、排放瓦斯、石门揭煤、探放水、巷道贯通以及其他危险作业时，为防止安全技术措施不到位产生的设备、设施损坏与人员伤亡，煤矿企业必须专门编制危险作业项目的安全技术措施并安排专门人员进行现场安全管理。

（4）规章制度方面。本条明确煤矿企业应建立健全并落实安全风险分级管控制度和事故隐患排查制度，对于重大事故隐患排查治理情况应当按照规定报告。安全风险有两个主要特性，即可能性和严重性。可能性是指事故（事件）发生的概率。严重性是指事故（事件）一旦发生后，将造成的人员伤害和经济损失的严重程度。为全面辨识、管控煤矿企业在生产过程中，各系统、各环节可能存在的安全风险、危害因素以及重大危险源，有必要在隐患形成之前，把可能导致的后果限制在可防、可控范围之内，即进行风险控制，提升煤矿企业安全保障能力。煤矿企业应当建立主要负责人为第一责任人的安全风险分级管控工作体系。安全风险分级管控是指按照风险不同级别、所需管控资源、管控能力、管控措施复杂程度及难易程度等因素而确定不同管控层级的风险管控方式。安全风险分级管控的基本原则：风险越大，管控级别越高；上级负责管控的风险，下级必须负责管控，并逐级落实具体措施。为有效建立安全风险分级管控工作体系，煤矿企业应开展安全风险辨识评估，制定并落实管控措施，对风险管控措施落实的有效性和生产过程中产生的隐患进行检查、监测和分析。

（5）矿山救援方面。本条明确煤矿企业应制定应急救援预案并定期组织演练。煤矿行业是高危行业，不安全因素包括水、火、瓦斯、煤尘、顶板、冲击地压等，严重威胁着煤矿的安全生产。为了消除事故隐患，提高从业人员的事故防范意识，减少事故的发生，控制事故的发展，煤矿企业开展应急救援预案工作具有重要的意义。应急救援预案应具有衔接性和协调性。应急救援预案在企业应急救援预案体系之间、与所在地县级以上地方人民政府组织制定的生产安全事故应急救援预案之间应做到纵向和横向方面均要相互衔接、有机联系、配套运行。只有这样，在发生事故时企业应急救援预案与地方政府部门的应急救援预案才能有效衔接，有条不紊地发挥作用，达到劲往一处使，形成合力、产生效力，快速、高效地处理好事故。煤矿在发生事故或者险情后，应当立即启动相关应急救援预案，科学组织抢救遇险人员。若盲目施救，很有可能造成被困人员未营救出来，反而使得救护人员身陷险境，进一步扩大事故。因此，煤矿企业要按照规定制定生产安全事故应急救援预案，并定期组织演练。《生产安全事故应急条例》第八条第二款规定，易燃易爆物品、危险化学品等危险物品的生产、经营、储存、运输单位，矿山、金属冶炼、城市轨道交通运营、建筑施工单位……应当至少每半年组织1次生产安全事故应急救援预案演练，并将演练情况报送所在地县级以上地方人民政府负有安全生产监督管理职责的部门。

煤矿企业有本条所罗列七项安全管理违法行为之一的，将依照《安全生产法》第九十七条等相关规定予以处罚。《安全生产法》第九十七条规定，生产经营单位有下列行为之一的，责令限期改正，处10万元以下的罚款；逾期未改正的，责令停产停业整顿，并处10万元以上20万元以下的罚款，对其直接负责的主管人员和其他直接责任人员处2万元以上5万元以下的罚款：

① 未按照规定设置安全生产管理机构或者配备安全生产管理人员、注册安全工程师的；

② 危险物品的生产、经营、储存、装卸单位以及矿山、金属冶炼、建筑施工、运输单位的主要负责人和安全生产管理人员未按照规定经考核合格的；

③ 未按照规定对从业人员、被派遣劳动者、实习学生进行安全生产教育和培训，或者未按照规定如实告知有关的安全生产事项的；

④ 未如实记录安全生产教育和培训情况的；

⑤ 未将事故隐患排查治理情况如实记录或者未向从业人员通报的；

⑥ 未按照规定制定生产安全事故应急救援预案或者未定期组织演练的；

⑦ 特种作业人员未按照规定经专门的安全作业培训并取得相应资格，上岗作业的。

典型案例：

河南济源某矿提升机联轴器损坏导致重大坠罐事故

一、事故经过

2008年7月10日4时，河南济源某矿主井绞车司机发现绞车联轴器外齿轴套齿轮露出联轴器外壳约30 mm后停车。施工单位现场负责人包某和管理人员陈某等人使用电钻和锤子将绞车联轴器复位后让绞车司机开动绞车。在绞车开动过程中，因联轴器经常出现滑脱，造成绞车多次停止运行。至8点班，联轴器滑脱现象已经很严重，滑脱长度达30 mm以上，陈某等人继续简单地用锤子和撬杠将联轴器复位以使绞车继续运行。8时20分，11名0点班工人进入罐笼升井，陈某手拿撬杠一直在联轴器旁，试图用撬杠阻止联轴器滑脱。当罐笼提升约30 m时，电机发出“哼哼”的声音，绞车运转不动，绞车司机手拉工作闸并切断电源，实现安全制动。此时陈某用撬杠将联轴器内齿轴套复位并用撬杠别住联轴器，随后骂着让绞车司机继续开动绞车。司机将绞车主令控制器控制手柄推至一挡，发现滚筒不转动后，就推至二挡。这时，绞车联轴器发生旋转并瞬间滑脱至极限位置，滚筒开始反向转动，罐笼迅速下降。司机见状立即紧拉工作闸，但制动失效，罐笼坠入井底，提升钢丝绳全部坠落至井下，滚筒高速旋转，滚筒衬板被全部拉裂，造成11名工人死亡。

二、事故原因

（一）直接原因

施工单位现场管理人员在明知新建主井绞车联轴器损坏的情况下，违章指挥，强令绞车司机冒险作业，最终导致联轴器失效，造成坠罐事故。

（二）间接原因

(1) 绞车安全保护不全，紧急制动失效，制动力不足。

(2) 现场管理人员和绞车司机安全意识淡薄、责任心不强。

三、防范措施

(1) 加强对管理人员、职工安全生产教育培训，开展查隐患、堵漏洞、反“三违”、反事故、保安全活动，提高全体职工的安全思想、防范措施意识和遵章守纪自觉性，杜绝违章指挥、违章作业。

(2) 强化提升系统管理，对提升绞车及重要设备的各种保护装置，按规定周期组织全面检查，查清各种隐患并及时处理；加强提升系统日检，查严、查细，不走过场；坚持“安全第一”，不安全不运行。

(3) 增强员工拒绝违章指挥意识，严格遵照规章制度，按章作业。

第六十三条【未按规定执行安全生产保障措施的责任(二)】

煤矿企业有下列行为之一的，责令限期改正，处10万元以上20万元以下的

罚款;逾期未改正的,责令停产整顿,并处20万元以上50万元以下的罚款,对其直接负责的主管人员和其他直接责任人员处3万元以上5万元以下的罚款:

(一)未按照规定制定并落实全员安全生产责任制和领导带班等安全生产规章制度的;

(二)未按照规定为煤矿配备矿长等人员和机构,或者未按照规定设立救护队的;

(三)煤矿的主要生产系统、安全设施不符合煤矿安全规程和国家标准或者行业标准规定的;

(四)未按照规定编制专项设计的;

(五)井工煤矿未按照规定进行瓦斯等级、冲击地压、煤层自燃倾向性和煤尘爆炸性鉴定的;

(六)露天煤矿的采场及排土场边坡与重要建筑物、构筑物之间安全距离不符合规定的,或者未按照规定保持露天煤矿边坡稳定的;

(七)违章指挥或者强令冒险作业、违反规程的。

【条文解读】 本条是关于煤矿企业未按规定执行安全生产保障措施的责任的规定。

煤矿企业要避免出现本条所罗列的违规行为。本条精义主要体现在以下几个方面:

(1)规章制度及人员配备、机构设置方面。本条明确煤矿企业应制定并落实有关全员安全生产责任制及领导带班等安全生产规章制度,并为煤矿配备矿长等人员和机构,按照规定设立救护队。这些安全生产规章制度及人员配备、

机构设置是煤矿企业安全生产的基本条件，在《煤矿企业安全生产许可证实施办法》第六条第一款、第三款、第七款中进行了具体要求，即“（一）建立、健全主要负责人、分管负责人、安全生产管理人员、职能部门、岗位安全生产责任制；制定安全目标管理、安全奖惩、安全技术审批、事故隐患排查治理、安全检查、安全办公会议、地质灾害普查、井下劳动组织定员、矿领导带班下井、井工煤矿入井检身与出入井人员清点等安全生产规章制度和各工种操作规程；（三）设置安全生产管理机构，配备专职安全生产管理人员；煤与瓦斯突出矿井、水文地质类型复杂矿井还应设置专门的防治煤与瓦斯突出管理机构和防治水管理机构；（七）制定应急救援预案，并按照规定设立矿山救护队，配备救护装备；不具备单独设立矿山救护队条件的煤矿企业，所属煤矿应当设立兼职救护队，并与邻近的救护队签订救护协议”。《煤矿领导带班下井及安全监督检查规定》第五条第一款规定，煤矿是落实领导带班下井制度的责任主体，每班必须有领导带班下井，并与工人同时下井、同时升井。第二十五条规定，露天煤矿领导带班下井参照本规定执行。

（2）生产系统和安全设施方面。本条明确煤矿的主要生产系统、安全设施必须符合煤矿安全规程，另外还必须符合国家标准或者行业标准。我国大部分煤矿为井工煤矿，井下地质条件、生产系统及开采工艺复杂，作业人员面对水、火、瓦斯、煤尘、顶板、冲击地压、煤与瓦斯突出、高温等多种灾害的威胁，而煤矿的主要生产系统、安全设施是保障其安全生产的基础。因此，为保障煤矿安全生产以及从业人员的人身安全和健康，防止煤矿事故与职业危害，煤矿的主要生产系统、安全设施应符合煤矿安全规程和国家标准或者行业标准的规定。

（3）专项设计方面。本条明确煤矿必须按照规定编制专项设计。必须编制专项设计的情形可参照本条例第三十三条，即“煤矿开采有下列情形之一的，应当编制专项设计：（一）有煤（岩）与瓦斯（二氧化碳）突出的；（二）有冲击地压危险的；（三）开采需要保护的建筑物、水体、铁路下压煤或者主要井巷留设煤柱的；（四）水文地质类型复杂、极复杂或者周边有老窑采空区的；（五）开采容易自燃和自燃煤层的；（六）其他需要编制专项设计的。”

（4）安全鉴定方面。煤炭行业是传统的高危行业，尤其是井工开采的煤矿，井下危险因素众多，面临水、火、瓦斯、煤尘、冲击地压、煤与瓦斯突出等多种灾害，因此必须对煤矿瓦斯等级、冲击地压、煤层自燃倾向性和煤尘爆炸性进行鉴定，以保障生产安全。

（5）露天煤矿边坡管理方面。滑坡灾害是露天煤矿最频繁的地质灾害。因此，露天煤矿的采场及排土场边坡与重要构（建）筑物之间应留设足够的安全距离，并定期对露天煤矿边坡开展稳定性评价，采取安全措施保持露天煤矿边坡的稳定。

（6）违章指挥、强令冒险作业方面。违章指挥或者强令冒险作业、违反规程的作业极易引发生产安全事故，带来人身伤害和财产、设备的损失。因此，明确规定煤矿企业不得违章指挥或者强令冒险作业、违反规程。

典型案例：

山西晋中某露天煤矿边坡滑坡重大事故

一、事故经过

2017年8月11日上午，山西晋中某矿四采区A7区取煤工王某、刘某1受A7区负责人指派，调度指挥31号挖掘机司机方某、21号挖掘机司机曹某、58号挖掘机司机张某、80号挖掘机司机黄某在下取煤平台作业，同时在下取煤平台的还有A6区工程队现场管理员杜某。A6区取煤工洪某调度指挥63号挖掘机司机李某1、86号挖掘机司机臧某、666号工程车司机李某2、72号工程车司机于某等在上取煤平台作业。15时30分左右，该矿加油站员工冯某、刘某2驾驶加油车在A7区施工现场为机具加油时发生滑坡事故。在上取煤平台作业的取煤工洪某等5人各自驾驶机具逃生。臧某驾驶86号挖掘机被滑坡土石推落至工区底部，随后被甩入工区底部积水坑内，最终获救。在下取煤平台作业的王某、刘某1，A6区工程队现场管理员杜某，31号挖掘机司机方某，21号挖掘机司机曹某，58号挖掘机司机张某，80号挖掘机司机黄某和加油站员工冯某、刘某2被埋遇难。

事故发生后，该矿未向上级有关部门报告事故情况，而是自行展开抢救。

至9月8日，9名遇难人员和被埋压的5台挖掘机、1辆加油车、1辆皮卡车全部找到，抢险救援工作结束。事故造成9人死亡，直接经济损失3 432万元。

二、事故原因

（一）直接原因

该矿四采区A6、A7区段西帮边坡顺倾高陡，底板赋存稳定弱层且倾角大，在底板岩层完整性被破坏且连续降雨的情况下，矿方违规冒险作业，引起边坡失稳，导致滑坡事故发生。

（二）间接原因

(1) 该矿隐患排查和领导带班制度落实不到位。2017年7月23日至29日连续7 d降雨后，该矿未按规定巡视采场边坡，盲目恢复生产；8月10日自行组织安全大检查时，没有对事故采场进行检查；带班领导存在不进入采场巡查边坡的情况。

(2) 该矿安全管理混乱。该矿安全管理机构设置名不符实，2017年该矿安全管理机构设置文件中的生产技术科、机电科、地测防治水科等科室负责人及科员实际不从事文件规定的工作；超能力组织生产；违规将采剥工程切块分包，将四采区划分成不同块段分包转包，违反《国务院关于预防煤矿生产安全事故的特别规定》(国务院令第446号)第八条第二款第(十三)项等相关规定；超批准临时用地采矿，2013年9月山西省国土资源厅批准该矿临时用地155.490 7 hm^2，截至2017年9月10日，该矿实际已开挖占地面积约1 098.0 hm^2，超批准临时用地约942.5 hm^2，违反了山西省国土资源厅《露天采矿临时用地管理暂行办法》(晋国土资发〔2012〕508号)第十一条规定；事故发生后，有预谋、有计划、有组织地瞒报事故。

(3) 分公司安全主体责任落实不到位，安全生产有关规定和制度执行不严格。分公司未对该煤矿实现“真投入、真管理”，该煤矿成立时分公司投入注册资金1 020万元，生产建设中再未投入任何资金；对该煤矿安全、生产及经营情况不掌控，仅按煤炭产量收取管理费用；违规向该煤矿下达超能力生产计划；公司组织的挂牌责任安全检查、标准化验收工作不到位；对该煤矿日常安全生产工作掌控不到位，对该煤矿雨季巡查工作督促指导不力。

(4) 集团安全生产管理责任落实不到位。集团对下属分公司及煤矿安全管理不力；未组织标准化验收；对分公司和该矿开展的安全大检查工作督促不力；对分公司未对该矿实现“真管理”的问题督促整改不到位。

(5) 县、乡两级政府及市、县有关部门对该矿监管不到位；对举报事故核查工作不认真。

三、防范措施

(1) 牢固树立“红线”意识，强化法制观念。煤矿企业要深刻认识和反思事故中暴露出的突出问题，牢固树立以人为本、安全发展的理念，强化安全意识，增强责任意识，健全工作制度，狠抓责任落实，真正抓好抓实安全生产工作。要加强安全生产法律法规的宣传教育和贯彻落实，进一步强化法制观念，坚持依法办矿、依法管矿，严禁层层转包、以包代管，严禁超批准用地采矿，严禁超能力组织生产。

(2) 夯实安全生产基础，认真落实安全生产主体责任。煤矿企业要认真落实安全生产主体责任，健全安全管理机构，完善安全管理制度，明确职责，强化落实。加强对重点作业地点、重点工艺环节、重点灾害的隐患排查治理。建立汛期灾害预警机制，强化防治水及地面各类地质灾害防治工作，及时消除安全隐患。露天煤矿要严格落实边坡管理制度，加强对边坡的监测监控预警工作，定期巡视采场及排土场边坡，对排水设施和防排水工程不完善等安全隐患要采取有效措施进行重点治理，发现滑坡等事故征兆，要立即停产撤人，并设立明显标志，不得冒险组织作业。

(3) 严格落实兼并重组主体企业安全管理责任。兼并重组主体企业要严格履行安全生产管理责任，将兼并重组煤矿纳入统一管理，做到“真投入、真控股、真管理”，杜绝管不了、管不住或控股权、管理权“两张皮”现象，对未实现“三真”的煤矿要采取有效措施进行整改。要严格对所属二级公司及煤矿的管理，加强对所属煤矿安全生产状况的动态掌控，加大监管力度，强化监督检查。

(4) 地方政府及有关职能部门要强化责任意识，提升监管实效。各级政府及监管部门要以对人民生命财产高度负责的态度，认真落实国家安全生产方针、政策，把安全生产工作放在重中之重的位置，健全安全监管工作机制，完善工作制度，创新工作方法，提高工作人员的业务水平和履职能力，加大监管力度，落实监管责任，强化监督考核，提升监管实效。严格检查兼并重组主体企业安全生产管理团队是否到位、对所属矿井安全管理责任是否落实、被兼并重组煤矿安全生产管理机构及制度是否健全、安全责任是否落实。严格整治兼并重组主体企业“假整合、假控股”“只挂名、不真管”现象，严厉打击使用包工队或将采掘工作面进行承包、转包等违法违规行为。强化露天煤矿临时用地的审批和监管，严肃查处违规用地行为。

（5）严格事故报告和举报核查工作。煤矿企业发生事故后要按规定及时、如实、准确向相关部门报告，任何单位或个人不得迟报、瞒报、谎报事故。地方各级政府和部门要以高度负责的态度，严肃对待煤矿事故举报核查工作，忠实履行职责，认真开展核查，核查结论必须客观公正，严禁敷衍塞责、弄虚作假。相关职能部门要及时处置公众舆情，鼓励群众举报、媒体监督，充分发挥群众和舆论的监督作用。

第六十四条【重大事故隐患的责任】

对存在重大事故隐患仍然进行生产的煤矿企业，责令停产整顿，明确整顿的内容、时间等具体要求，并处50万元以上200万元以下的罚款；对煤矿企业主要负责人处3万元以上15万元以下的罚款。

【条文解读】 本条是关于煤矿存在重大事故隐患仍然进行生产的责任的规定。

本条实行双罚制，对于违规煤矿企业责令停产整顿，此处整顿要求相关部门提出整顿内容、时间等具体要求及罚款数额，并对煤矿企业主要负责人处以罚款。

煤矿企业的重大事故隐患可参照本条例第三十六条规定进行认定。

第六十五条【超层、越界开采和破坏保安煤柱的责任】

煤矿企业超越依法确定的开采范围采矿的，依照有关法律法规的规定予以处理。

擅自开采保安煤柱或者采用可能危及相邻煤矿生产安全的决水、爆破、贯通巷道等危险方法进行采矿作业的，责令立即停止作业，没收违法所得；违法所得在10万元以上的，并处违法所得2倍以上5倍以下的罚款；没有违法所得或者违法所得不足10万元的，并处10万元以上20万元以下的罚款；造成损失的，依法承担赔偿责任。

【条文解读】 本条是关于煤矿企业超层、越界开采和破坏保安煤柱的责任的规定。

煤矿开采范围的划定专业性较强，开采范围的划定不但包括平面的坐标、面积，还包括最低开采标高和最高开采标高等开采深度数据。因此，开采范围是一个立体范围。实践中一般把超越规定开采高度和深度的开采行为定义为超层开采行为，把超越平面区域的开采行为定义为越界开采行为。超层、越界开采，一般可以从四个方面来界定：一是自然资源部门认定为超层、越界的；二是超出采矿许可证规定开采的煤层层位进行开采的；三是超出采矿许可证载明的坐标控制范围开采的；四是擅自开采保安煤柱的。

保安煤柱又称安全煤柱，在煤矿开采范围内为保证地面建筑和矿井生产的安全而保留的不开采的煤。矿界保安煤柱明确了矿井的开采范围，确定了矿井储量、服务年限及生产能力，保证了矿井之间的平衡关系。擅自开采保安煤柱或者采用可能危及相邻煤矿生产安全的决水、爆破、贯通巷道等危险方法进行采矿作业，若本矿发生透水、火灾、瓦斯煤尘爆炸等事故，可能就会殃及邻近矿井。因此，此类开采行为应当严格禁止，违者要受到严厉处罚。

第六十六条【拒绝、阻碍监督检查的责任】

煤矿企业有下列行为之一的，责令改正；拒不改正的，处 10 万元以上 20 万元以下的罚款；对其直接负责的主管人员和其他直接责任人员处 1 万元以上 2 万元以下的罚款：

（一）违反本条例第三十七条第一款规定，隐瞒存在的事故隐患以及其他安全问题的；

（二）违反本条例第四十四条第一款规定，擅自启封或者使用被查封、扣押的设施、设备、器材的；

（三）有其他拒绝、阻碍监督检查行为的。

【条文解读】 本条是关于煤矿企业拒绝、阻碍监督检查的责任的规定。

本条列举的煤矿企业拒绝、阻碍监督检查的行为有三种：① 隐瞒存在的事故隐患及其他安全问题的；② 擅自启封或者使用被查封、扣押的设施、设备、器材的；③ 其他拒绝、阻碍监督检查的行为。

本条实行双罚制，对违反本条规定的煤矿企业首先责令改正，拒不改正的，对煤矿企业以及相关直接负责的主管人员和其他直接责任人员分别处以罚款。本条要求违反规定的相关直接负责的主管人员与其他直接责任人员应当尽到管理职责与勤勉义务，督促煤矿企业尽快完成改正。

【关联法条】《煤矿安全生产条例》第三十七条 煤矿企业及其有关人员对县级以上人民政府负有煤矿安全生产监督管理职责的部门、国家矿山安全监察机构及其设在地方的矿山安全监察机构依法履行职责，应当予以配合，按照要求如实提供有关情况，不得隐瞒或者拒绝、阻挠。

对县级以上人民政府负有煤矿安全生产监督管理职责的部门、国家矿山安全监察机构及其设在地方的矿山安全监察机构查处的事故隐患，煤矿企业应当立即进行整改，并按照要求报告整改结果。

第四十四条 县级以上地方人民政府负有煤矿安全生产监督管理职责的部门依法对煤矿企业进行监督检查，并将煤矿现场安全生产状况作为监督检查重点内容。监督检查可以采取以下措施：

（一）进入煤矿企业进行检查，重点检查一线生产作业场所，调阅有关资料，向有关单位和人员了解情况；

（二）对检查中发现的安全生产违法行为，当场予以纠正或者要求限期改正；

（三）对检查中发现的事故隐患，应当责令立即排除；重大事故隐患排除前或者排除过程中无法保证安全的，应当责令从危险区域内撤出作业人员，责令暂时停产或者停止使用相关设施、设备；

（四）对有根据认为不符合保障安全生产的国家标准或者行业标准的设施、设备、器材予以查封或者扣押。

监督检查不得影响煤矿企业的正常生产经营活动。

典型案例：

河南登封某矿隐瞒瓦斯含量上山揭煤引起重大煤与瓦斯突出事故

一、事故经过

2017 年 1 月 4 日 17 时 35 分，河南登封某矿井下－190 m 泵房管子道维修期间突然发生冒顶引起瓦斯倾出，瓦斯倾出后巷道堵塞造成 9 人被掩埋。事故发生后，当班通风科科长、安全科副科长、瓦斯检查工 3 名人员实施现场抢险，抢险过程中缺氧窒息晕倒，在送往医院救治过程中死亡，剩余当班 39 人安全升井。

该次事故突出煤（岩）量约 254 t、瓦斯量约 5 940 m^3，造成 12 人死亡，直接经济损失 1 452.5 万元。

二、事故原因

（一）直接原因

矿井开采的$二_1$煤层具有突出危险性，－190 m 泵房管子道下段处于应力集中区，迎头区域$二_1$煤层急剧增厚，未采取防治煤与瓦斯突出措施，爆破作业诱发煤与瓦斯突出。

（二）间接原因

1. 该矿隐瞒矿井真实情况，逃避安全监管监察

（1）不愿意升级为煤与瓦斯突出矿井，在抽采过的区域进行突出鉴定，隐瞒矿井煤层瓦斯含量真实情况，造成鉴定结果失真。

（2）隐瞒－190 m 泵房管子道上、下段掘进工作面和入井作业人数，上、下段掘进工作面均未在矿井图纸及安全监控系统图上反映。

2. 矿井安全监控系统不完善，瓦斯浓度数据失真

（1）－190 m 泵房管子道上、下段掘进工作面均未按规定安装甲烷传感器，与 21161 采煤工作面串联通风之间没有安装甲烷传感器，不能实现风电、瓦斯电闭锁。

（2）总回风巷甲烷传感器安设位置不当，不能正确反映真实瓦斯浓度；人为修改安全监控系统软件设置，降低安全监控系统瓦斯浓度显示及传输数据，掩盖瓦斯超限真相。

3. 技术管理薄弱

(1) 21采区采掘工程布置不合理、工作面过多(共有3个采煤工作面、3个掘进工作面,另有一个停采面)且集中,－190 m泵房管子道下段揭突出煤层采用大坡度上山掘进。

(2) 未按规定编制各项安全技术措施。－190 m泵房管子道上、下段两个掘进工作面均未编制施工组织设计、作业规程、专项瓦斯治理措施、石门揭煤及贯通安全技术措施。

4. 安全投入不够

(1) 矿井瓦斯治理工程不到位,没有消除采掘工作面突出危险性;事故区域局部通风机未采用"三专"供电,且为单风机、单电源,事故后局部通风机停运,无法及时恢复通风、排放瓦斯。

(2) 紧急避险系统不完善,－190 m泵房管子道上、下段未安装压风自救装置。

5. 安全管理不到位

(1) 通风管理混乱,－190 m泵房管子道上、下段掘进工作面与21161采煤工作面违规二次串联通风。

(2) －190 m泵房管子道下段掘进工作面和绞车硐室掘进工作面相距20 m,平行作业,人员集中。

6. 安全培训教育不到位

(1) －190 m泵房管子道下段掘进工作面爆破人员无证上岗。

(2) 事故发生后盲目冒险进入灾区施救。

7. 不服从监管监察指令违规施工

(1) 在被政府有关部门责令停产整顿期间,每天领取使用矿井爆炸材料库存储的爆炸物品,用于－190 m泵房等地点掘进施工,违反上级和当地人民政府关于加强停产整顿矿井安全管理的要求。

(2) 在隐患排查治理期间,没有按照批准的地点、项目和人数进行隐患排查治理作业,擅自掘进施工不在批准范围内的－190 m泵房管子道上、下段和绞车硐室,超出了当地人民政府安全生产领导小组批准的该矿隐患排查治理工程范围。

8. 矿井盲目冒险施救,迟报事故

事故发生后未及时召请专业救援队伍,而是组织人员盲目冒险施救,导致事故扩大后才上报。

三、防范措施

(1) 严格按照《煤矿瓦斯等级鉴定办法》对矿井开采范围内煤层进行鉴定,并核实井下是否出现过顶钻、喷孔等动力现象。

(2) 强化落实矿井安全生产主体责任,牢固树立依法办矿、依规管矿意识,坚守安全红线底线,切实落实矿井主体责任和第一责任人责任。

(3) 深刻吸取责任不落实、管理层弄虚作假、安全管理不到位等事故教训,坚决杜绝人为屏蔽安全监控系统、工作面造假、图纸造假等重大违法违规行为。

(4) 突出矿井必须确定合理的采掘部署,使煤层的开采顺序、巷道布置、采煤方法、采掘接替等有利于区域防突措施的实施。

(5) 加强煤矿从业人员安全教育培训,提高相关人员的防突技术技能,实现全员熟悉突出预兆、掌握防突基本常识和避灾路线。

(6) 建立健全安全生产管理机构,配备满足安全生产需要的技术和管理人员,健全完善安全制度体系,切实开展隐患排查治理,提升安全管理水平,确保依法依规组织生产。

(7) 采掘工作面应当实行独立通风,严禁 2 个采煤工作面之间串联通风。同一采区内1 个采煤工作面与其相连接的 1 个掘进工作面、相邻的 2 个掘进工作面,布置独立通风有困难时,在制定措施后,可采用串联通风,但串联通风的次数不得超过 1 次。

(8) 完善安全监管工作机制,明确各部门、各岗位的安全监管职责和具体责任人,层层压实监管责任,防止安全监管职能弱化、虚化。

(9) 企业主要负责人应当每季度、矿长应当每月至少进行 1 次防突专题研究,检查、部署防突工作,解决防突所需的人力、财力、物力,确保抽、掘、采平衡和防突措施的落实。

(10) 建立健全矿井安全监控平台岗位责任制和监控预警机制,完善分级处置制度,加强值班值守,确保监控有效、处置到位。

第六十七条【煤矿发生生产安全事故的责任】

发生煤矿生产安全事故,对负有责任的煤矿企业除要求其依法承担相应的赔偿等责任外,依照下列规定处以罚款:

(一)发生一般事故的,处50万元以上100万元以下的罚款;

(二)发生较大事故的,处150万元以上200万元以下的罚款;

(三)发生重大事故的,处500万元以上1 000万元以下的罚款;

(四)发生特别重大事故的,处1 000万元以上2 000万元以下的罚款。

发生煤矿生产安全事故,情节特别严重、影响特别恶劣的,可以按照前款罚款数额的2倍以上5倍以下对负有责任的煤矿企业处以罚款。

【条文解读】 本条是关于煤矿发生生产安全事故的责任的规定。

发生煤矿生产安全事故,负有责任的煤矿企业必须依法承担相应的赔偿等责任外,还应根据造成事故的程度承担相应的行政罚款。对于情节特别严重、影响特别恶劣的加倍处罚。本条目的在于进一步加大对违法煤矿企业的监督处罚力度,起到应有的惩戒、震慑作用。

生产安全事故等级划分可参照《生产安全事故报告和调查处理条例》第三条规定。

《生产安全事故报告和调查处理条例》第三条规定,根据生产安全事故(以下简称事故)造成的人员伤亡或者直接经济损失,事故一般分为以下等级:

(一)特别重大事故,是指造成30人以上死亡,或者100人以上重伤(包括急性工业中毒,下同),或者1亿元以上直接经济损失的事故;

(二)重大事故,是指造成10人以上30人以下死亡,或者50人以上100人以下重伤,或者5 000万元以上1亿元以下直接经济损失的事故;

(三)较大事故,是指造成3人以上10人以下死亡,或者10人以上50人以下重伤,或者1 000万元以上5 000万元以下直接经济损失的事故;

(四)一般事故,是指造成3人以下死亡,或者10人以下重伤,或者1 000万元以下直接经济损失的事故。

国务院安全生产监督管理部门可以会同国务院有关部门,制定事故等级划分的补充性规定。

本条第一款所称的"以上"包括本数,所称的"以下"不包括本数。

第六十八条【决策机构、主要负责人、其他负责人和安全生产管理人员的事故责任】

煤矿企业的决策机构、主要负责人、其他负责人和安全生产管理人员未依法履行安全生产管理职责的，依照《中华人民共和国安全生产法》有关规定处罚并承担相应责任。

煤矿企业主要负责人未依法履行安全生产管理职责，导致发生煤矿生产安全事故的，依照下列规定处以罚款：

（一）发生一般事故的，处上一年年收入40%的罚款；

（二）发生较大事故的，处上一年年收入60%的罚款；

（三）发生重大事故的，处上一年年收入80%的罚款；

（四）发生特别重大事故的，处上一年年收入100%的罚款。

【条文解读】　本条是关于煤矿企业决策机构、主要负责人、其他负责人和安全生产管理人员的事故责任的规定。

本条第一款明确了煤矿企业的决策机构、主要负责人、其他负责人和安全生产管理人员应依法履行安全生产管理职责，这些安全生产管理职责在本条例第四条、第十八条、第十九条、第三十八条等中有明确的规定。未依法履行安全生产管理职责的煤矿企业的决策机构、主要负责人、其他负责人和安全生产管理人员，可依据《安全生产法》第九十三条、第九十四条等有关规定进行处罚并承担相应责任。《安全生产法》第九十三条规定，生产经营单位的决策机构、主

要负责人或者个人经营的投资人不依照本法规定保证安全生产所必需的资金投入,致使生产经营单位不具备安全生产条件的,责令限期改正,提供必需的资金;逾期未改正的,责令生产经营单位停产停业整顿。有前款违法行为,导致发生生产安全事故的,对生产经营单位的主要负责人给予撤职处分,对个人经营的投资人处2万元以上20万元以下的罚款;构成犯罪的,依照刑法有关规定追究刑事责任。第九十四条规定,生产经营单位的主要负责人未履行本法规定的安全生产管理职责的,责令限期改正,处2万元以上5万元以下的罚款;逾期未改正的,处5万元以上10万元以下的罚款,责令生产经营单位停产停业整顿。生产经营单位的主要负责人有前款违法行为,导致发生生产安全事故的,给予撤职处分;构成犯罪的,依照刑法有关规定追究刑事责任。生产经营单位的主要负责人依照前款规定受刑事处罚或者撤职处分的,自刑罚执行完毕或者受处分之日起,五年内不得担任任何生产经营单位的主要负责人;对重大、特别重大生产安全事故负有责任的,终身不得担任本行业生产经营单位的主要负责人。

本条第二款所规范的主体为煤矿企业的主要负责人,因其未履行安全生产管理职责且导致发生生产安全事故的,根据事故等级(参照《生产安全事故报告和调查处理条例》第三条规定划分),处以年收入相应比例的罚款。罚款以其上一年的年收入为基数,并根据发生事故的等级确定具体的比例,有利于提高煤矿企业主要负责人的自律意识。本条款的处罚与《安全生产法》第九十五条相同。《安全生产法》第九十五条规定,生产经营单位的主要负责人未履行本法规定的安全生产管理职责,导致发生生产安全事故的,由应急管理部门依照下列规定处以罚款:① 发生一般事故的,处上一年年收入40%的罚款;② 发生较大事故的,处上一年年收入60%的罚款;③ 发生重大事故的,处上一年年收入80%的罚款;④ 发生特别重大事故的,处上一年年收入100%的罚款。

第六十九条【瞒报、谎报事故的责任】

煤矿企业及其有关人员有瞒报、谎报事故等行为的,依照《中华人民共和国安全生产法》、《生产安全事故报告和调查处理条例》有关规定予以处罚。

有关地方人民政府及其应急管理部门、负有煤矿安全生产监督管理职责的部门和设在地方的矿山安全监察机构有瞒报、谎报事故等行为的,对负有责任的领导人员和直接责任人员依法给予处分。

【条文解读】 本条是关于瞒报、谎报事故的责任的规定。

本条第一款规范的主体为煤矿企业及其有关人员，第二款规范的主体为有关地方人民政府及其应急管理部门、负有煤矿安全生产监督管理职责的部门和设在地方的矿山安全监察机构等公职人员与机构。本条所规定的瞒报、谎报事故行为，根据《生产经营单位瞒报谎报事故行为查处办法》第三条规定，依照下列情形认定：① 隐瞒已经发生的事故，超过规定时限未向安全监管监察部门和有关部门报告，并经查证属实的，属于瞒报；② 故意不如实报告事故发生的时间、地点、初步原因、性质、伤亡人数和涉险人数、直接经济损失等有关内容的，属于谎报。

《生产安全事故报告和调查处理条例》中对于瞒报、谎报事故等行为有具体的处罚规定。《生产安全事故报告和调查处理条例》第三十六条规定，事故发生单位及其有关人员有下列行为之一的，对事故发生单位处 100 万元以上 500 万元以下的罚款；对主要负责人、直接负责的主管人员和其他直接责任人员处上一年年收入 60％至 100％的罚款；属于国家工作人员的，并依法给予处分；构成违反治安管理行为的，由公安机关依法给予治安管理处罚；构成犯罪的，依法追究刑事责任：(一) 谎报或者瞒报事故的……第三十九条规定，有关地方人民政府、安全生产监督管理部门和负有安全生产监督管理职责的有关部门有下列行为之一的，对直接负责的主管人员和其他直接责任人员依法给予处分；构成犯罪的，依法追究刑事责任……(二) 迟报、漏报、谎报或者瞒报事故的……

典型案例：

贵州盘州某矿较大顶板瞒报事故

2022 年 8 月 16 日，贵州省六盘水市盘州市某矿发生一起较大顶板事故，造成 9 人死亡，直接经济损失 3 028.26 万元。事故发生后，企业瞒报，后经核查属实。

一、事故单位基本情况

该煤矿成立于 2003 年，为正常生产矿井，生产能力 120 万 t/a，证照齐全有效。事故发生在 1250 运输石门与 1250 第二联络巷、12125 运输巷交岔口处，3 条巷道均采用 U 型棚支护。

二、事故直接原因

该煤矿在明知12125运输巷交岔口支护不到位、棚顶出现下沉的情况下，违章指挥将手拉葫芦固定在已拆除一侧棚腿的U型棚上拉综掘机铲板，导致顶板冒落。

三、事故暴露出的主要问题

(1) 顶板管理不到位。在巷道三岔口进行刷帮、拆棚腿、搬运综掘机铲板等前未制定专项安全技术措施，未对交岔口加强支护。

(2) 现场作业管理混乱。在明知12125运输巷交岔口支护不到位、棚顶出现下沉的情况下，用手拉葫芦固定在已失稳的U型棚棚腿上转运综掘机铲板。

(3) 安全管理人员配备不齐。未配备地质副总工程师、地测部部长等管理人员和地质专业技术人员。

(4) 落实上级工作部署不到位。对国务院安委会督导帮扶组提出问题隐患和工作建议整改落实不到位，未认真落实顶板管理专项整治工作。

(5) 汲取事故教训不深刻，蓄意隐瞒事故。2022年5月12日该煤矿曾发生顶板涉险事故，不汲取教训，仍未强化顶板现场管理。事故发生后该煤矿转移遗体、删除监控数据、封闭事故区域，蓄意瞒报事故。

(6) 上级集团公司主体责任不落实。集团公司对煤矿督促检查不到位，巷道开工验收流于形式；对问题隐患整改验收把关不严。

(7) 地方监管职责落实有差距。地方监管部门到矿核查该起顶板事故导致的瓦斯超限时不细不实，接受煤矿请求随意取消检查计划，收到该煤矿事故举报后未开展核查工作。

四、事故调查处理情况

经调查认定，该煤矿“8·16”较大顶板事故是一起生产安全责任事故。依规依纪依法对41名相关责任人员追责问责和行政处罚。其中，对该煤矿矿长、总工程师、生产副矿长、安全副矿长和集团公司董事长兼法定代表人、总经理、生产副总经理等8人移送公安机关立案侦查并给予行政罚款，集团公司董事长兼法定代表人、总经理和该煤矿矿长等3人自刑罚执行完毕或者受处分之日起，五年内不得担任任何生产经营单位的主要负责人；对该煤矿安全副总工程师、采掘副总工程师和集团公司安全副总工程师、地测副总工程师等12人给予行政罚款、吊销安全执业资格等处理意见。

对盘州市分管副市长、盘州市能源局局长等21名公职人员给予党纪政务处分或组织处理。

对该煤矿、集团公司分别罚款700万元、200万元，并纳入联合惩戒对象。

盘州市卫生健康局党组、盘州市民政局党组向盘州市委作出深刻书面检查，盘州市委对盘州市能源局党组进行通报批评；盘州市委、市政府分别向六盘水市委、市政府作出深刻书面检查。

第七十条【违法违规煤矿企业的关闭】

煤矿企业存在下列情形之一的，应当提请县级以上地方人民政府予以关闭：

（一）未依法取得安全生产许可证等擅自进行生产的；

（二）3个月内2次或者2次以上发现有重大事故隐患仍然进行生产的；

（三）经地方人民政府组织的专家论证在现有技术条件下难以有效防治重大灾害的；

（四）有《中华人民共和国安全生产法》规定的应当提请关闭的其他情形。

有关地方人民政府作出予以关闭的决定，应当立即组织实施。关闭煤矿应当达到下列要求：

（一）依照法律法规有关规定吊销、注销相关证照；

（二）停止供应并妥善处理民用爆炸物品；

（三）停止供电，拆除矿井生产设备、供电、通信线路；

（四）封闭、填实矿井井筒，平整井口场地，恢复地貌；

（五）妥善处理劳动关系，依法依规支付经济补偿、工伤保险待遇，组织离岗时职业健康检查，偿还拖欠工资，补缴欠缴的社会保险费；

（六）设立标识牌；

（七）报送、移交相关报告、图纸和资料等；

（八）有关法律法规规定的其他要求。

【条文解读】　本条是关于违法违规煤矿企业关闭的规定。

本条上半部分为煤矿企业因开采手续不全、开采条件不具备、无法保障安全生产等应当提请县级以上地方人民政府予以关闭的情形；下半部分为有关地方人民政府关闭煤矿应达到的要求，即关闭煤矿应达到“不留人员，不留采矿设备，不留建筑物，毁闭井筒，恢复地貌”的“三不留一毁闭”要求，具体包含以下七个方面内容：① 采矿许可证、煤矿安全生产许可证等颁发部门已依法注销或吊销相关证件；属于在建项目的，原核准（审批）部门已撤销相关文件，注销证件或有关文件（存在经济纠纷、资源价款等问题暂时无法注销的，待处理完成后应及时注销）的情况均已在有关部门网站公告；如确有特殊情况在规定时间内不能注销采矿许可证、煤矿安全生产许可证的，应承诺具体注销时间和负责人。② 妥善处理民用爆炸物品，具体包括停止购买并已妥善处理剩余民用爆炸物品，地面爆炸材料库必须拆除等。③ 停止供电，拆除矿井通信、供电等设备设施和地面生产系统等建（构）筑物。④ 拆除（或放弃回撤）井下设备（经省有关部门批准，可以保留瓦斯抽采系统及保障正常运行的设施）；因封闭井筒、拆除设备等出现债权债务纠纷、资产抵（质）押、申请破产等问题的，待妥善处置后，应立即封闭、填实矿井井筒，平整井口场地，恢复地貌。⑤ 妥善处理劳动关系，依法依规支付经济补偿、工伤保险待遇，组织离岗时职业健康检查，偿还拖欠工资，补缴欠缴的社会保险费。⑥ 在井口正面等位置设置醒目的煤矿关闭标识牌。⑦ 煤矿相关资料已整理成卷，按规定移交地方有关部门存档，资料范围包括：退出产能煤矿的基本情况，退出产能属于合法合规生产建设煤矿的证明文件的复印件，填绘反映关闭前实际情况的图纸等有关资料，记录煤矿关闭前后对比的影像图片等。

第七十一条【煤矿建设项目违规的责任】

有下列情形之一的，依照《中华人民共和国安全生产法》有关规定予以处罚：

（一）煤矿建设项目没有安全设施设计或者安全设施设计未按照规定报经有关部门审查同意的；

（二）煤矿建设项目的施工单位未按照批准的安全设施设计施工的；

（三）煤矿建设项目竣工投入生产或者使用前，安全设施未经验收合格的；

（四）煤矿企业违反本条例第二十四条第一款、第二十五条第一款和第二款、第二十六条第二款规定的。

【条文解读】　本条是关于煤矿建设项目违规的责任的规定。

煤矿建设是一个相对复杂的工程，涉及的学科较多。煤矿建设过程中地质、矿建、采矿、选矿、建筑、结构、总图运输、电气、给排水、机械、通风、环保、经济等专业技术均有涉及，技术不到位，会造成安全隐患和资金浪费。为保证设计的一致性，建设单位应当根据煤矿建设规模，委托具有相应资质的同一设计单位编制安全设施设计。安全设施设计必须符合有关法律、法规、规章和国家标准或者行业标准、技术规范的规定，并报省级以上矿山安全监管部门审查同意。

《加强煤矿建设安全管理规定》中规定："施工单位对煤矿建设施工安全承担主体责任，上级管理单位承担领导责任。施工单位必须设置安全生产管理机构，明确安全、技术负责人，加强对施工项目部及施工过程的安全管理，按照批准的设计组织施工，并对工程质量负责。"施工单位应按照批准的安全设施设计施工，不得擅自变更设计内容。

煤矿建设项目竣工投入生产或者使用前，应开展安全设施专项验收。《煤矿建设项目安全设施竣工验收监督核查暂行办法》中规定："煤矿建设单位负责组织对煤矿建设项目安全设施进行竣工验收，并对验收结果负责；煤矿建设单位实行多级管理的，由项目建设单位上一级具有独立法人资格的单位（或公司总部）负责组织验收。"煤矿建设项目的安全设施未经验收合格的，不得投入生产和使用。

煤矿建设项目有本条所列前三款情形的，依照《安全生产法》第九十八条等有关规定予以处罚。《安全生产法》第九十八条规定，生产经营单位有下列行为之一的，责令停止建设或者停产停业整顿，限期改正，并处 10 万元以上 50 万元以下的罚款，对其直接负责的主管人员和其他直接责任人员处 2 万元以上 5 万元以下的罚款；逾期未改正的，处 50 万元以上 100 万元以下的罚款，对其直接负责的主管人员和其他直接责任人员处 5 万元以上 10 万元以下的罚款；构成犯罪的，依照刑法有关规定追究刑事责任：……（二）矿山、金属冶炼建设项目或者用于生产、储存、装卸危险物品的建设项目没有安全设施设计或者安全设施设计未按照规定报经有关部门审查同意的；（三）矿山、金属冶炼建设项目或者用于生产、储存、装卸危险物品的建设项目的施工单位未按照批准的安全设施设计施工的；（四）矿山、金属冶炼建设项目或者用于生产、储存、装卸危险物品的建设项目竣工投入生产或者使用前，安全设施未经验收合格的。

煤矿企业违反本条例第二十四条第一款、第二十五条第一款和第二款、第二十六条第二款规定的，依照《安全生产法》第九十九条等有关规定予以处罚。《安全生产法》第九十九条规定，生产经营单位有下列行为之一的，责令限期改正，处5万元以下的罚款；逾期未改正的，处5万元以上20万元以下的罚款，对其直接负责的主管人员和其他直接责任人员处1万元以上2万元以下的罚款；情节严重的，责令停产停业整顿；构成犯罪的，依照刑法有关规定追究刑事责任：……（二）安全设备的安装、使用、检测、改造和报废不符合国家标准或者行业标准的；（三）未对安全设备进行经常性维护、保养和定期检测的；（四）关闭、破坏直接关系生产安全的监控、报警、防护、救生设备、设施，或者篡改、隐瞒、销毁其相关数据、信息的；（五）未为从业人员提供符合国家标准或者行业标准的劳动防护用品的……

【关联法条】《煤矿安全生产条例》第二十四条第一款　煤矿企业应当为从业人员提供符合国家标准或者行业标准的劳动防护用品，并监督、教育从业人员按照使用规则佩戴、使用。

第二十五条第一、二款　煤矿企业使用的安全设备的设计、制造、安装、使用、检测、维修、改造和报废，应当符合国家标准或者行业标准。

煤矿企业应当建立安全设备台账和追溯、管理制度，对安全设备进行经常性维护、保养并定期检测，保证正常运转，对安全设备购置、入库、使用、维护、保养、检测、维修、改造、报废等进行全流程记录并存档。

第二十六条第二款　煤矿企业及其有关人员不得关闭、破坏直接关系生产安全的监控、报警、防护、救生设备、设施，或者篡改、隐瞒、销毁其相关数据、信息，不得以任何方式影响其正常使用。

第七十二条【煤矿安全生产技术服务机构违法行为的责任】

承担安全评价、认证、检测、检验等职责的煤矿安全生产技术服务机构有出具失实报告、租借资质、挂靠、出具虚假报告等情形的，对该机构及直接负责的主管人员和其他直接责任人员，应当依照《中华人民共和国安全生产法》有关规定予以处罚并追究相应责任。其主要负责人对重大、特别重大煤矿生产安全事故负有责任的，终身不得从事煤矿安全生产相关技术服务工作。

【条文解读】 本条是关于煤矿安全生产技术服务机构违法行为的责任的规定。

本条所规范的主体煤矿安全生产技术服务机构，是指承担安全评价、认证、检测、检验、等工作的服务机构。其违法行为表现为出具失实报告、租借资质、挂靠、出具虚假报告等。

本条实行双罚制，对机构及直接负责的主管人员和其他直接责任人员同时予以处罚，另对造成重大、特别重大煤矿生产安全事故负有责任的主要负责人，终身禁止再从事煤矿安全生产相关技术服务工作。生产安全事故等级划分可参照《生产安全事故报告和调查处理条例》第三条规定。

第七十三条【煤矿违法行为的处罚原则】

本条例规定的行政处罚，由县级以上人民政府负有煤矿安全生产监督管理职责的部门和其他有关部门、国家矿山安全监察机构及其设在地方的矿山安全监察机构按照职责分工决定，对同一违法行为不得给予两次以上罚款的行政处罚。对被责令停产整顿的煤矿企业，应当暂扣安全生产许可证等。对违反本条例规定的严重违法行为，应当依法从重处罚。

【条文解读】 本条是关于国家行政机关对煤矿违法行为的处罚原则的规定。

本条规范的主体为县级以上人民政府负有煤矿安全生产监督管理职责的部门和其他有关部门、国家矿山安全监察机构及其设在地方的矿山安全监察机构，以上主体应按照职责分工决定，在各自的职责范围内对煤矿安全生产工作实施监督管理，并作出行政处罚。依据《中华人民共和国行政处罚法》第二十五条规定“两个以上行政机关都有管辖权的，由最先立案的行政机关管辖。对管辖发生争议的，应当协商解决，协商不成的，报请共同的上一级行政机关指定管辖；也可以直接由共同的上一级行政机关指定管辖”，因此要形成安全生产综合监管与行业监管指导相结合的工作机制，在各级人民政府统一领导下，加强协作，形成合力。依据第二十九条规定“对当事人的同一个违法行为，不得给予两次以上罚款的行政处罚。同一个违法行为违反多个法律规范应当给予罚款处罚的，按照罚款数额高的规定处罚”，因此在作出行政处罚时，相关机关应当适用“一事不二罚”的原则，对同一违法行为不可反复启动两次行政处罚程序。本条所规定的同一违法行为不得予以两次以上行政处罚，是指对于煤矿企业一次违法行为只能由一个行政机关或多个行政机关经协商后作出一次行政处罚。该违法行为经行政机关作出处罚后，再次构成本违法行为的，则不适用本条所规定的“一事不二罚”的情形，系新的违法行为，相关行政机关应依据相关法律法规再次做出行政处罚，且该行为属于拒不改正的行为，行政机关可从重处罚。对于严重的违法行为，行政机关可以就较高的裁量基准予以处罚。

责令停产整顿的煤矿企业，应当暂扣其安全生产许可证。煤矿企业在被责令停产整顿期间擅自生产的，由行政机关依照本条例第六十一条规定予以行政处罚。对违反本条例规定的严重违法行为，行政机关还可依照本条例第七十条第一款等规定予以从重处罚。

【关联法条】《煤矿安全生产条例》第六十一条　未依法取得安全生产许可证等擅自进行煤矿生产的，应当责令立即停止生产，没收违法所得和开采出的煤炭以及采掘设备；违法所得在10万元以上的，并处违法所得2倍以上5倍以下的罚款；没有违法所得或者违法所得不足10万元的，并处10万元以上20万元以下的罚款。

关闭的煤矿企业擅自恢复生产的，依照前款规定予以处罚。

第七十条第一款 煤矿企业存在下列情形之一的，应当提请县级以上地方人民政府予以关闭：

（一）未依法取得安全生产许可证等擅自进行生产的；

（二）3个月内2次或者2次以上发现有重大事故隐患仍然进行生产的；

（三）经地方人民政府组织的专家论证在现有技术条件下难以有效防治重大灾害的；

（四）有《中华人民共和国安全生产法》规定的应当提请关闭的其他情形。

第七十四条【监管部门和人员失职的责任】

地方各级人民政府、县级以上人民政府负有煤矿安全生产监督管理职责的部门和其他有关部门、国家矿山安全监察机构及其设在地方的矿山安全监察机构有下列情形之一的，对负有责任的领导人员和直接责任人员依法给予处分：

（一）县级以上人民政府负有煤矿安全生产监督管理职责的部门、国家矿山安全监察机构及其设在地方的矿山安全监察机构不依法履行职责，不及时查处

所辖区域内重大事故隐患和安全生产违法行为的；县级以上人民政府其他有关部门未依法履行煤矿安全生产相关职责的；

（二）乡镇人民政府在所辖区域内发现未依法取得安全生产许可证等擅自进行煤矿生产，没有采取有效措施制止或者没有向县级人民政府相关主管部门报告的；

（三）对被责令停产整顿的煤矿企业，在停产整顿期间，因有关地方人民政府监督检查不力，煤矿企业在停产整顿期间继续生产的；

（四）关闭煤矿未达到本条例第七十条第二款规定要求的；

（五）县级以上人民政府负有煤矿安全生产监督管理职责的部门、国家矿山安全监察机构及其设在地方的矿山安全监察机构接到举报后，不及时处理的；

（六）县级以上地方人民政府及其有关部门要求不具备安全生产条件的煤矿企业进行生产的；

（七）有其他滥用职权、玩忽职守、徇私舞弊情形的。

【条文解读】 本条是关于负有监管监察职责的特殊主体的责任的规定。

本条规范的主体是负有煤矿安全生产监督管理职责的政府有关部门及矿山监察机构的领导人员和直接责任人员。本条处分列举了七项滥用职权、玩忽职守、徇私舞弊等行为，立法目的在于规范政府行为，更好地发挥其安全监管职能。

《中华人民共和国公务员法》第五十七条规定，机关应当对公务员的思想政治、履行职责、作风表现、遵纪守法等情况进行监督，开展勤政廉政教育，建立日常管理监督制度。对公务员监督发现问题的，应当区分不同情况，予以谈话提醒、批评教育、责令检查、诫勉、组织调整、处分。对公务员涉嫌职务违法和职务犯罪的，应当依法移送监察机关处理。第六十二条规定，处分分为：警告、记过、记大过、降级、撤职、开除。

第七十五条【构成犯罪的处理办法】

违反本条例规定，构成犯罪的，依法追究刑事责任。

【条文解读】 本条是关于构成犯罪的处理办法的规定。

本条系援引性规范，法效果不在本法条中写明，指引到《中华人民共和国刑法》之中，对于违反本条例并且构成犯罪的，行政机关应当将该案件移送司法机关。

第六章　附　　则

第七十六条【施行日期与旧法规废止】

本条例自2024年5月1日起施行。《煤矿安全监察条例》和《国务院关于预防煤矿生产安全事故的特别规定》同时废止。

【条文解读】　本条是关于新法规施行日期和旧法规废止的规定。

正确理解法规的施行时间，是运用法规不可缺少的条件。法规从何时开始生效，一般根据该项法规的性质和实际需要来决定。通常有三种方式：第一种是法规条文中明确规定，从其公布之日起生效施行；第二种是法规公布后，并不立即生效施行，经过一定时期后才开始施行，法规中明确规定生效施行的日期；第三种是法规公布后先予以试行或者暂行，而后由立法部门加以补充修改，再通过为正式法规，公布施行，在试行期间也具有约束力。我国的大多数法规采取第二种方式，主要是考虑到全国各地经济和社会发展的不平衡，法规的施行需要一定的准备期。因此，为了保证法规的有效施行，在充分考虑施行准备工作量的情况下，在法规中具体规定法规的施行日期（自某年某月某日起施行），一般不宜笼统规定"自公布之日起施行"。因此，《煤矿安全生产条例》于2024年1月24日以国务院令第774号发布，自2024年5月1日才正式施行。

国家机关废止法规的方式有以下几种：① 颁布专门文件宣布终止某项法规或某些条款的效力；② 制定新的法规代替原有法规，使原有法规自然失效，或者在新法规中载明终止旧法规的效力；③ 在法规中载明该法规有效的条件，当这些条件消失时，该法规的效力自然终止。本条例发布生效使得《煤矿安全监察条例》和《国务院关于预防煤矿生产安全事故的特别规定》同时废止，属于第二种情形。

模拟试题

一、填空题

1. 国家实行生产安全事故________制度，依照有关法律、法规的规定，追究生产安全事故责任单位和责任人员的法律责任。

2. 安全生产工作实行管行业必须管安全、管业务必须管安全、________，强化和落实生产经营单位主体责任与政府监管责任，建立生产经营单位负责、职工参与、政府监管、行业自律和社会监督的机制。

3. 煤矿企业应当建立健全并落实________和安全生产规章制度。

4. 煤矿企业必须构建________和隐患排查治理双重预防机制，健全风险防范化解机制，提高安全生产水平，确保安全生产。

5. 煤矿企业的________是本企业安全生产第一责任人。

6. 国务院标准化行政主管部门、有关部门依据法定职责对安全生产强制性________的实施进行监督检查。

7. 煤矿安全生产工作坚持________的领导。

8. 煤矿企业的主要负责人应建立健全并落实本企业全员安全生产责任制，加强________建设。

9. 煤矿企业应当设置安全生产管理机构并配备专职________。

10. 煤矿安全生产工作应当以人为本，坚持人民至上、生命至上，把保护________摆在首位。

11. 煤矿企业的全员安全生产责任制应当明确各岗位的责任人员、________和考核标准等内容。

12. 未经________和培训合格的从业人员，不得上岗作业。

13. 煤矿企业的特种作业人员必须按照国家有关规定经专门的________，

取得相应资格，方可上岗作业。

14. 煤矿企业新建、改建、扩建工程项目的安全设施，必须与主体工程同时设计、________、同时投入生产和使用。

15. 建设项目安全设施的设计人、________应当对安全设施设计负责。

16. 煤矿企业应当在有较大危险因素的生产经营场所和有关设施、设备上，设置明显的________标志。

17. 煤矿企业应当建立________管控制度，开展安全风险辨识评估，按照安全风险分级采取相应的管控措施。

18. 煤矿企业必须为从业人员提供符合国家标准或者行业标准的________用品，并监督、教育从业人员按照使用规则佩戴、使用。

19. 煤矿企业必须依法参加________保险，为从业人员缴纳保险费。

20. 煤矿企业从业人员有权对本企业安全生产工作中存在的问题提出批评、检举、控告；有权拒绝________和强令冒险作业。

21. 煤矿企业从业人员发现直接危及人身安全的紧急情况时，有权停止作业或者在采取可能的应急措施后________。

22. 煤矿企业从业人员在作业过程中，应当严格落实________责任，遵守本企业的安全生产规章制度和操作规程，服从管理，正确佩戴和使用劳动防护用品。

23. 安全生产监督检查人员应当忠于职守，________，秉公执法。

24. 煤矿安全生产工作应当坚持________、预防为主、综合治理的方针，从源头上防范化解重大安全风险。

25. 煤矿安全生产工作按照国家监察、________、企业负责，强化和落实安全生产责任。

26. 煤矿井下作业人员实行________制度。

27. 国家实行煤矿安全________制度。

28. 负有安全生产监督管理职责的部门和有关地方人民政府对事故情况不得隐瞒不报、________或者迟报。

29. 承担安全评价、认证、检测、检验职责的机构出具失实报告的，责令停业整顿，并处________万元以上十万元以下的罚款；给他人造成损害的，依法承担赔偿责任。

30. 煤矿企业的主要负责人未履行《安全生产法》规定的安全生产管理职责，导致发生一般事故的，处上一年年收入百分之________的罚款。

31. 煤矿企业的主要负责人未履行《安全生产法》规定的安全生产管理职责，导致发生较大事故的，处上一年年收入百分之________的罚款。

32. 煤矿企业的主要负责人未履行《安全生产法》规定的安全生产管理职责，导致发生重大事故的，处上一年年收入百分之________的罚款。

33. 煤矿企业的主要负责人未履行《安全生产法》规定的安全生产管理职责，导致发生特别重大事故的，处上一年年收入百分之________的罚款。

34. 煤矿企业对重大危险源未登记建档，未进行定期检测、评估、监控，未制定应急预案，或者未告知应急措施的，责令限期改正，处________万元以下的罚款。

35. 煤矿企业未按照国家规定投保安全生产责任保险的，责令限期改正，处________万元以上十万元以下的罚款。

36. 发生一般事故的，对负有责任的煤矿企业除要求其依法承担相应的赔偿等责任外，处五十万元以上________万元以下的罚款。

37. 发生较大事故的，对负有责任的煤矿企业除要求其依法承担相应的赔偿等责任外，处一百五十万元以上________万元以下的罚款。

38. 发生重大事故的，对负有责任的煤矿企业除要求其依法承担相应的赔偿等责任外，处五百万元以上________万元以下的罚款。

39. 发生特别重大事故的，对负有责任的煤矿企业除要求其依法承担相应的赔偿等责任外，处一千万元以上________万元以下的罚款。

40. 国务院应急管理部门和其他负有安全生产监督管理职责的部门应当根据各自的职责分工，制定相关行业、领域重大危险源的辨识标准和________的判定标准。

41. 煤矿企业应当按照国家有关规定建立健全领导________制度并严格考核。

42. 新建、改建、扩建煤矿工程项目的建设单位应当委托具有建设工程设计企业资质的设计单位进行________设施设计。

43. 煤矿企业进行生产，应当依照规定取得安全生产________。

44. 煤矿企业应当在依法确定的开采范围内进行生产，不得________开采。

45. 重大事故隐患排查治理情况的书面报告经煤矿企业________签字后，每季度报县级以上地方人民政府负有煤矿安全生产监督管理职责的部门和所在地矿山安全监察机构。

二、判断题

1. 坚持人民安全、政治安全、国家利益至上的有机统一，人民安全是国家安全的宗旨，政治安全是国家安全的根本，国家利益至上是国家安全的准则。 （ ）

2. 人民至上、生命至上，保护人民生命安全和身体健康可以不惜一切代价。 （ ）

3. 既重视发展问题，又重视安全问题，安全是发展的基础，发展是安全的条件。 （ ）

4. 必须建立健全安全生产责任体系，强化企业主体责任，深化安全生产大检查，认真吸取教训，注重举一反三，全面加强安全生产工作。 （ ）

5. 人命关天，发展决不能以牺牲人的生命为代价，这必须作为一条不可逾越的红线。 （ ）

6. 煤矿安全生产工作实行管行业必须管安全，管业务必须管安全，管生产经营必须管安全。 （ ）

7. 煤矿企业委托具有相关资质的机构提供安全生产技术、管理服务的，保证安全生产的责任由服务的相关机构负责。 （ ）

8. 对易发重特大事故的行业领域，要采取风险分级管控、隐患排查治理双重预防性工作机制，推动安全生产关口前移。 （ ）

9. 要坚决落实安全生产责任制，切实做到党政同责、一岗双责、失职追责。 （ ）

10. 要秉持为安全求发展、以发展促安全的理念，让发展和安全两个目标有机融合。 （ ）

11. 只有采取切实举措，才能真正管控风险；只有实现安全保障，才能持续发展。 （ ）

12. 安全工作要与发展同步进行，并作为发展前提来抓。经济社会发展的每一个项目、每一个环节都要以效益为前提，不能有丝毫疏漏。（　　）

13. 要针对安全生产事故主要特点和突出问题，层层压实责任，狠抓整改落实，强化风险防控，从根本上消除事故隐患，有效遏制重特大事故发生。（　　）

14. 要牢固树立安全发展理念，加快完善安全发展体制机制，补齐相关短板，维护产业链、供应链安全，积极做好防范化解重大风险工作。（　　）

15. 正确处理安全和发展的关系，坚持发展决不能以牺牲安全为代价这条红线，不能有丝毫侥幸心理，不能不顾人民群众福祉和安全。（　　）

16. 以防范和遏制重特大事故为重点，坚持标本兼治、综合治理、系统建设，统筹推进经济领域改革发展。（　　）

17. 落实安全生产责任制，要落实行业主管部门直接监管、安全监管部门综合监管、地方政府属地监管。（　　）

18. 煤矿企业的主要负责人是本企业安全生产第一责任人，对本企业的安全生产工作全面负责。其他负责人对职责范围内的安全生产工作负责。

（　　）

19. 煤矿企业从业人员可以直接上岗作业。（　　）

20. 加强安全隐患排查，严格落实安全生产责任制，坚决防范重特大事故发生，确保人民群众生命和财产安全。（　　）

21. 煤矿企业应当按照国家有关规定建立健全领导带班制度并严格考核。

（　　）

22. 根据实际需要，煤矿企业可以关闭直接关系生产安全的监控、报警、防护、救生设备、设施。（　　）

23. 煤矿企业要深入开展安全隐患排查整治，全面抓好安全生产责任制，从源头治起、从细处抓起、从短板补起，筑牢防线，守住底线，不放过任何一个漏洞，不丢掉任何一个盲点，不留任何一个隐患。（　　）

24. 煤矿企业要按照“全覆盖、零容忍、严执法、重实效”的要求进行排查，整治隐患、堵塞漏洞、强化措施。（　　）

25. 煤矿井下工作岗位可以使用劳务派遣用工。（　　）

26. 必须强化依法治理，用法治思维和法治手段解决安全生产问题。要坚持依法治理，加快安全生产相关法律法规制定修订，加强安全生产监管执法，强化基层监管力量，着力提高安全生产法治化水平。 （ ）

27. 煤矿企业的主要负责人未履行《安全生产法》规定的安全生产管理职责的，责令限期改正，处二万元以下的罚款；逾期未改正的，处二万元以上五万元以下的罚款，责令煤矿企业停产停业整顿。 （ ）

28. 煤矿企业制定生产安全事故应急救援预案后，可以不组织演练。 （ ）

29. 在安全生产领域，防范化解重大安全风险就是防范化解可能诱发重大事故的安全风险，将安全监管的关口前移，针对诱发重大事故的风险，加强风险评估、分级管控和监测预警，从源头有效防止事故发生。 （ ）

30. 煤矿企业要健全风险防范化解机制，坚持从源头上防范化解重大安全风险，真正把问题解决在萌芽之时、成灾之前。要加强应急预案管理，健全应急预案体系，落实各环节责任和措施。 （ ）

31. 煤矿企业要构建安全人防、物防、技防网络，实现人员素质、设施保障、技术应用的整体协调，彻底堵塞“安全漏洞”，坚决打破“安全孤岛”。 （ ）

32. 构建双重预防机制就是针对安全生产领域“认不清、想不到”的突出问题，关口前移，从隐患排查治理前移到风险管控。 （ ）

33. 煤矿企业应按照规定采用双回路供电系统。 （ ）

34. 煤矿企业的其他负责人和安全生产管理人员未履行《安全生产法》规定的安全生产管理职责的，责令限期改正，处三万元以上五万元以下的罚款；导致发生生产安全事故的，暂停或者吊销其与安全生产有关的资格，并处上一年年收入百分之二十五以上百分之五十以下的罚款；构成犯罪的，依照刑法有关规定追究刑事责任。 （ ）

35. 煤矿企业应依据全年安全生产责任落实情况进行全员考核，制定落实考核方案，并将考核结果纳入岗位绩效管理。 （ ）

36. 县级以上地方人民政府负有煤矿安全生产监督管理职责的部门依法对煤矿企业进行监督检查时，对不符合保障安全生产的国家标准或者行业标准的设施、设备、器材予以查封或者扣押。 （ ）

37. 煤矿企业未采取措施消除事故隐患的，责令立即消除或者限期消除，处十万元以下的罚款；煤矿企业拒不执行的，责令停产停业整顿，对其直接负责的主管人员和其他直接责任人员处十万元以上二十万元以下的罚款；构成犯罪的，依照刑法有关规定追究刑事责任。 （ ）

38. 承担安全评价、认证、检测、检验等职责的煤矿安全生产技术服务机构可以相互租借资质。 （ ）

39. 煤矿企业应对煤矿井下重点工作场所进行职业病危害因素检测评价。 （ ）

40. 管生产必须管安全只是针对煤矿企业主要负责人的要求。 （ ）

41. 煤矿安全生产的领导可以只管生产经营不管安全。 （ ）

42. 煤矿企业主要负责人是本企业安全生产第一责任人。 （ ）

43. 安全设施设计需要作重大变更的，应当报原审查部门重新审查，不得先施工后报批、边施工边修改。 （ ）

44. 煤矿建设项目竣工投入生产或者使用前，应当由建设单位负责组织对安全设施进行验收，并对验收结果负责。 （ ）

45. 煤矿企业的安全生产管理机构可以不配备专职安全生产管理人员。 （ ）

三、单项选择题

1. 要坚持（ ），加快安全生产相关法律法规制定修订，加强安全生产监管执法，强化基层监管力量，着力提高安全生产法治化水平。

A. 依法治理　B. 依规治理　C. 按章办事　D. 依法治企

2. 要切实抓好安全生产，坚持以人为本、生命至上，全面抓好安全生产责任制和（ ）、防范、监督、检查、奖惩措施的落实。

A. 治理　B. 管理　C. 监测　D. 预防

3. 强化安全生产，加强安全生产监管，从（ ）上消除安全生产隐患。

A. 源头　B. 制度　C. 管理　D. 根本

4. 建立健全公共安全形势分析制度，经常（ ）、预判，及时发现苗头性、倾向性问题，及时清除公共安全隐患。

A. 评估　B. 分析　C. 检查　D. 举一反三

5. 牢固树立安全生产的观念，正确处理安全和（ ）的关系，坚持发展决不能以牺牲安全为代价这条红线。

A. 效益　　B. 发展　　C. 经济　　D. 生产

6. 安全生产必须警钟长鸣、常抓不懈，丝毫放松不得，否则就会给国家和(　　)带来不可挽回的损失。

A. 人民　　B. 社会　　C. 企业　　D. 公民

7. 构建双重预防机制就是针对安全生产领域“认不清、想不到”的突出问题，关口前移，从隐患排查治理前移到(　　)管控。通过分析事故发生的全链条，抓住关键环节采取预防措施，防范安全风险管控不到位变成事故隐患、隐患未及时被发现和治理演变成事故。

A. 危险源　　B. 风险　　C. 问题　　D. 事故

8. 风险分级管控和隐患排查治理是防范化解风险的有效举措，充分体现了(　　)意识和“超前预防”的治理理念，只有坚持谋划在前、预防在先，做到防患于未然，才能牢牢把握安全生产工作的主动权。

A. 事故治理　　B. 底线　　C. 责任认定　　D. 风险

9. 要坚持关口前移，加强日常防范，加强源头治理、(　　)处理，针对暴露出来的问题进行地毯式排查和立体化整治行动，什么问题突出就集中力量解决什么问题。

A. 前端　　B. 末端　　C. 过程　　D. 事前

10. 树立(　　)，弘扬生命至上、安全第一的思想，健全公共安全体系，完善安全生产责任制，坚决遏制重特大安全事故，提升防灾减灾救灾能力。

A. 和谐发展理念　　B. 社会发展理念

C. 经济发展理念　　D. 安全发展理念

11. 要针对生产安全事故主要特点和突出问题，层层压实责任，狠抓整改落实，强化(　　)，从根本上消除事故隐患，有效遏制重特大事故发生。

A. 双重预防　　B. 风险防控　　C. 安全生产　　D. 应急管理

12. 安全生产理念要体现(　　)意识。

A. 红线　　B. 安全第一　　C. 综合治理　　D. 以人为本

13. 将全员安全生产责任制教育培训工作纳入安全生产年度培训计划，全员掌握(　　)安全生产职责。

A. 本单位　　B. 本层次　　C. 本岗位　　D. 本工种

14. 依据全年安全生产责任落实情况进行(　　),制定落实考核方案,并将考核结果纳入岗位绩效管理。

A. 全员考核　　B. 全员考试　　C. 全员培训　　D. 全员贯彻

15. 安全生产责任制应符合企业自身实际,根据(　　)及时进行修订。

A. 安全实际　　B. 生产实际　　C. 安全生产实际　　D. 国家政策

16. 煤矿企业安全生产费用在(　　)中据实列支。

A. 项目　　B. 概算　　C. 工程　　D. 成本

17. 对已经依法取得批准的单位,负责行政审批的部门发现其不再具备安全生产条件的,应当(　　)原批准。

A. 作废　　B. 撤销　　C. 变更　　D. 重新评价

18. 制定各岗位安全生产责任制,明确责任范围,岗位有固定工作场所的,在(　　)进行长期公示。

A. 人行通道　　B. 办公室　　C. 适当位置　　D. 会议室

19. 煤矿建设项目应当按照国家有关规定进行(　　)。

A. 安全检查　　B. 安全评价　　C. 安全考核　　D. 安全论证

20. 煤矿井下工作场所的职业病防护设施的设置应(　　)。

A. 根据生产规模设置　　B. 按企业规定统一设置

C. 与职业病危害防护相适应　　D. 按照国家标准统一制定

21. 煤矿企业主要负责人和安全生产管理人员应当通过(　　)和管理能力考核,并持续保持相应水平和能力。

A. 安全生产知识　B. 教育培训　　C. 技能操作　　D. 试讲

22. 煤矿安全生产实行地方党政领导干部安全生产责任制,强化煤矿安全生产(　　)。

A. 领导力　　B. 属地管理　　C. 政府主导力　　D. 企业主导力

23. 省、自治区、直辖市人民政府负有煤矿安全生产监督管理职责的部门审查煤矿建设项目安全设施设计,应当自受理之日起(　　)日内审查完毕,签署同意或者不同意的意见,并书面答复。

A. 10　　B. 15　　C. 30　　D. 45

24. 煤矿企业在整改结束后要求恢复生产的，县级以上地方人民政府负有煤矿安全生产监督管理职责的部门应当组织验收，并在收到恢复生产申请之日起(　　)日内组织验收完毕。

A. 7　　B. 10　　C. 15　　D. 20

25. 县级以上地方人民政府负有煤矿安全生产监督管理职责的部门对被责令停产整顿或者关闭的煤矿企业，应当在(　　)个工作日内向社会公告。

A. 3　　B. 5　　C. 10　　D. 20

四、多项选择题

1. 煤矿企业应当履行安全生产主体责任，加强安全生产管理，加大对安全生产(　　)的投入保障力度。

A. 资金　　B. 物资　　C. 技术　　D. 人员

2. 深化安全生产管理体制改革，建立(　　)，遏制重特大安全事故。

A. 隐患排查治理体系　　B. 安全预防控制体系

C. 风险防范体系　　D. 危险源控制体系

3. 煤矿企业采用(　　)或者新设备，必须了解、掌握其安全技术特性，采取有效的安全防护措施，并对从业人员进行专门的安全生产教育和培训。

A. 新工艺　　B. 新技术　　C. 新材料　　D. 新流程

4. 国家矿山安全监察机构负责煤矿安全生产强制性国家标准的(　　)。

A. 项目提出　　B. 组织起草　　C. 征求意见　　D. 技术审查

5. 煤矿企业安全生产许可证有效期满未办理延期手续，继续进行生产的，处以(　　)处罚。

A. 责令停止生产　　B. 限期补办延期手续

C. 没收违法所得　　D. 罚款 50 万元

6. 煤矿企业的从业人员有义务(　　)。

A. 接受安全生产教育和培训

B. 掌握本职工作所需的安全生产知识

C. 提高安全生产技能

D. 增强事故预防和应急处理能力

7. 煤矿企业的“三项岗位人员”是指(　　)。

A. 主要负责人　　　　　　　　B. 安全生产管理人员

C. 从业人员　　　　　　　　　D. 特种作业人员

8. 安全生产责任制要求煤矿企业必须加强安全生产管理，建立健全(　　)安全生产与职业病危害防治责任制。

A. 各级负责人　　B. 各部门　　C. 各岗位　　D. 各工种

9. 对安全责任落实情况进行监督考核，各层级、各岗位安全责任是否落实到位，真正实现安全生产(　　)。

A. 层层负责　　B. 人人有责　　C. 层层有责　　D. 各负其责

10. 安全生产责任制要求建立覆盖本企业(　　)的全员安全生产责任制。

A. 所有工种　　B. 所有组织　　C. 所有岗位　　D. 所有人员

11. 安全生产责任制要求明确各岗位的(　　)等内容。

A. 责任科室　　B. 责任人员　　C. 责任范围　　D. 考核标准

12. 安全生产责任制应符合相关的(　　)。

A. 法律　　B. 法规　　C. 政策　　D. 标准

13. 安全生产责任制应(　　)，责任清晰，能够对照执行和检查。

A. 符合标准化　　B. 符合实际　　C. 有针对性　　D. 有条件

14. 安全生产理念体现红线意识和(　　)的安全生产方针。

A. 危机意识　　B. 预防为主　　C. 安全第一　　D. 综合治理

15. 建立健全(　　)是党和国家在安全生产方面对各类生产经营单位的基本政策要求，同时也是生产经营企业的自身需求。

A. 安全生产责任制　　　　　　B. 业务保安责任制

C. 经营目标责任制　　　　　　D. 工种岗位安全责任制

16. 煤矿企业的安全生产管理机构和安全生产管理人员负有(　　)安全生产职责。

A. 组织或者参与拟订安全生产规章制度、作业规程、操作规程和生产安全事故应急救援预案

B. 组织开展安全生产法律法规宣传教育

C. 组织开展安全风险辨识评估，督促落实重大安全风险管控措施

D. 组织或者参与应急救援演练

17. 煤矿企业的从业人员负有(　　)安全生产职责。

A. 遵守煤矿企业安全生产规章制度和作业规程、操作规程

B. 严格落实岗位安全责任

C. 安全生产教育和培训可参加也可不参加

D. 对非自己班组的事故隐患视而不见

18. 煤矿企业使用的安全设备的设计、制造、(　　)、改造和报废,应当符合国家标准或者行业标准。

A. 安装　　B. 使用　　C. 检测　　D. 维修

19. 煤矿企业不得(　　)组织生产。

A. 超能力　　B. 超强度　　C. 超定员　　D. 超范围

20. 下列属于重大事故隐患的有(　　)。

A. 瓦斯超限作业

B. 通风系统不完善、不可靠

C. 超层、越界开采

D. 有冲击地压危险,未采取有效措施

五、简答题

1. 根据《煤矿安全生产条例》的规定,煤矿企业主要负责人对本企业安全生产工作应负哪些职责?

2. 根据《煤矿安全生产条例》的规定,煤矿企业的安全生产管理机构和安全生产管理人员应负哪些安全生产职责?

3. 根据《煤矿安全生产条例》的规定,煤矿企业的从业人员应负哪些安全生产职责?

4. 根据《煤矿安全生产条例》的规定,煤矿开采过程中应当编制专项设计的有哪些情形?

5. 根据《煤矿安全生产条例》的规定,煤矿企业的重大事故隐患有哪些?

6. 根据《煤矿安全生产条例》的规定,煤矿企业存在哪些情形时应当提请县级以上地方人民政府予以关闭?

模拟试题参考答案

一、填空题

1. 责任追究
2. 管生产经营必须管安全
3. 全员安全生产责任制
4. 安全风险分级管控
5. 主要负责人
6. 国家标准
7. 中国共产党
8. 安全生产标准化
9. 安全生产管理人员
10. 人民生命安全
11. 责任范围
12. 安全生产教育
13. 安全作业培训
14. 同时施工
15. 设计单位
16. 安全警示
17. 安全风险分级
18. 劳动防护
19. 工伤
20. 违章指挥
21. 撤离作业场所
22. 岗位安全
23. 坚持原则
24. 安全第一
25. 地方监管
26. 安全限员
27. 监察
28. 谎报
29. 三
30. 四十
31. 六十
32. 八十
33. 一百
34. 十
35. 五
36. 一百
37. 二百
38. 一千
39. 二千
40. 重大事故隐患
41. 带班
42. 安全
43. 许可证
44. 超层、越界
45. 负责人

二、判断题

1. √ 2. √ 3. × 4. √ 5. √ 6. √ 7. × 8. √ 9. √ 10. ×
11. √ 12. × 13. √ 14. √ 15. √ 16. × 17. √ 18. √ 19. × 20. √
21. √ 22. × 23. √ 24. √ 25. × 26. √ 27. × 28. × 29. √ 30. √

31. √ 32. √ 33. √ 34. × 35. √ 36. √ 37. × 38. × 39. √ 40. ×
41. × 42. √ 43. √ 44. √ 45. ×

三、单项选择题

1. A 2. B 3. A 4. A 5. B 6. A 7. B 8. D 9. A 10. D
11. B 12. A 13. C 14. A 15. C 16. D 17. B 18. C 19. B 20. C
21. A 22. B 23. C 24. D 25. B

四、多项选择题

1. ABCD 2. AB 3. ABC 4. ABCD 5. ABC
6. ABCD 7. ABD 8. ABC 9. ABD 10. BC
11. BCD 12. ABCD 13. BC 14. BCD 15. ABD
16. ABCD 17. AB 18. ABCD 19. ABC 20. ABCD

五、简答题

1. 答:煤矿企业主要负责人对本企业安全生产工作负有下列职责:

(1) 建立健全并落实全员安全生产责任制,加强安全生产标准化建设;

(2) 组织制定并实施安全生产规章制度和作业规程、操作规程;

(3) 组织制定并实施安全生产教育和培训计划;

(4) 保证安全生产投入的有效实施;

(5) 组织建立并落实安全风险分级管控和隐患排查治理双重预防工作机制,督促、检查安全生产工作,及时消除事故隐患;

(6) 组织制定并实施生产安全事故应急救援预案;

(7) 及时、如实报告煤矿生产安全事故。

2. 答:煤矿企业的安全生产管理机构和安全生产管理人员负有下列安全生产职责:

(1) 组织或者参与拟订安全生产规章制度、作业规程、操作规程和生产安全事故应急救援预案;

(2) 组织或者参与安全生产教育和培训,如实记录安全生产教育和培训情况;

(3) 组织开展安全生产法律法规宣传教育;

(4) 组织开展安全风险辨识评估,督促落实重大安全风险管控措施;

(5) 制止和纠正违章指挥、强令冒险作业、违反规程的行为,发现威胁安全的紧急情况时,有权要求立即停止危险区域内的作业,撤出作业人员;

(6) 检查安全生产状况,及时排查事故隐患,对事故隐患排查治理情况进行统计分析,提出改进安全生产管理的建议;

(7) 组织或者参与应急救援演练;

(8) 督促落实安全生产整改措施。

3. 答:煤矿企业的从业人员负有下列安全生产职责:

(1) 遵守煤矿企业安全生产规章制度和作业规程、操作规程,严格落实岗位安全责任;

(2) 参加安全生产教育和培训,掌握本职工作所需的安全生产知识,提高安全生产技能,增强事故预防和应急处理能力;

(3) 及时报告发现的事故隐患或者其他不安全因素。

4. 答:煤矿开采有下列情形之一的,应当编制专项设计:

(1) 有煤(岩)与瓦斯(二氧化碳)突出的;

(2) 有冲击地压危险的;

(3) 开采需要保护的建筑物、水体、铁路下压煤或者主要井巷留设煤柱的;

(4) 水文地质类型复杂、极复杂或者周边有老窑采空区的;

(5) 开采容易自燃和自燃煤层的;

(6) 其他需要编制专项设计的。

5. 答:煤矿企业有下列情形之一的,属于重大事故隐患,应当立即停止受影响区域生产、建设,并及时消除事故隐患:

(1) 超能力、超强度或者超定员组织生产的;

(2) 瓦斯超限作业的;

(3) 煤(岩)与瓦斯(二氧化碳)突出矿井未按照规定实施防突措施的;

(4) 煤(岩)与瓦斯(二氧化碳)突出矿井、高瓦斯矿井未按照规定建立瓦斯抽采系统,或者系统不能正常运行的;

(5) 通风系统不完善、不可靠的;

(6) 超层、越界开采的;

(7) 有严重水患,未采取有效措施的;

（8）有冲击地压危险，未采取有效措施的；

（9）自然发火严重，未采取有效措施的；

（10）使用应当淘汰的危及生产安全的设备、工艺的；

（11）未按照规定建立监控与通讯系统，或者系统不能正常运行的；

（12）露天煤矿边坡角大于设计最大值或者边坡发生严重变形，未采取有效措施的；

（13）未按照规定采用双回路供电系统的；

（14）新建煤矿边建设边生产，煤矿改扩建期间，在改扩建的区域生产，或者在其他区域的生产超出设计规定的范围和规模的；

（15）实行整体承包生产经营后，未重新取得或者及时变更安全生产许可证而从事生产，或者承包方再次转包，以及将井下采掘工作面和井巷维修作业外包的；

（16）改制、合并、分立期间，未明确安全生产责任人和安全生产管理机构，或者在完成改制、合并、分立后，未重新取得或者及时变更安全生产许可证等的；

（17）有其他重大事故隐患的。

6. 答：煤矿企业存在下列情形之一的，应当提请县级以上地方人民政府予以关闭：

（1）未依法取得安全生产许可证等擅自进行生产的；

（2）3 个月内 2 次或者 2 次以上发现有重大事故隐患仍然进行生产的；

（3）经地方人民政府组织的专家论证在现有技术条件下难以有效防治重大灾害的；

（4）有《安全生产法》规定的应当提请关闭的其他情形。

参考文献

[1] 卜素.《中华人民共和国安全生产法》专家解读[M].徐州:中国矿业大学出版社,2021.

[2] 国务院法制办公室工交商事法制司,国家安全生产监督管理总局政策法规司,监察部法规司.国务院关于预防煤矿生产安全事故的特别规定释义[M].北京:中国市场出版社,2006.

[3] 国务院法制办公室工交商事法制司,国家安全生产监督管理总局政策法规司.中华人民共和国安全生产法读本:条文释义与案例适用[M].北京:中国市场出版社,2014.

[4] 国新网.国新办举行《煤矿安全生产条例》国务院政策例行吹风会[EB/OL].(2024-02-04)[2024-02-20]. http://www. scio. gov. cn/live/2024/33312/index_m. html? slb=true.

[5] 胡卫民,王公忠,呼延峰,等.煤矿安全监察与管理[M].徐州:中国矿业大学出版社,2009.

[6] 阚珂.中华人民共和国安全生产法释义[M].北京:法律出版社,2014.

[7] 罗云.《安全生产法》安全生产监管人员读本[M].北京:煤炭工业出版社,2015.

[8] 罗云.《安全生产法》专家解读[M].北京:煤炭工业出版社,2014.

[9] 中国法制出版社.安全生产法新解读[M].4 版.北京:中国法制出版社,2017.

[10] 赵睿,菅斐,黄文明.全国煤矿典型事故案例剖析之以案学法[M].徐州:中国矿业大学出版社,2023.

[11] 中国法制出版社.中华人民共和国安全生产法律法规全书(含典型案例)

[M]. 3 版. 北京：中国法制出版社，2017.
[12] 周连春，赵启峰.《煤矿安全规程》专家释义(2016)[M]. 徐州：中国矿业大学出版社，2016.

附　　录

附录一　中华人民共和国安全生产法

（2002年6月29日第九届全国人民代表大会常务委员会第二十八次会议通过　根据2009年8月27日第十一届全国人民代表大会常务委员会第十次会议《关于修改部分法律的决定》第一次修正　根据2014年8月31日第十二届全国人民代表大会常务委员会第十次会议《关于修改〈中华人民共和国安全生产法〉的决定》第二次修正　根据2021年6月10日第十三届全国人民代表大会常务委员会第二十九次会议《关于修改〈中华人民共和国安全生产法〉的决定》第三次修正）

第一章　总　　则

第一条　为了加强安全生产工作，防止和减少生产安全事故，保障人民群众生命和财产安全，促进经济社会持续健康发展，制定本法。

第二条　在中华人民共和国领域内从事生产经营活动的单位（以下统称生产经营单位）的安全生产，适用本法；有关法律、行政法规对消防安全和道路交通安全、铁路交通安全、水上交通安全、民用航空安全以及核与辐射安全、特种设备安全另有规定的，适用其规定。

第三条　安全生产工作坚持中国共产党的领导。

安全生产工作应当以人为本，坚持人民至上、生命至上，把保护人民生命安全摆在首位，树牢安全发展理念，坚持安全第一、预防为主、综合治理的方针，从源头上防范化解重大安全风险。

安全生产工作实行管行业必须管安全、管业务必须管安全、管生产经营必须管安全,强化和落实生产经营单位主体责任与政府监管责任,建立生产经营单位负责、职工参与、政府监管、行业自律和社会监督的机制。

第四条　生产经营单位必须遵守本法和其他有关安全生产的法律、法规,加强安全生产管理,建立健全全员安全生产责任制和安全生产规章制度,加大对安全生产资金、物资、技术、人员的投入保障力度,改善安全生产条件,加强安全生产标准化、信息化建设,构建安全风险分级管控和隐患排查治理双重预防机制,健全风险防范化解机制,提高安全生产水平,确保安全生产。

平台经济等新兴行业、领域的生产经营单位应当根据本行业、领域的特点,建立健全并落实全员安全生产责任制,加强从业人员安全生产教育和培训,履行本法和其他法律、法规规定的有关安全生产义务。

第五条　生产经营单位的主要负责人是本单位安全生产第一责任人,对本单位的安全生产工作全面负责。其他负责人对职责范围内的安全生产工作负责。

第六条　生产经营单位的从业人员有依法获得安全生产保障的权利,并应当依法履行安全生产方面的义务。

第七条　工会依法对安全生产工作进行监督。

生产经营单位的工会依法组织职工参加本单位安全生产工作的民主管理和民主监督,维护职工在安全生产方面的合法权益。生产经营单位制定或者修改有关安全生产的规章制度,应当听取工会的意见。

第八条　国务院和县级以上地方各级人民政府应当根据国民经济和社会发展规划制定安全生产规划,并组织实施。安全生产规划应当与国土空间规划等相关规划相衔接。

各级人民政府应当加强安全生产基础设施建设和安全生产监管能力建设,所需经费列入本级预算。

县级以上地方各级人民政府应当组织有关部门建立完善安全风险评估与论证机制,按照安全风险管控要求,进行产业规划和空间布局,并对位置相邻、行业相近、业态相似的生产经营单位实施重大安全风险联防联控。

第九条　国务院和县级以上地方各级人民政府应当加强对安全生产工作的领导,建立健全安全生产工作协调机制,支持、督促各有关部门依法履行安全生产监督管理职责，及时协调、解决安全生产监督管理中存在的重大问题。

乡镇人民政府和街道办事处，以及开发区、工业园区、港区、风景区等应当明确负责安全生产监督管理的有关工作机构及其职责，加强安全生产监管力量建设，按照职责对本行政区域或者管理区域内生产经营单位安全生产状况进行监督检查，协助人民政府有关部门或者按照授权依法履行安全生产监督管理职责。

第十条 国务院应急管理部门依照本法，对全国安全生产工作实施综合监督管理；县级以上地方各级人民政府应急管理部门依照本法，对本行政区域内安全生产工作实施综合监督管理。

国务院交通运输、住房和城乡建设、水利、民航等有关部门依照本法和其他有关法律、行政法规的规定，在各自的职责范围内对有关行业、领域的安全生产工作实施监督管理；县级以上地方各级人民政府有关部门依照本法和其他有关法律、法规的规定，在各自的职责范围内对有关行业、领域的安全生产工作实施监督管理。对新兴行业、领域的安全生产监督管理职责不明确的，由县级以上地方各级人民政府按照业务相近的原则确定监督管理部门。

应急管理部门和对有关行业、领域的安全生产工作实施监督管理的部门，统称负有安全生产监督管理职责的部门。负有安全生产监督管理职责的部门应当相互配合、齐抓共管、信息共享、资源共用，依法加强安全生产监督管理工作。

第十一条 国务院有关部门应当按照保障安全生产的要求，依法及时制定有关的国家标准或者行业标准，并根据科技进步和经济发展适时修订。

生产经营单位必须执行依法制定的保障安全生产的国家标准或者行业标准。

第十二条 国务院有关部门按照职责分工负责安全生产强制性国家标准的项目提出、组织起草、征求意见、技术审查。国务院应急管理部门统筹提出安全生产强制性国家标准的立项计划。国务院标准化行政主管部门负责安全生产强制性国家标准的立项、编号、对外通报和授权批准发布工作。国务院标准化行政主管部门、有关部门依据法定职责对安全生产强制性国家标准的实施进行监督检查。

第十三条　各级人民政府及其有关部门应当采取多种形式，加强对有关安全生产的法律、法规和安全生产知识的宣传，增强全社会的安全生产意识。

第十四条　有关协会组织依照法律、行政法规和章程，为生产经营单位提供安全生产方面的信息、培训等服务，发挥自律作用，促进生产经营单位加强安全生产管理。

第十五条　依法设立的为安全生产提供技术、管理服务的机构，依照法律、行政法规和执业准则，接受生产经营单位的委托为其安全生产工作提供技术、管理服务。

生产经营单位委托前款规定的机构提供安全生产技术、管理服务的，保证安全生产的责任仍由本单位负责。

第十六条　国家实行生产安全事故责任追究制度，依照本法和有关法律、法规的规定，追究生产安全事故责任单位和责任人员的法律责任。

第十七条　县级以上各级人民政府应当组织负有安全生产监督管理职责的部门依法编制安全生产权力和责任清单，公开并接受社会监督。

第十八条　国家鼓励和支持安全生产科学技术研究和安全生产先进技术的推广应用，提高安全生产水平。

第十九条　国家对在改善安全生产条件、防止生产安全事故、参加抢险救护等方面取得显著成绩的单位和个人，给予奖励。

第二章　生产经营单位的安全生产保障

第二十条　生产经营单位应当具备本法和有关法律、行政法规和国家标准或者行业标准规定的安全生产条件；不具备安全生产条件的，不得从事生产经营活动。

第二十一条　生产经营单位的主要负责人对本单位安全生产工作负有下列职责：

（一）建立健全并落实本单位全员安全生产责任制，加强安全生产标准化建设；

（二）组织制定并实施本单位安全生产规章制度和操作规程；

（三）组织制定并实施本单位安全生产教育和培训计划；

（四）保证本单位安全生产投入的有效实施；

（五）组织建立并落实安全风险分级管控和隐患排查治理双重预防工作机制，督促、检查本单位的安全生产工作，及时消除生产安全事故隐患；

（六）组织制定并实施本单位的生产安全事故应急救援预案；

（七）及时、如实报告生产安全事故。

第二十二条 生产经营单位的全员安全生产责任制应当明确各岗位的责任人员、责任范围和考核标准等内容。

生产经营单位应当建立相应的机制，加强对全员安全生产责任制落实情况的监督考核，保证全员安全生产责任制的落实。

第二十三条 生产经营单位应当具备的安全生产条件所必需的资金投入，由生产经营单位的决策机构、主要负责人或者个人经营的投资人予以保证，并对由于安全生产所必需的资金投入不足导致的后果承担责任。

有关生产经营单位应当按照规定提取和使用安全生产费用，专门用于改善安全生产条件。安全生产费用在成本中据实列支。安全生产费用提取、使用和监督管理的具体办法由国务院财政部门会同国务院应急管理部门征求国务院有关部门意见后制定。

第二十四条 矿山、金属冶炼、建筑施工、运输单位和危险物品的生产、经营、储存、装卸单位，应当设置安全生产管理机构或者配备专职安全生产管理人员。

前款规定以外的其他生产经营单位，从业人员超过一百人的，应当设置安全生产管理机构或者配备专职安全生产管理人员；从业人员在一百人以下的，应当配备专职或者兼职的安全生产管理人员。

第二十五条 生产经营单位的安全生产管理机构以及安全生产管理人员履行下列职责：

（一）组织或者参与拟订本单位安全生产规章制度、操作规程和生产安全事故应急救援预案；

（二）组织或者参与本单位安全生产教育和培训，如实记录安全生产教育和培训情况；

（三）组织开展危险源辨识和评估，督促落实本单位重大危险源的安全管理措施；

（四）组织或者参与本单位应急救援演练；

（五）检查本单位的安全生产状况，及时排查生产安全事故隐患，提出改进安全生产管理的建议；

（六）制止和纠正违章指挥、强令冒险作业、违反操作规程的行为；

（七）督促落实本单位安全生产整改措施。

生产经营单位可以设置专职安全生产分管负责人，协助本单位主要负责人履行安全生产管理职责。

第二十六条　生产经营单位的安全生产管理机构以及安全生产管理人员应当恪尽职守，依法履行职责。

生产经营单位作出涉及安全生产的经营决策，应当听取安全生产管理机构以及安全生产管理人员的意见。

生产经营单位不得因安全生产管理人员依法履行职责而降低其工资、福利等待遇或者解除与其订立的劳动合同。

危险物品的生产、储存单位以及矿山、金属冶炼单位的安全生产管理人员的任免，应当告知主管的负有安全生产监督管理职责的部门。

第二十七条　生产经营单位的主要负责人和安全生产管理人员必须具备与本单位所从事的生产经营活动相应的安全生产知识和管理能力。

危险物品的生产、经营、储存、装卸单位以及矿山、金属冶炼、建筑施工、运输单位的主要负责人和安全生产管理人员，应当由主管的负有安全生产监督管理职责的部门对其安全生产知识和管理能力考核合格。考核不得收费。

危险物品的生产、储存、装卸单位以及矿山、金属冶炼单位应当有注册安全工程师从事安全生产管理工作。鼓励其他生产经营单位聘用注册安全工程师从事安全生产管理工作。注册安全工程师按专业分类管理，具体办法由国务院人力资源和社会保障部门、国务院应急管理部门会同国务院有关部门制定。

第二十八条　生产经营单位应当对从业人员进行安全生产教育和培训，保证从业人员具备必要的安全生产知识，熟悉有关的安全生产规章制度和安全操作规程，掌握本岗位的安全操作技能，了解事故应急处理措施，知悉自身在安全生产方面的权利和义务。未经安全生产教育和培训合格的从业人员，不得上岗作业。

生产经营单位使用被派遣劳动者的，应当将被派遣劳动者纳入本单位从业人员统一管理，对被派遣劳动者进行岗位安全操作规程和安全操作技能的教育和培训。劳务派遣单位应当对被派遣劳动者进行必要的安全生产教育和培训。

生产经营单位接收中等职业学校、高等学校学生实习的，应当对实习学生进行相应的安全生产教育和培训，提供必要的劳动防护用品。学校应当协助生产经营单位对实习学生进行安全生产教育和培训。

生产经营单位应当建立安全生产教育和培训档案，如实记录安全生产教育和培训的时间、内容、参加人员以及考核结果等情况。

第二十九条 生产经营单位采用新工艺、新技术、新材料或者使用新设备，必须了解、掌握其安全技术特性，采取有效的安全防护措施，并对从业人员进行专门的安全生产教育和培训。

第三十条 生产经营单位的特种作业人员必须按照国家有关规定经专门的安全作业培训，取得相应资格，方可上岗作业。

特种作业人员的范围由国务院应急管理部门会同国务院有关部门确定。

第三十一条 生产经营单位新建、改建、扩建工程项目（以下统称建设项目）的安全设施，必须与主体工程同时设计、同时施工、同时投入生产和使用。安全设施投资应当纳入建设项目概算。

第三十二条 矿山、金属冶炼建设项目和用于生产、储存、装卸危险物品的建设项目，应当按照国家有关规定进行安全评价。

第三十三条 建设项目安全设施的设计人、设计单位应当对安全设施设计负责。

矿山、金属冶炼建设项目和用于生产、储存、装卸危险物品的建设项目的安全设施设计应当按照国家有关规定报经有关部门审查，审查部门及其负责审查的人员对审查结果负责。

第三十四条 矿山、金属冶炼建设项目和用于生产、储存、装卸危险物品的建设项目的施工单位必须按照批准的安全设施设计施工，并对安全设施的工程质量负责。

矿山、金属冶炼建设项目和用于生产、储存、装卸危险物品的建设项目竣工投入生产或者使用前，应当由建设单位负责组织对安全设施进行验收；验收合格后，方可投入生产和使用。负有安全生产监督管理职责的部门应当加强对建设单位验收活动和验收结果的监督核查。

第三十五条　生产经营单位应当在有较大危险因素的生产经营场所和有关设施、设备上，设置明显的安全警示标志。

第三十六条　安全设备的设计、制造、安装、使用、检测、维修、改造和报废，应当符合国家标准或者行业标准。

生产经营单位必须对安全设备进行经常性维护、保养，并定期检测，保证正常运转。维护、保养、检测应当作好记录，并由有关人员签字。

生产经营单位不得关闭、破坏直接关系生产安全的监控、报警、防护、救生设备、设施，或者篡改、隐瞒、销毁其相关数据、信息。

餐饮等行业的生产经营单位使用燃气的，应当安装可燃气体报警装置，并保障其正常使用。

第三十七条　生产经营单位使用的危险物品的容器、运输工具，以及涉及人身安全、危险性较大的海洋石油开采特种设备和矿山井下特种设备，必须按照国家有关规定，由专业生产单位生产，并经具有专业资质的检测、检验机构检测、检验合格，取得安全使用证或者安全标志，方可投入使用。检测、检验机构对检测、检验结果负责。

第三十八条　国家对严重危及生产安全的工艺、设备实行淘汰制度，具体目录由国务院应急管理部门会同国务院有关部门制定并公布。法律、行政法规对目录的制定另有规定的，适用其规定。

省、自治区、直辖市人民政府可以根据本地区实际情况制定并公布具体目录，对前款规定以外的危及生产安全的工艺、设备予以淘汰。

生产经营单位不得使用应当淘汰的危及生产安全的工艺、设备。

第三十九条　生产、经营、运输、储存、使用危险物品或者处置废弃危险物品的，由有关主管部门依照有关法律、法规的规定和国家标准或者行业标准审批并实施监督管理。

生产经营单位生产、经营、运输、储存、使用危险物品或者处置废弃危险物品，必须执行有关法律、法规和国家标准或者行业标准，建立专门的安全管理制度，采取可靠的安全措施，接受有关主管部门依法实施的监督管理。

第四十条 生产经营单位对重大危险源应当登记建档，进行定期检测、评估、监控，并制定应急预案，告知从业人员和相关人员在紧急情况下应当采取的应急措施。

生产经营单位应当按照国家有关规定将本单位重大危险源及有关安全措施、应急措施报有关地方人民政府应急管理部门和有关部门备案。有关地方人民政府应急管理部门和有关部门应当通过相关信息系统实现信息共享。

第四十一条 生产经营单位应当建立安全风险分级管控制度，按照安全风险分级采取相应的管控措施。

生产经营单位应当建立健全并落实生产安全事故隐患排查治理制度，采取技术、管理措施，及时发现并消除事故隐患。事故隐患排查治理情况应当如实记录，并通过职工大会或者职工代表大会、信息公示栏等方式向从业人员通报。其中，重大事故隐患排查治理情况应当及时向负有安全生产监督管理职责的部门和职工大会或者职工代表大会报告。

县级以上地方各级人民政府负有安全生产监督管理职责的部门应当将重大事故隐患纳入相关信息系统，建立健全重大事故隐患治理督办制度，督促生产经营单位消除重大事故隐患。

第四十二条 生产、经营、储存、使用危险物品的车间、商店、仓库不得与员工宿舍在同一座建筑物内，并应当与员工宿舍保持安全距离。

生产经营场所和员工宿舍应当设有符合紧急疏散要求、标志明显、保持畅通的出口、疏散通道。禁止占用、锁闭、封堵生产经营场所或者员工宿舍的出口、疏散通道。

第四十三条 生产经营单位进行爆破、吊装、动火、临时用电以及国务院应急管理部门会同国务院有关部门规定的其他危险作业，应当安排专门人员进行现场安全管理，确保操作规程的遵守和安全措施的落实。

第四十四条 生产经营单位应当教育和督促从业人员严格执行本单位的安全生产规章制度和安全操作规程；并向从业人员如实告知作业场所和工作岗位存在的危险因素、防范措施以及事故应急措施。

生产经营单位应当关注从业人员的身体、心理状况和行为习惯，加强对从业人员的心理疏导、精神慰藉，严格落实岗位安全生产责任，防范从业人员行为异常导致事故发生。

第四十五条　生产经营单位必须为从业人员提供符合国家标准或者行业标准的劳动防护用品，并监督、教育从业人员按照使用规则佩戴、使用。

第四十六条　生产经营单位的安全生产管理人员应当根据本单位的生产经营特点，对安全生产状况进行经常性检查；对检查中发现的安全问题，应当立即处理；不能处理的，应当及时报告本单位有关负责人，有关负责人应当及时处理。检查及处理情况应当如实记录在案。

生产经营单位的安全生产管理人员在检查中发现重大事故隐患，依照前款规定向本单位有关负责人报告，有关负责人不及时处理的，安全生产管理人员可以向主管的负有安全生产监督管理职责的部门报告，接到报告的部门应当依法及时处理。

第四十七条　生产经营单位应当安排用于配备劳动防护用品、进行安全生产培训的经费。

第四十八条　两个以上生产经营单位在同一作业区域内进行生产经营活动，可能危及对方生产安全的，应当签订安全生产管理协议，明确各自的安全生产管理职责和应当采取的安全措施，并指定专职安全生产管理人员进行安全检查与协调。

第四十九条　生产经营单位不得将生产经营项目、场所、设备发包或者出租给不具备安全生产条件或者相应资质的单位或者个人。

生产经营项目、场所发包或者出租给其他单位的，生产经营单位应当与承包单位、承租单位签订专门的安全生产管理协议，或者在承包合同、租赁合同中约定各自的安全生产管理职责；生产经营单位对承包单位、承租单位的安全生产工作统一协调、管理，定期进行安全检查，发现安全问题的，应当及时督促整改。

矿山、金属冶炼建设项目和用于生产、储存、装卸危险物品的建设项目的施工单位应当加强对施工项目的安全管理，不得倒卖、出租、出借、挂靠或者以其他形式非法转让施工资质，不得将其承包的全部建设工程转包给第三人或者将其承包的全部建设工程支解以后以分包的名义分别转包给第三人，不得将工程分包给不具备相应资质条件的单位。

第五十条 生产经营单位发生生产安全事故时，单位的主要负责人应当立即组织抢救，并不得在事故调查处理期间擅离职守。

第五十一条 生产经营单位必须依法参加工伤保险，为从业人员缴纳保险费。

国家鼓励生产经营单位投保安全生产责任保险；属于国家规定的高危行业、领域的生产经营单位，应当投保安全生产责任保险。具体范围和实施办法由国务院应急管理部门会同国务院财政部门、国务院保险监督管理机构和相关行业主管部门制定。

第三章 从业人员的安全生产权利义务

第五十二条 生产经营单位与从业人员订立的劳动合同，应当载明有关保障从业人员劳动安全、防止职业危害的事项，以及依法为从业人员办理工伤保险的事项。

生产经营单位不得以任何形式与从业人员订立协议，免除或者减轻其对从业人员因生产安全事故伤亡依法应承担的责任。

第五十三条 生产经营单位的从业人员有权了解其作业场所和工作岗位存在的危险因素、防范措施及事故应急措施，有权对本单位的安全生产工作提出建议。

第五十四条 从业人员有权对本单位安全生产工作中存在的问题提出批评、检举、控告；有权拒绝违章指挥和强令冒险作业。

生产经营单位不得因从业人员对本单位安全生产工作提出批评、检举、控告或者拒绝违章指挥、强令冒险作业而降低其工资、福利等待遇或者解除与其订立的劳动合同。

第五十五条 从业人员发现直接危及人身安全的紧急情况时，有权停止作业或者在采取可能的应急措施后撤离作业场所。

生产经营单位不得因从业人员在前款紧急情况下停止作业或者采取紧急撤离措施而降低其工资、福利等待遇或者解除与其订立的劳动合同。

第五十六条 生产经营单位发生生产安全事故后，应当及时采取措施救治有关人员。

因生产安全事故受到损害的从业人员，除依法享有工伤保险外，依照有关民事法律尚有获得赔偿的权利的，有权提出赔偿要求。

第五十七条　从业人员在作业过程中，应当严格落实岗位安全责任，遵守本单位的安全生产规章制度和操作规程，服从管理，正确佩戴和使用劳动防护用品。

第五十八条　从业人员应当接受安全生产教育和培训，掌握本职工作所需的安全生产知识，提高安全生产技能，增强事故预防和应急处理能力。

第五十九条　从业人员发现事故隐患或者其他不安全因素，应当立即向现场安全生产管理人员或者本单位负责人报告；接到报告的人员应当及时予以处理。

第六十条　工会有权对建设项目的安全设施与主体工程同时设计、同时施工、同时投入生产和使用进行监督，提出意见。

工会对生产经营单位违反安全生产法律、法规，侵犯从业人员合法权益的行为，有权要求纠正；发现生产经营单位违章指挥、强令冒险作业或者发现事故隐患时，有权提出解决的建议，生产经营单位应当及时研究答复；发现危及从业人员生命安全的情况时，有权向生产经营单位建议组织从业人员撤离危险场所，生产经营单位必须立即作出处理。

工会有权依法参加事故调查，向有关部门提出处理意见，并要求追究有关人员的责任。

第六十一条　生产经营单位使用被派遣劳动者的，被派遣劳动者享有本法规定的从业人员的权利，并应当履行本法规定的从业人员的义务。

第四章　安全生产的监督管理

第六十二条　县级以上地方各级人民政府应当根据本行政区域内的安全生产状况，组织有关部门按照职责分工，对本行政区域内容易发生重大生产安全事故的生产经营单位进行严格检查。

应急管理部门应当按照分类分级监督管理的要求，制定安全生产年度监督检查计划，并按照年度监督检查计划进行监督检查，发现事故隐患，应当及时处理。

第六十三条　负有安全生产监督管理职责的部门依照有关法律、法规的规定，对涉及安全生产的事项需要审查批准（包括批准、核准、许可、注册、认证、颁发证照等，下同）或者验收的，必须严格依照有关法律、法规和国家标准或者行业标准规定的安全生产条件和程序进行审查；不符合有关法律、法规和国家标准或者行业标准规定的安全生产条件的，不得批准或者验收通过。对未依法取得批准或者验收合格的单位擅自从事有关活动的，负责行政审批的部门发现或者接到举报后应当立即予以取缔，并依法予以处理。对已经依法取得批准的单位，负责行政审批的部门发现其不再具备安全生产条件的，应当撤销原批准。

第六十四条 负有安全生产监督管理职责的部门对涉及安全生产的事项进行审查、验收，不得收取费用；不得要求接受审查、验收的单位购买其指定品牌或者指定生产、销售单位的安全设备、器材或者其他产品。

第六十五条 应急管理部门和其他负有安全生产监督管理职责的部门依法开展安全生产行政执法工作，对生产经营单位执行有关安全生产的法律、法规和国家标准或者行业标准的情况进行监督检查，行使以下职权：

（一）进入生产经营单位进行检查，调阅有关资料，向有关单位和人员了解情况；

（二）对检查中发现的安全生产违法行为，当场予以纠正或者要求限期改正；对依法应当给予行政处罚的行为，依照本法和其他有关法律、行政法规的规定作出行政处罚决定；

（三）对检查中发现的事故隐患，应当责令立即排除；重大事故隐患排除前或者排除过程中无法保证安全的，应当责令从危险区域内撤出作业人员，责令暂时停产停业或者停止使用相关设施、设备；重大事故隐患排除后，经审查同意，方可恢复生产经营和使用；

（四）对有根据认为不符合保障安全生产的国家标准或者行业标准的设施、设备、器材以及违法生产、储存、使用、经营、运输的危险物品予以查封或者扣押，对违法生产、储存、使用、经营危险物品的作业场所予以查封，并依法作出处理决定。

监督检查不得影响被检查单位的正常生产经营活动。

第六十六条 生产经营单位对负有安全生产监督管理职责的部门的监督检查人员（以下统称安全生产监督检查人员）依法履行监督检查职责，应当予以配合，不得拒绝、阻挠。

第六十七条　安全生产监督检查人员应当忠于职守，坚持原则，秉公执法。

安全生产监督检查人员执行监督检查任务时，必须出示有效的行政执法证件；对涉及被检查单位的技术秘密和业务秘密，应当为其保密。

第六十八条　安全生产监督检查人员应当将检查的时间、地点、内容、发现的问题及其处理情况，作出书面记录，并由检查人员和被检查单位的负责人签字；被检查单位的负责人拒绝签字的，检查人员应当将情况记录在案，并向负有安全生产监督管理职责的部门报告。

第六十九条　负有安全生产监督管理职责的部门在监督检查中，应当互相配合，实行联合检查；确需分别进行检查的，应当互通情况，发现存在的安全问题应当由其他有关部门进行处理的，应当及时移送其他有关部门并形成记录备查，接受移送的部门应当及时进行处理。

第七十条　负有安全生产监督管理职责的部门依法对存在重大事故隐患的生产经营单位作出停产停业、停止施工、停止使用相关设施或者设备的决定，生产经营单位应当依法执行，及时消除事故隐患。生产经营单位拒不执行，有发生生产安全事故的现实危险的，在保证安全的前提下，经本部门主要负责人批准，负有安全生产监督管理职责的部门可以采取通知有关单位停止供电、停止供应民用爆炸物品等措施，强制生产经营单位履行决定。通知应当采用书面形式，有关单位应当予以配合。

负有安全生产监督管理职责的部门依照前款规定采取停止供电措施，除有危及生产安全的紧急情形外，应当提前二十四小时通知生产经营单位。生产经营单位依法履行行政决定、采取相应措施消除事故隐患的，负有安全生产监督管理职责的部门应当及时解除前款规定的措施。

第七十一条　监察机关依照监察法的规定，对负有安全生产监督管理职责的部门及其工作人员履行安全生产监督管理职责实施监察。

第七十二条　承担安全评价、认证、检测、检验职责的机构应当具备国家规定的资质条件，并对其作出的安全评价、认证、检测、检验结果的合法性、真实性负责。资质条件由国务院应急管理部门会同国务院有关部门制定。

承担安全评价、认证、检测、检验职责的机构应当建立并实施服务公开和报告公开制度，不得租借资质、挂靠、出具虚假报告。

第七十三条 负有安全生产监督管理职责的部门应当建立举报制度，公开举报电话、信箱或者电子邮件地址等网络举报平台，受理有关安全生产的举报；受理的举报事项经调查核实后，应当形成书面材料；需要落实整改措施的，报经有关负责人签字并督促落实。对不属于本部门职责，需要由其他有关部门进行调查处理的，转交其他有关部门处理。

涉及人员死亡的举报事项，应当由县级以上人民政府组织核查处理。

第七十四条 任何单位或者个人对事故隐患或者安全生产违法行为，均有权向负有安全生产监督管理职责的部门报告或者举报。

因安全生产违法行为造成重大事故隐患或者导致重大事故，致使国家利益或者社会公共利益受到侵害的，人民检察院可以根据民事诉讼法、行政诉讼法的相关规定提起公益诉讼。

第七十五条 居民委员会、村民委员会发现其所在区域内的生产经营单位存在事故隐患或者安全生产违法行为时，应当向当地人民政府或者有关部门报告。

第七十六条 县级以上各级人民政府及其有关部门对报告重大事故隐患或者举报安全生产违法行为的有功人员，给予奖励。具体奖励办法由国务院应急管理部门会同国务院财政部门制定。

第七十七条 新闻、出版、广播、电影、电视等单位有进行安全生产公益宣传教育的义务，有对违反安全生产法律、法规的行为进行舆论监督的权利。

第七十八条 负有安全生产监督管理职责的部门应当建立安全生产违法行为信息库，如实记录生产经营单位及其有关从业人员的安全生产违法行为信息；对违法行为情节严重的生产经营单位及其有关从业人员，应当及时向社会公告，并通报行业主管部门、投资主管部门、自然资源主管部门、生态环境主管部门、证券监督管理机构以及有关金融机构。有关部门和机构应当对存在失信行为的生产经营单位及其有关从业人员采取加大执法检查频次、暂停项目审批、上调有关保险费率、行业或者职业禁入等联合惩戒措施，并向社会公示。

负有安全生产监督管理职责的部门应当加强对生产经营单位行政处罚信息的及时归集、共享、应用和公开，对生产经营单位作出处罚决定后七个工作日内在监督管理部门公示系统予以公开曝光，强化对违法失信生产经营单位及其有关从业人员的社会监督，提高全社会安全生产诚信水平。

第五章　生产安全事故的应急救援与调查处理

第七十九条　国家加强生产安全事故应急能力建设，在重点行业、领域建立应急救援基地和应急救援队伍，并由国家安全生产应急救援机构统一协调指挥；鼓励生产经营单位和其他社会力量建立应急救援队伍，配备相应的应急救援装备和物资，提高应急救援的专业化水平。

国务院应急管理部门牵头建立全国统一的生产安全事故应急救援信息系统，国务院交通运输、住房和城乡建设、水利、民航等有关部门和县级以上地方人民政府建立健全相关行业、领域、地区的生产安全事故应急救援信息系统，实现互联互通、信息共享，通过推行网上安全信息采集、安全监管和监测预警，提升监管的精准化、智能化水平。

第八十条　县级以上地方各级人民政府应当组织有关部门制定本行政区域内生产安全事故应急救援预案，建立应急救援体系。

乡镇人民政府和街道办事处，以及开发区、工业园区、港区、风景区等应当制定相应的生产安全事故应急救援预案，协助人民政府有关部门或者按照授权依法履行生产安全事故应急救援工作职责。

第八十一条　生产经营单位应当制定本单位生产安全事故应急救援预案，与所在地县级以上地方人民政府组织制定的生产安全事故应急救援预案相衔接，并定期组织演练。

第八十二条　危险物品的生产、经营、储存单位以及矿山、金属冶炼、城市轨道交通运营、建筑施工单位应当建立应急救援组织；生产经营规模较小的，可以不建立应急救援组织，但应当指定兼职的应急救援人员。

危险物品的生产、经营、储存、运输单位以及矿山、金属冶炼、城市轨道交通运营、建筑施工单位应当配备必要的应急救援器材、设备和物资，并进行经常性维护、保养，保证正常运转。

第八十三条　生产经营单位发生生产安全事故后，事故现场有关人员应当立即报告本单位负责人。

单位负责人接到事故报告后，应当迅速采取有效措施，组织抢救，防止事故扩大，减少人员伤亡和财产损失，并按照国家有关规定立即如实报告当地负有安全生产监督管理职责的部门，不得隐瞒不报、谎报或者迟报，不得故意破坏事故现场、毁灭有关证据。

第八十四条 负有安全生产监督管理职责的部门接到事故报告后，应当立即按照国家有关规定上报事故情况。负有安全生产监督管理职责的部门和有关地方人民政府对事故情况不得隐瞒不报、谎报或者迟报。

第八十五条 有关地方人民政府和负有安全生产监督管理职责的部门的负责人接到生产安全事故报告后，应当按照生产安全事故应急救援预案的要求立即赶到事故现场，组织事故抢救。

参与事故抢救的部门和单位应当服从统一指挥，加强协同联动，采取有效的应急救援措施，并根据事故救援的需要采取警戒、疏散等措施，防止事故扩大和次生灾害的发生，减少人员伤亡和财产损失。

事故抢救过程中应当采取必要措施，避免或者减少对环境造成的危害。

任何单位和个人都应当支持、配合事故抢救，并提供一切便利条件。

第八十六条 事故调查处理应当按照科学严谨、依法依规、实事求是、注重实效的原则，及时、准确地查清事故原因，查明事故性质和责任，评估应急处置工作，总结事故教训，提出整改措施，并对事故责任单位和人员提出处理建议。事故调查报告应当依法及时向社会公布。事故调查和处理的具体办法由国务院制定。

事故发生单位应当及时全面落实整改措施，负有安全生产监督管理职责的部门应当加强监督检查。

负责事故调查处理的国务院有关部门和地方人民政府应当在批复事故调查报告后一年内，组织有关部门对事故整改和防范措施落实情况进行评估，并及时向社会公开评估结果；对不履行职责导致事故整改和防范措施没有落实的有关单位和人员，应当按照有关规定追究责任。

第八十七条 生产经营单位发生生产安全事故，经调查确定为责任事故的，除了应当查明事故单位的责任并依法予以追究外，还应当查明对安全生产的有关事项负有审查批准和监督职责的行政部门的责任，对有失职、渎职行为的，依照本法第九十条的规定追究法律责任。

第八十八条 任何单位和个人不得阻挠和干涉对事故的依法调查处理。

第八十九条　县级以上地方各级人民政府应急管理部门应当定期统计分析本行政区域内发生生产安全事故的情况，并定期向社会公布。

第六章　法律责任

第九十条　负有安全生产监督管理职责的部门的工作人员，有下列行为之一的，给予降级或者撤职的处分；构成犯罪的，依照刑法有关规定追究刑事责任：

（一）对不符合法定安全生产条件的涉及安全生产的事项予以批准或者验收通过的；

（二）发现未依法取得批准、验收的单位擅自从事有关活动或者接到举报后不予取缔或者不依法予以处理的；

（三）对已经依法取得批准的单位不履行监督管理职责，发现其不再具备安全生产条件而不撤销原批准或者发现安全生产违法行为不予查处的；

（四）在监督检查中发现重大事故隐患，不依法及时处理的。

负有安全生产监督管理职责的部门的工作人员有前款规定以外的滥用职权、玩忽职守、徇私舞弊行为的，依法给予处分；构成犯罪的，依照刑法有关规定追究刑事责任。

第九十一条　负有安全生产监督管理职责的部门，要求被审查、验收的单位购买其指定的安全设备、器材或者其他产品的，在对安全生产事项的审查、验收中收取费用的，由其上级机关或者监察机关责令改正，责令退还收取的费用；情节严重的，对直接负责的主管人员和其他直接责任人员依法给予处分。

第九十二条　承担安全评价、认证、检测、检验职责的机构出具失实报告的，责令停业整顿，并处三万元以上十万元以下的罚款；给他人造成损害的，依法承担赔偿责任。

承担安全评价、认证、检测、检验职责的机构租借资质、挂靠、出具虚假报告的，没收违法所得；违法所得在十万元以上的，并处违法所得二倍以上五倍以下的罚款，没有违法所得或者违法所得不足十万元的，单处或者并处十万元以上二十万元以下的罚款；对其直接负责的主管人员和其他直接责任人员处五万元以上十万元以下的罚款；给他人造成损害的，与生产经营单位承担连带赔偿责任；构成犯罪的，依照刑法有关规定追究刑事责任。

对有前款违法行为的机构及其直接责任人员，吊销其相应资质和资格，五年内不得从事安全评价、认证、检测、检验等工作；情节严重的，实行终身行业和职业禁入。

第九十三条 生产经营单位的决策机构、主要负责人或者个人经营的投资人不依照本法规定保证安全生产所必需的资金投入，致使生产经营单位不具备安全生产条件的，责令限期改正，提供必需的资金；逾期未改正的，责令生产经营单位停产停业整顿。

有前款违法行为，导致发生生产安全事故的，对生产经营单位的主要负责人给予撤职处分，对个人经营的投资人处二万元以上二十万元以下的罚款；构成犯罪的，依照刑法有关规定追究刑事责任。

第九十四条 生产经营单位的主要负责人未履行本法规定的安全生产管理职责的，责令限期改正，处二万元以上五万元以下的罚款；逾期未改正的，处五万元以上十万元以下的罚款，责令生产经营单位停产停业整顿。

生产经营单位的主要负责人有前款违法行为，导致发生生产安全事故的，给予撤职处分；构成犯罪的，依照刑法有关规定追究刑事责任。

生产经营单位的主要负责人依照前款规定受刑事处罚或者撤职处分的，自刑罚执行完毕或者受处分之日起，五年内不得担任任何生产经营单位的主要负责人；对重大、特别重大生产安全事故负有责任的，终身不得担任本行业生产经营单位的主要负责人。

第九十五条 生产经营单位的主要负责人未履行本法规定的安全生产管理职责，导致发生生产安全事故的，由应急管理部门依照下列规定处以罚款：

（一）发生一般事故的，处上一年年收入百分之四十的罚款；

（二）发生较大事故的，处上一年年收入百分之六十的罚款；

（三）发生重大事故的，处上一年年收入百分之八十的罚款；

（四）发生特别重大事故的，处上一年年收入百分之一百的罚款。

第九十六条 生产经营单位的其他负责人和安全生产管理人员未履行本法规定的安全生产管理职责的，责令限期改正，处一万元以上三万元以下的罚款；导致发生生产安全事故的，暂停或者吊销其与安全生产有关的资格，并处上一年年收入百分之二十以上百分之五十以下的罚款；构成犯罪的，依照刑法有关规定追究刑事责任。

第九十七条　生产经营单位有下列行为之一的，责令限期改正，处十万元以下的罚款；逾期未改正的，责令停产停业整顿，并处十万元以上二十万元以下的罚款，对其直接负责的主管人员和其他直接责任人员处二万元以上五万元以下的罚款：

（一）未按照规定设置安全生产管理机构或者配备安全生产管理人员、注册安全工程师的；

（二）危险物品的生产、经营、储存、装卸单位以及矿山、金属冶炼、建筑施工、运输单位的主要负责人和安全生产管理人员未按照规定经考核合格的；

（三）未按照规定对从业人员、被派遣劳动者、实习学生进行安全生产教育和培训，或者未按照规定如实告知有关的安全生产事项的；

（四）未如实记录安全生产教育和培训情况的；

（五）未将事故隐患排查治理情况如实记录或者未向从业人员通报的；

（六）未按照规定制定生产安全事故应急救援预案或者未定期组织演练的；

（七）特种作业人员未按照规定经专门的安全作业培训并取得相应资格，上岗作业的。

第九十八条　生产经营单位有下列行为之一的，责令停止建设或者停产停业整顿，限期改正，并处十万元以上五十万元以下的罚款，对其直接负责的主管人员和其他直接责任人员处二万元以上五万元以下的罚款；逾期未改正的，处五十万元以上一百万元以下的罚款，对其直接负责的主管人员和其他直接责任人员处五万元以上十万元以下的罚款；构成犯罪的，依照刑法有关规定追究刑事责任：

（一）未按照规定对矿山、金属冶炼建设项目或者用于生产、储存、装卸危险物品的建设项目进行安全评价的；

（二）矿山、金属冶炼建设项目或者用于生产、储存、装卸危险物品的建设项目没有安全设施设计或者安全设施设计未按照规定报经有关部门审查同意的；

（三）矿山、金属冶炼建设项目或者用于生产、储存、装卸危险物品的建设项目的施工单位未按照批准的安全设施设计施工的；

（四）矿山、金属冶炼建设项目或者用于生产、储存、装卸危险物品的建设项目竣工投入生产或者使用前，安全设施未经验收合格的。

第九十九条 生产经营单位有下列行为之一的，责令限期改正，处五万元以下的罚款；逾期未改正的，处五万元以上二十万元以下的罚款，对其直接负责的主管人员和其他直接责任人员处一万元以上二万元以下的罚款；情节严重的，责令停产停业整顿；构成犯罪的，依照刑法有关规定追究刑事责任：

（一）未在有较大危险因素的生产经营场所和有关设施、设备上设置明显的安全警示标志的；

（二）安全设备的安装、使用、检测、改造和报废不符合国家标准或者行业标准的；

（三）未对安全设备进行经常性维护、保养和定期检测的；

（四）关闭、破坏直接关系生产安全的监控、报警、防护、救生设备、设施，或者篡改、隐瞒、销毁其相关数据、信息的；

（五）未为从业人员提供符合国家标准或者行业标准的劳动防护用品的；

（六）危险物品的容器、运输工具，以及涉及人身安全、危险性较大的海洋石油开采特种设备和矿山井下特种设备未经具有专业资质的机构检测、检验合格，取得安全使用证或者安全标志，投入使用的；

（七）使用应当淘汰的危及生产安全的工艺、设备的；

（八）餐饮等行业的生产经营单位使用燃气未安装可燃气体报警装置的。

第一百条 未经依法批准，擅自生产、经营、运输、储存、使用危险物品或者处置废弃危险物品的，依照有关危险物品安全管理的法律、行政法规的规定予以处罚；构成犯罪的，依照刑法有关规定追究刑事责任。

第一百零一条 生产经营单位有下列行为之一的，责令限期改正，处十万元以下的罚款；逾期未改正的，责令停产停业整顿，并处十万元以上二十万元以下的罚款，对其直接负责的主管人员和其他直接责任人员处二万元以上五万元以下的罚款；构成犯罪的，依照刑法有关规定追究刑事责任：

（一）生产、经营、运输、储存、使用危险物品或者处置废弃危险物品，未建立专门安全管理制度、未采取可靠的安全措施的；

（二）对重大危险源未登记建档，未进行定期检测、评估、监控，未制定应急预案，或者未告知应急措施的；

（三）进行爆破、吊装、动火、临时用电以及国务院应急管理部门会同国务院有关部门规定的其他危险作业，未安排专门人员进行现场安全管理的；

（四）未建立安全风险分级管控制度或者未按照安全风险分级采取相应管控措施的；

（五）未建立事故隐患排查治理制度，或者重大事故隐患排查治理情况未按照规定报告的。

第一百零二条　生产经营单位未采取措施消除事故隐患的，责令立即消除或者限期消除，处五万元以下的罚款；生产经营单位拒不执行的，责令停产停业整顿，对其直接负责的主管人员和其他直接责任人员处五万元以上十万元以下的罚款；构成犯罪的，依照刑法有关规定追究刑事责任。

第一百零三条　生产经营单位将生产经营项目、场所、设备发包或者出租给不具备安全生产条件或者相应资质的单位或者个人的，责令限期改正，没收违法所得；违法所得十万元以上的，并处违法所得二倍以上五倍以下的罚款；没有违法所得或者违法所得不足十万元的，单处或者并处十万元以上二十万元以下的罚款；对其直接负责的主管人员和其他直接责任人员处一万元以上二万元以下的罚款；导致发生生产安全事故给他人造成损害的，与承包方、承租方承担连带赔偿责任。

生产经营单位未与承包单位、承租单位签订专门的安全生产管理协议或者未在承包合同、租赁合同中明确各自的安全生产管理职责，或者未对承包单位、承租单位的安全生产统一协调、管理的，责令限期改正，处五万元以下的罚款，对其直接负责的主管人员和其他直接责任人员处一万元以下的罚款；逾期未改正的，责令停产停业整顿。

矿山、金属冶炼建设项目和用于生产、储存、装卸危险物品的建设项目的施工单位未按照规定对施工项目进行安全管理的，责令限期改正，处十万元以下的罚款，对其直接负责的主管人员和其他直接责任人员处二万元以下的罚款；逾期未改正的，责令停产停业整顿。以上施工单位倒卖、出租、出借、挂靠或者以其他形式非法转让施工资质的，责令停产停业整顿，吊销资质证书，没收违法所得；违法所得十万元以上的，并处违法所得二倍以上五倍以下的罚款，没有违法所得或者违法所得不足十万元的，单处或者并处十万元以上二十万元以下的罚款;对其直接负责的主管人员和其他直接责任人员处五万元以上十万元以下的罚款;构成犯罪的,依照刑法有关规定追究刑事责任。

第一百零四条 两个以上生产经营单位在同一作业区域内进行可能危及对方安全生产的生产经营活动,未签订安全生产管理协议或者未指定专职安全生产管理人员进行安全检查与协调的,责令限期改正,处五万元以下的罚款,对其直接负责的主管人员和其他直接责任人员处一万元以下的罚款;逾期未改正的,责令停产停业。

第一百零五条 生产经营单位有下列行为之一的,责令限期改正,处五万元以下的罚款,对其直接负责的主管人员和其他直接责任人员处一万元以下的罚款;逾期未改正的,责令停产停业整顿;构成犯罪的,依照刑法有关规定追究刑事责任:

(一)生产、经营、储存、使用危险物品的车间、商店、仓库与员工宿舍在同一座建筑内,或者与员工宿舍的距离不符合安全要求的;

(二)生产经营场所和员工宿舍未设有符合紧急疏散需要、标志明显、保持畅通的出口、疏散通道,或者占用、锁闭、封堵生产经营场所或者员工宿舍出口、疏散通道的。

第一百零六条 生产经营单位与从业人员订立协议,免除或者减轻其对从业人员因生产安全事故伤亡依法应承担的责任的,该协议无效;对生产经营单位的主要负责人、个人经营的投资人处二万元以上十万元以下的罚款。

第一百零七条 生产经营单位的从业人员不落实岗位安全责任,不服从管理,违反安全生产规章制度或者操作规程的,由生产经营单位给予批评教育,依照有关规章制度给予处分;构成犯罪的,依照刑法有关规定追究刑事责任。

第一百零八条 违反本法规定,生产经营单位拒绝、阻碍负有安全生产监督管理职责的部门依法实施监督检查的,责令改正;拒不改正的,处二万元以上二十万元以下的罚款;对其直接负责的主管人员和其他直接责任人员处一万元以上二万元以下的罚款;构成犯罪的,依照刑法有关规定追究刑事责任。

第一百零九条 高危行业、领域的生产经营单位未按照国家规定投保安全生产责任保险的,责令限期改正,处五万元以上十万元以下的罚款;逾期未改正的,处十万元以上二十万元以下的罚款。

第一百一十条　生产经营单位的主要负责人在本单位发生生产安全事故时，不立即组织抢救或者在事故调查处理期间擅离职守或者逃匿的，给予降级、撤职的处分，并由应急管理部门处上一年年收入百分之六十至百分之一百的罚款；对逃匿的处十五日以下拘留；构成犯罪的，依照刑法有关规定追究刑事责任。

生产经营单位的主要负责人对生产安全事故隐瞒不报、谎报或者迟报的，依照前款规定处罚。

第一百一十一条　有关地方人民政府、负有安全生产监督管理职责的部门，对生产安全事故隐瞒不报、谎报或者迟报的，对直接负责的主管人员和其他直接责任人员依法给予处分；构成犯罪的，依照刑法有关规定追究刑事责任。

第一百一十二条　生产经营单位违反本法规定，被责令改正且受到罚款处罚，拒不改正的，负有安全生产监督管理职责的部门可以自作出责令改正之日的次日起，按照原处罚数额按日连续处罚。

第一百一十三条　生产经营单位存在下列情形之一的，负有安全生产监督管理职责的部门应当提请地方人民政府予以关闭，有关部门应当依法吊销其有关证照。生产经营单位主要负责人五年内不得担任任何生产经营单位的主要负责人；情节严重的，终身不得担任本行业生产经营单位的主要负责人：

（一）存在重大事故隐患，一百八十日内三次或者一年内四次受到本法规定的行政处罚的；

（二）经停产停业整顿，仍不具备法律、行政法规和国家标准或者行业标准规定的安全生产条件的；

（三）不具备法律、行政法规和国家标准或者行业标准规定的安全生产条件，导致发生重大、特别重大生产安全事故的；

（四）拒不执行负有安全生产监督管理职责的部门作出的停产停业整顿决定的。

第一百一十四条　发生生产安全事故，对负有责任的生产经营单位除要求其依法承担相应的赔偿等责任外，由应急管理部门依照下列规定处以罚款：

（一）发生一般事故的，处三十万元以上一百万元以下的罚款；

（二）发生较大事故的，处一百万元以上二百万元以下的罚款；

（三）发生重大事故的，处二百万元以上一千万元以下的罚款；

（四）发生特别重大事故的，处一千万元以上二千万元以下的罚款。

发生生产安全事故，情节特别严重、影响特别恶劣的，应急管理部门可以按照前款罚款数额的二倍以上五倍以下对负有责任的生产经营单位处以罚款。

第一百一十五条 本法规定的行政处罚，由应急管理部门和其他负有安全生产监督管理职责的部门按照职责分工决定；其中，根据本法第九十五条、第一百一十条、第一百一十四条的规定应当给予民航、铁路、电力行业的生产经营单位及其主要负责人行政处罚的，也可以由主管的负有安全生产监督管理职责的部门进行处罚。予以关闭的行政处罚，由负有安全生产监督管理职责的部门报请县级以上人民政府按照国务院规定的权限决定；给予拘留的行政处罚，由公安机关依照治安管理处罚的规定决定。

第一百一十六条 生产经营单位发生生产安全事故造成人员伤亡、他人财产损失的，应当依法承担赔偿责任；拒不承担或者其负责人逃匿的，由人民法院依法强制执行。

生产安全事故的责任人未依法承担赔偿责任，经人民法院依法采取执行措施后，仍不能对受害人给予足额赔偿的，应当继续履行赔偿义务；受害人发现责任人有其他财产的，可以随时请求人民法院执行。

第七章 附 则

第一百一十七条 本法下列用语的含义：

危险物品，是指易燃易爆物品、危险化学品、放射性物品等能够危及人身安全和财产安全的物品。

重大危险源，是指长期地或者临时地生产、搬运、使用或者储存危险物品，且危险物品的数量等于或者超过临界量的单元（包括场所和设施）。

第一百一十八条 本法规定的生产安全一般事故、较大事故、重大事故、特别重大事故的划分标准由国务院规定。

国务院应急管理部门和其他负有安全生产监督管理职责的部门应当根据各自的职责分工，制定相关行业、领域重大危险源的辨识标准和重大事故隐患的判定标准。

第一百一十九条 本法自 2002 年 11 月 1 日起施行。

附录二　中共中央办公厅 国务院办公厅关于进一步加强矿山安全生产工作的意见

矿山安全生产事关人民群众生命财产安全，事关经济发展和社会稳定大局，是安全生产的重中之重。为深入贯彻党的二十大精神，进一步加强矿山安全生产工作，经党中央、国务院同意，现提出如下意见。

一、严格矿山安全生产准入

（一）严格灾害严重煤矿安全准入。停止新建产能低于90万吨/年的煤与瓦斯突出、冲击地压、水文地质类型极复杂的煤矿。新建煤与瓦斯突出、冲击地压、水文地质类型极复杂的煤矿原则上应按采煤、掘进智能化设计。

（二）严格非煤矿山源头管控。严格按照矿产资源规划、国土空间规划和用途管制要求，科学合理设置矿山。矿产资源勘查应达到规定程度，相邻矿山生产建设作业范围最小距离应满足相关安全规定，普通建筑用砂石露天矿山不得以山脊划界。除符合规定的情形外，新设采矿权范围不得与已设采矿权垂直投影范围重叠，可集中开发的同一矿体不得设立2个以上采矿权。采矿许可证证载规模是拟建设规模，矿山设计单位可在项目可行性研究基础上，充分考虑资源高效利用、安全生产、生态环境保护等因素，在矿山初步设计和安全设施设计中科学论证并确定实际生产建设规模，矿山企业应当严格按照经审查批准的安全设施设计建设、生产。

（三）规范安全生产行政许可。煤矿、金属非金属地下矿山、尾矿库等矿山的安全设施设计审查和安全生产许可证审批由省级以上矿山安全监管部门负责，不得下放或者委托。矿山安全监管部门应当制定矿山建设项目安全设施设计审查规范，严格实质内容审查，不得仅对程序和形式进行审查。矿山开发没有进行一次性总体设计的，原则上不得审批安全设施设计。1个采矿权范围内原则上只能设置1个生产系统。审批首次申请安全生产许可证的，应进行现场核查。

二、推进矿山转型升级

（四）分类处置不具备安全生产条件的矿山。对未依法取得采矿许可证、安全生产许可证擅自从事矿产资源开采的，越界开采、以采代建、持勘查许可证采矿且拒不整改的，与煤共(伴)生金属非金属矿山经停产整顿仍达不到煤矿安全生产条件的，使用应当淘汰的危及生产安全的工艺、设备且拒不整改仍然生产建设的，或者经停产整顿仍不具备安全生产条件的矿山，依法予以关闭取缔。对长期停工停产、资源枯竭的矿山，灾害严重且难以有效防治的煤矿，积极引导退出。

（五）推进尾矿库闭库销号。对运行到设计最终标高、不再排尾作业、停用超过 3 年或者没有生产经营主体的尾矿库，应当及时闭库治理并销号。完成闭库治理的尾矿库，应由县级以上地方政府公告销号，不再作为尾矿库进行使用，不得重新用于排放尾矿。

（六）实施非煤矿山整合重组。鼓励大型矿山企业兼并重组和整合技改中小型非煤矿山企业。推动同一个矿体分属 2 个以上不同开采主体的非煤矿山，生产建设作业范围最小距离不满足相关安全规定的非煤矿山，以山脊划界的普通建筑用砂石露天矿山等企业整合重组，统一开采规划、生产系统和安全管理。

（七）加快矿山升级改造。推动中小型矿山机械化升级改造和大型矿山自动化、智能化升级改造，加快灾害严重、高海拔等矿山智能化建设，打造一批自动化、智能化标杆矿山。地下矿山应当建立人员定位、安全监测监控、通信联络、压风自救和供水施救等系统。新建、改扩建金属非金属地下矿山原则上采用充填采矿法，不能采用的应严格论证。中小型金属非金属地下矿山不得有 4 个以上生产水平同时采矿。尾矿库应当建立在线安全监测系统，新建四等、五等小型尾矿库应当采用一次性建坝。

（八）提高科技创新支撑能力。强化矿山安全科技支撑体系建设。加强矿山重大灾害预防与治理研究，组织重大关键技术攻关。推进矿山信息化、智能化装备和机器人研发及应用。实施一批矿山安全类重大科技项目。研究推进建设矿山安全领域全国重点实验室。

三、防范化解重大安全风险

（九）健全矿山安全管理体系。矿山企业应当健全以安全风险分级管控和隐患排查治理双重预防机制为核心的安全生产标准化管理体系。严格开展风险辨识评估并实施分级管控，定期开展全员全覆盖隐患排查治理，建立风险隐患台账清单，实行闭环管理。各级矿山安全监管监察部门应当推动企业切实提高风险隐患排查和整改质量，建立重大隐患治理督办制度，在重大隐患消除前跟踪监管，并监督整改销号。对排查整改不到位导致重大隐患依然存在或发生事故的，依法追究企业及相关责任人责任。

（十）强化重大灾害治理。矿山企业应当查明隐蔽致灾因素，实施煤与瓦斯突出、冲击地压、水害等重大灾害分区管理、超前治理。将煤矿灾害等级鉴定纳入安全检测检验范围，及时公示鉴定结果。规范煤矿生产能力管理和核定工作。金属非金属露天矿山采场及排土场边坡高度大于100米的，应当逐年进行边坡稳定性分析。金属非金属地下矿山采空区体积超过规定的，应当及时进行稳定性专项评估。尾矿库排洪构筑物每3年应进行一次质量检测。

（十一）严格设备设施安全管理。完善矿山井下特种设备安全标志审核发放和监督机制。定期对取得矿山井下特种设备安全标志的在用设备设施开展安全可靠性检验。建立矿用安全设备全生命周期智慧监管平台，实行矿用设备安全责任追究制度。

（十二）规范非煤矿山外包工程管理。非煤矿山企业统一负责外包工程施工单位的安全管理。金属非金属地下矿山严禁将爆破作业专项外包。金属非金属地下基建矿山掘进工程承包单位数量不得超过3家。大中型金属非金属地下生产矿山采掘工程承包单位数量不得超过2家，小型金属非金属地下生产矿山采掘工程承包单位数量不得超过1家，承包单位严禁转包和分包采掘工程及爆破作业项目。承包单位应当向项目部派出项目负责人、技术人员和特种作业人员；项目负责人、技术人员应当具有矿山相关专业中专以上学历或者中级以上专业技术职称，且不得在其他矿山兼职。力争到2025年年底，生产矿山建立本单位采掘(剥)施工队伍或者委托具备相应条件的企业整体管理。

（十三）加强停工停产矿山安全管控。停工停产整改的矿山应当制定整改方案，限定单班下井人数，同一作业地点控制在10人以内，并向矿山安全监管监察部门报告后方可进行整改作业。地方政府及有关部门应当对停工停产整改煤矿实施驻矿盯守，对其他停工停产矿山落实驻矿盯守或者巡查责任，并按规定进行复工复产验收，因监督检查不力，停工停产期间继续组织建设生产的，依法严肃追究企业及相关责任人责任。

（十四）提升风险监测预警处置能力。加强矿山多灾种和灾害链综合监测、风险早期识别和预警预报能力建设。矿山集中地区应当建立区域性矿山救援队伍。地下矿山、尾矿库“头顶库”应当建立应急广播等通信系统，确保应急指令能第一时间传达至影响范围内所有人员。加强应急预案演练、评估和修订。每年汛期前地方政府应当组织尾矿库“头顶库”企业与下游居民开展联合演练。强化灾害性天气预警预报，遇极端天气严禁人员入井。

四、强化企业主体责任

（十五）落实主要负责人责任。矿山及其上级企业主要负责人（含法定代表人、实际控制人、实际负责人）依法履行安全生产第一责任人责任，加大安全投入和安全培训力度，及时研究解决矿山安全生产重大问题。矿山企业总部应当加强下属企业监督检查，主要负责人应当定期到生产现场督促检查安全生产工作，严禁下达超能力生产计划或者经营指标。推广矿长安全生产考核记分制度。

（十六）健全安全管理机构。涉矿中央企业总部和涉矿大中型企业应当配备安全总监。地下矿山应当配备矿长、总工程师和分管安全、生产、机电等工作的副矿长，所配备人员应当具有矿山相关专业大专以上学历或者中级以上专业技术职称，且不得在其他矿山兼职。煤矿、金属非金属矿山、尾矿库应当配备相关专业中专以上学历或者中级以上专业技术职称的专职技术人员。灾害严重矿山应当按要求配备灾害治理专职领导人员、专门机构、专业人员。

（十七）强化安全基础管理。矿山企业应当建立健全并落实全员安全生产岗位责任制和安全生产管理制度。按照要求绘制、更新相关图纸，并报送矿山安全监管监察部门。未经安全培训合格的从业人员不得上岗作业，矿长、总工程师和分管安全、生产、机电等工作的副矿长每年应当接受专门的安全教育培训。首次取证的地下矿山特种作业人员应当具有高中以上文化程度。严格井下劳动定员管理，不得超定员安排人员下井作业，提高井下艰苦岗位津贴。取消井下劳务派遣用工，矿山企业或承包单位对欠薪应依法承担清偿责任。

五、落实地方党政领导责任和部门监管监察责任

（十八）落实地方党政领导责任。坚持党政同责、一岗双责、齐抓共管、失职

追责，严格落实矿山安全领导责任，组织开展区域性矿山隐蔽致灾因素普查治理，严厉打击非法盗采矿产资源行为。加强矿山安全监管机构和队伍建设，专业监管人员配备比例不低于在职人员的75%。矿山安全重点市、县党政主要领导要定期研究矿山安全生产工作，深入矿山井下督促检查。实行市级、县级地方政府领导包保煤矿、金属非金属地下矿山和尾矿库安全生产责任制。

（十九）落实矿山安全监管责任。各地区应当坚持明责知责、履责尽责，按照分级分类原则，明确省市县三级矿山安全监管执法管辖权限，明确矿山和尾矿库日常安全监管主体，建立部门联合执法和问题线索移交机制，大力提高执法专业素养，切实提升发现问题和解决问题的强烈意愿和能力水平。中央企业所属矿山安全监管应由市地级以上部门负责。尾矿库“头顶库”、采深超800米或者单班下井人数超30人的金属非金属地下矿山、边坡高度超200米的金属非金属露天矿山等高风险矿山安全监管，原则上不得下放至县级部门。按照“谁主管、谁负责”原则，矿山安全监管监察部门负责矿山安全监察和矿山安全生产监督管理工作。按照“管行业必须管安全、管业务必须管安全、管生产经营必须管安全”要求，其他各有关部门要在行业管理、业务管理、生产经营管理中一体推进落实矿山安全生产各项要求。各级安全生产委员会办公室要加强对矿山安全生产工作的协调指导。

（二十）强化矿山安全国家监察。健全国家矿山安全监察体制，国家矿山安全监察部门负责监督检查地方矿山安全监管工作，向地方政府提出改善和加强矿山安全监管工作的意见和建议。统筹矿山安全监管监察执法保障体系建设，推动落实监管监察能力建设规划，完善技术支撑体系，健全国家矿山安全智能化监管监察系统。

六、推进矿山安全依法治理

（二十一）加强执法保障建设。推动修订矿山安全法，制定煤矿安全生产条例，加强矿山安全标准化建设工作。完善矿山安全监管监察专业人才培养机制，提高待遇保障。加强在线监控联网和矿山安全综合信息化平台建设，强化执法装备保障。

（二十二）强化安全监督检查。矿山行业管理和安全监管监察部门应严格检查执法，严禁以罚代管、罚而不管。推动建立健全矿山安全生产案件移送、行政执法和刑事司法衔接机制，发现涉嫌犯罪的按规定及时移交司法机关。加强矿山领域安全评价、设计、检测、检验、认证、咨询、培训、监理等第三方服务机构监督管理。建立矿山安全评价检测检验报告公开制度。建立健全重大违法违规信息公示制度、联合惩戒制度和举报奖励制度。建立责任倒查机制，严格执行"谁检查、谁签名、谁负责"，对发现重大隐患不处理处罚或跟踪整改不到位的，依法严肃追责问责。

（二十三）严格事故调查处理。对较大涉险事故、瞒报谎报重大及以下矿山生产安全事故，视情况提级调查。接到瞒报谎报事故举报，属地县级以上地方政府应当组织核查。发生较大以上死亡事故的矿山，应当停产整顿，经验收符合安全生产条件后方可恢复生产。

七、强化组织实施

（二十四）健全保障措施。各地区各有关部门要加强组织领导，明确任务分工，细化工作措施，研究配套政策。要统筹资金渠道，加强矿山淘汰退出、尾矿库治理、信息化系统、智能化矿山建设和安全监督检查等经费保障。应急管理部牵头建立矿山安全协调推进机制，将本意见落实情况纳入省级政府安全生产和消防工作考核巡查内容。纪检监察机关、组织人事部门和安全生产监管监察部门按照权限和职责，对安全生产责任履行不到位的，要依规依纪依法严肃追责问责，确保矿山安全生产工作各项部署要求落实到位。

附录三　矿山安全生产治本攻坚三年行动方案(2024—2026年)

为认真贯彻落实习近平总书记关于安全生产系列重要指示精神，推进《中共中央办公厅 国务院办公厅关于进一步加强矿山安全生产工作的意见》《煤矿安全生产条例》实施，推动《国务院安全生产委员会关于防范遏制矿山领域重特大生产安全事故的硬措施》落实落地，进一步夯实矿山安全生产基础，坚决防范遏制重特大生产安全事故，按照《安全生产治本攻坚三年行动方案（2024—2026年）》总体要求，国家矿山安监局结合工作实际制定本方案。

一、工作目标

通过三年治本攻坚，矿山安全保障能力大幅提升，隐蔽致灾因素普查常态化制度化开展，矿山重大灾害超前治理进一步强化；矿山机械化、自动化、信息化、智能化水平显著提升，实现矿山井下人员减少10%以上；正常生产的煤矿中达到安全生产标准化一、二级的占比80%以上；矿山产业结构进一步优化，分类处置取得显著进展，大中型非煤矿山占比达到20%以上；矿山安全法规标准体系更加完备，执法规范化、信息化水平明显提升，矿山安全监管监察人员发现问题和解决问题的能力水平和强烈意愿大幅提升，执法效能明显提升；矿山安全事故总量持续下降，遇难人数、煤矿百万吨死亡率下降不低于10%，重特大事故得到有效遏制，现有矿山重点县区和重点企业“摘帽率”超过60%。

二、主要任务

（一）提升矿山企业从业人员安全素质能力。

1. 加强矿山企业主要负责人安全教育培训。联合中央党校组织全国煤矿、金属非金属地下矿山、金属非金属大中型露天矿山、尾矿库企业主要负责人集中培训，主要负责人和“五职”矿长每年必须接受专门的安全教育培训，“五职”矿长必须有主体专业大专以上学历且有10年以上矿山一线从业经历。统筹采取视频直播授课、专题研讨交流、网络自学等方式，实现全国矿山、尾矿库企业主要负责人教育培训全覆盖。

2. 加强“三项岗位”人员安全教育培训。首次取证的地下矿山特种作业人员应当具有高中以上文化程度。定期修订矿山“三项岗位”人员题库，严格矿山企业主要负责人、安全生产管理人员安全生产知识和管理能力考核以及特种作业人员培训考试，“五科”专业技术人员必须为主体专业毕业且有5年以上矿山一线从业经历。推行实施特种作业人员大数据监管监察，开发特种作业人员证件查询和异常比对功能，特种作业人员无证上岗的，依法限期整改直至停产整顿，并严肃追究矿山企业主要负责人责任。

3. 修订《矿山安全培训规定》。细化完善各类矿山从业人员安全生产教育培训的频次、内容、范围、时间等规定要求，推动矿山企业变“招工”为“招生”。推动各地区合理布局、整合建设一批高水平的矿山安全生产培训基地和考试点，力争2024年底前实现矿山安全培训教室视频联网至省级矿山安全监管部门。对矿山安全培训机构进行一轮全覆盖条件复核，坚决整治假培训、假考试、假证书等乱象。各地矿山安全监管监察部门坚持“逢查必考”，加大对矿山安全培训机构的监管力度。

4. 推进应急处置能力提升。出台加强矿山应急救援工作的意见，督促指导矿山企业全面细致做好应急准备。完善应急叫应回应响应机制，制定矿山安全风险监测预警管理办法。认真开展应急演练，聚焦从业人员紧急撤离和逃生避险意识能力提升，督促矿山每半年至少组织开展一次紧急撤离和逃生避险应急演练，让全体从业人员熟知避灾路线、逃生通道、安全出口及自救器使用、安全避险应急处置要求。

（二）推进矿山法规标准提升和重大事故隐患动态清零。

5. 提升矿山法规标准保障。积极推动《矿山安全法》等法律法规修订工作，加快修订矿山企业安全生产许可证实施办法、《尾矿库安全监督管理规定》《煤矿重大事故隐患判定标准》等部门规章，推动将《金属非金属矿山重大事故隐患判定标准》提升为部门规章。制定发布《矿山安全标准体系建设指南》，组建矿山安全标准化技术委员会，全面启动KA标准修订工作，推动形成有机统一的矿山安全法制体系。

6. 健全完善矿山企业重大事故隐患自查自改常态化机制。推动矿山企业组织专业技术人员每月开展1次重大事故隐患排查整治，对排查发现的重大事故隐患要建立台账，由主要负责人跟踪督办，确保责任、措施、资金、期限和应急预案落实到位，逐一整改销号。对于未开展排查或者查出后拒不整改等导致重大事故隐患长期存在的，一律依法从严从重处罚。

7. 健全完善矿山重大事故隐患治理跟踪督办机制。推动矿山安全监管部门建立完善重大事故隐患整改销号制度，督促矿山企业主要负责人严格按照“五落实”要求，确保闭环管理。2024年底前建立矿山重大事故隐患清单管理和动态分析机制，对进展缓慢的及时采取函告、通报、约谈、曝光等措施。

8. 建立完善重大事故隐患数据库管理和调查处理机制。推动矿山安全监管监察部门建立本地区重大事故隐患数据库，2024年底前实现矿山企业自查上报、监管监察部门检查发现的重大事故隐患全量汇总，实行清单制度管理并动态更新整改落实情况，推动照单逐条整改销号。各级监管监察部门对发现的重大事故隐患，要成立调查组，查明原因，认定责任，提出问责建议。对重大事故反复出现、屡改屡犯的，依法提请关闭，并严肃追究企业实际控制人责任，有上级公司的，要严肃倒查上级公司主要负责人责任。

（三）开展矿山产业结构重点攻坚。

9. 严格矿山安全准入。停止审批新建产能低于90万吨/年的煤与瓦斯突出、冲击地压、水文地质类型极复杂的煤矿。新建煤与瓦斯突出、冲击地压、水文地质类型极复杂的煤矿原则上应按采煤、掘进智能化设计。推动进一步提高铁、铜、金、石灰石等重点矿种最小开采规模和最低服务年限标准。严格执行等量或减量置换政策控制尾矿库总量，严禁新建“头顶库”，新建四等、五等尾矿库应当采用一次性建坝。严格安全设施设计审查和安全生产许可审批，强化安全设施设计实质内容审查和首次申请安全生产许可证的现场核查。

10. 推动分类处置不具备安全生产条件的矿山。推动各省级政府摸清地区矿山基本情况，制定分类处置措施，健全关闭退出遗留问题配套政策与保障机制。对未依法取得采矿许可证、安全生产许可证擅自从事矿产资源开采的，越界开采、以采代建、持勘查许可证采矿且拒不整改的，与煤共（伴）生金属非金属矿山经停产整顿仍达不到安全生产条件的，使用应当淘汰的危及生产安全的工艺、设备且拒不整改仍然生产建设的，或者经停产整顿仍不具备安全生产条件的矿山，依法提请地方政府按程序予以关闭取缔；对长期停工停产、资源枯竭的矿山，灾害严重且难以有效防治的煤矿，积极引导退出。

11. 整合重组一批非煤矿山。坚持“政府引导、市场运作、扶优汰劣、分类处置”的原则，推动大型非煤矿山企业兼并重组和整合技改中小型非煤矿山企业。推进同一个矿体分属2个以上不同开采主体的非煤矿山，生产建设作业范围最小距离不满足相关安全规定的非煤矿山，以山脊划界的普通建筑用砂石露天矿山等企业整合重组，统一开采规划、生产系统和安全管理，实现矿权、规划、主体、系统、管理“五统一”，严防假整合。鼓励有能力的矿山科研技术单位为中小型非煤矿山提供全方位技术服务。

12. 升级改造一批矿山。规范小矿山技改扩能，明确技改扩能建设期限，实现机械化开采。加强整合技改扩能矿山安全监管，杜绝落后产能低水平重复建设。新建、改扩建金属非金属地下矿山原则上采用充填采矿法，不能采用的应严格论证。中小型金属非金属地下矿山不得有4个以上生产水平同时采矿。推进开采深度超过800米或者生产规模超过30万吨/年的金属非金属地下矿山采用机械化撬毛作业。

（四）强化矿山重大灾害治理和安全科技支撑。

13. 制度化开展隐蔽致灾因素普查。制定《矿山隐蔽致灾因素普查规范》，2024年底前，推动矿山企业查清3～5年采掘范围内各类隐蔽致灾因素，按照"就高不就低"的原则调整每座矿山灾害防治等级。推动各地、各矿山建立完善矿山隐蔽致灾因素动态普查台账，动态掌握各类隐蔽致灾因素情况；对普查不清的立即采取措施查明，对弄虚作假的推倒重来，严肃追究矿山企业和普查单位责任。2025年底前，推动各地区对连片矿区统筹组织开展区域性矿山隐蔽致灾因素普查，及时予以治理。

14. 推进矿山重大灾害超前治理、工程治理、系统治理、区域治理。该鉴定不鉴定、该戴帽不戴帽、不按等级设防或鉴定弄虚作假的，立即整改直至停产整顿。督促矿山企业落实重大灾害治理主体责任，强化重大灾害治理基础能力建设，建立健全灾害治理管理制度、机构和队伍，保障治理资金投入，重大灾害治理措施不落实、冒险组织生产建设的，依法严肃追究主要负责人和实际控制人责任。推动建设一批瓦斯综合治理和水害、火灾、冲击地压防治示范矿井。对运行到设计最终标高或者不再进行排尾作业的尾矿库，以及停用时间超过3年的尾矿库、没有生产经营主体的尾矿库实施闭库治理工程，推动长江经济带、嘉陵江上游（陕西、甘肃、四川）、黄河流域各省（区）实施尾矿库综合治理。

15. 数字赋能矿山安全监管监察。加快推动矿山安全生产监管模式向事前预防数字化转型，建立完善矿山安全监管监察执法系统。推动地下矿山企业健全完善人员定位、安全监测监控、通信联络、压风自救和供水施救等系统。持续加大矿山、尾矿库安全风险监测预警系统建设应用和升级改造力度。推动非煤地下矿山、露天高陡边坡和尾矿库安全风险监测预警系统基本建成并运行，2025年底前实现矿山主要安全风险监测预警全覆盖。

16. 加强矿山安全科技支撑体系建设。优化布局国家矿山安全监察局重点实验室，推动建设矿山安全领域全国重点实验室。加强关键技术和装备攻关，实施一批矿山安全类重大科技项目。持续开展矿山安全科技进企业活动，强化吊篮等地面“三堂一舍”（澡堂、食堂、会堂和宿舍）消防设施设备建设和安全管理，开展自救器“打假”专项整治行动，及时更新矿山先进技术装备推广及淘汰落后安全生产工艺技术装备目录。要严格规范第三方服务机构支撑，加强矿山领域安全评价、设计、检测、检验、认证、咨询、培训、监理等第三方服务机构监督管理。

17. 提升矿山自动化、智能化水平。加快灾害严重、高海拔等矿山智能化建设，打造一批自动化、智能化标杆矿山。灾害严重矿井、发生较大及以上事故的矿山，必须进行智能化改造。推动非煤矿山智能化提速扩面，推动更多煤矿加快实施“一优三减”，提高“一井一面”或“一井两面”煤矿占比。公布一批创新应用企业名录。

（五）加快矿山企业安全管理体系建设。

18. 规范矿山企业外包队伍管理。推动矿山企业统一负责外包工程施工单位的安全管理，取消井下劳务派遣用工。凡是矿山企业挂靠、违规发包转包分包工程的，施工单位违规挂靠施工资质、金属非金属地下矿山将爆破作业专项外包的，依法责令改正直至停产整顿。

19. 推进矿山安全生产标准化建设。修订非煤矿山安全生产标准化管理体系考核定级办法和金属非金属地下矿山、露天矿山及尾矿库安全生产标准化管理体系基本要求及评分方法。加强对矿山企业安全生产标准化等级动态监管。2025年底前，打造一批安全生产标准化一级（标杆）企业单位。推动各地区细化完善安全生产标准化激励约束政策，全面提升矿山安全生产标准化水平。正常生产的煤矿必须达到安全生产标准化三级及以上水平，正常生产的非煤矿山必须在2026年底前达到安全生产标准化三级及以上水平。

（六）开展矿山安全生产精准执法和帮扶。

20. 深入推进精准安全检查执法。综合运用“四不两直”、明查暗访、交叉执法、远程监察等工作方式，聚焦重大事故隐患的查处，加大重点抽查、突击检查力度，严厉打击“七假五超三瞒三不两包”等行为，对重大违法违规行为依法对企业和企业主要负责人实行“一案双罚”。用好矿山安全生产风险监测预警系统、用电量监测等信息化手段，精准开展现场检查。2024年底前建立健全矿山安全监管监察执法统计、执法考评和典型案例报送制度，完善行政处罚裁量权基准，对“零处罚”“只检查不处罚”等工作不力、处罚条款落实不到位的地区进行约谈通报。

21. 严格事故调查和责任追究。严格落实《生产安全事故统计调查制度》，及时报送事故信息；加强重大事故挂牌督办和典型较大事故跟踪督导，督促加快事故调查进度，精准认定事故原因和责任；按照“谁投资、谁受益、谁负责”的原则，严肃追究责任企业实际控制人责任，推动各地视情况对典型较大、瞒报谎报矿山生产安全事故提级调查。强化警示教育，发生较大事故或涉险事故的，一律约谈企业及上级公司，制作警示教育片，责令停止生产、开展全员集中培训；发生死亡事故的矿山，必须停产整顿，严格组织验收。

22. 强化国家监察督政和督导帮扶。建立完善抽查、交办、核查、约谈、报告常态化的工作机制，坚持多约谈、多通报、多发督促函、多暗访、多曝光，将责任、压力层层传递到基层末梢。推动各地区在2024年底前统筹建立安全生产专家库，完善通过政府购买服务辅助开展监督检查的工作机制，选聘执法技术检查员参与安全生产监管执法。对想干好、愿投入但技术弱、基础差的矿山，督促各地区组织专家进行“一对一”定向帮扶。强化对矿山安全重点县（市、区）、重点企业督导检查和评估。

（七）深化矿山安全生产宣传教育。

23. 深入开展矿山安全生产宣传。以《中共中央办公厅 国务院办公厅关于进一步加强矿山安全生产工作的意见》《安全生产法》《刑法修正案（十一）》《煤矿安全生产条例》《煤矿安全规程》以及重大隐患判定标准等为重点，常态化开展“学法规、抓落实、强管理”活动。开展好安全生产月等主题宣传活动，推进矿山安全生产宣传“进机关、进矿区、进企业、进班组、进社区、进学校、进家庭”。坚持“谁执法、谁普法”，将每次执法作为一次安全宣传的机会。充分发挥新闻媒体作用，增强全社会对矿山安全生产工作的关注和支持。

24. 加强矿山安全生产社会监督。推动各地区健全完善矿山安全生产举报渠道和奖励机制，向社会公布接收矿山安全生产举报的渠道，鼓励社会公众和从业人员举报或报告存在的重大事故隐患。完善并落实举报受理、核实、办理、反馈、追责等闭环管理机制，及时兑现举报奖励。

（八）推进矿山安全监管监察能力提升。

25. 强化基层矿山安全监管执法人员能力培训。研究制定《进一步加强矿山安全监管队伍教育培训工作的指导意见》，三年内对全国矿山安全监管执法人员开展一轮集中培训。持续加强思想淬炼、政治历练、实战锻炼和专业训练，强化斗争精神和斗争本领养成，加大实操培训力度，加大矿山安全监管监察人员到矿山企业锻炼交流力度，完善考核奖惩机制，选树执法先进典型，切实提升发现问题和解决问题的强烈意愿和能力水平。

26. 提升执法装备水平。加强各级矿山安全生产行政执法人员执法装备配备，推动执法队伍规范化建设。增加装备配备种类并及时更新执法终端设备，实现执法装备之间基础数据兼容、共享，不断增强装备智能化水平。推动配备使用矿山安全监管监察执法记录仪。

27. 强化执法监督。全面使用矿山安全监管监察执法系统开展执法检查和全过程执法监督，实施执法文书修改留痕管理、智能提醒。建立执法责任倒查机制，压实执法检查带队负责人责任，严格执行“谁检查、谁签名、谁负责”。安全生产基本条件类的重大事故隐患长期未查出的、长期只检查不执法、问题隐患描述避重就轻、规避处理处罚的，启动倒查机制，依法严肃追责问责。

三、保障措施

（一）强化组织领导。推动各地区建立涵盖矿山安全监管监察、公安、自然资源、工信、能源、人力资源和社会保障、建设等相关部门的协作机制，明确矿山领域牵头部门、责任单位，分年度制定攻坚清单，明确具体任务、完成时限、工作目标，统筹推进矿山安全治本攻坚三年行动各项工作。牵头部门要定期向地方政府有关负责同志汇报矿山安全生产治本攻坚三年行动进展情况，及时推动解决突出问题，并经常性开展督导调研。

（二）强化政策支持。积极推动《矿山安全法》《煤矿安全生产条例》等矿山安全法律法规规章制修订工作，加快推动形成有机统一的矿山安全法制体系。发布《矿山安全标准体系建设指南》，加强急需标准供给力度。积极争取中央和地方财政对矿山安全生产的支撑保障。督促矿山企业按照规定提取和使用安全生产费用，确保满足安全生产需求。

（三）强化督促检查。国家矿山安全监察机构充分发挥监督检查利剑作用，狠抓监督检查和发现问题整改，对矿山安全问题久拖不决或对整改函、建议函不落实不反馈的地方政府，严肃约谈政府主要负责人并通报上一级党委政府。国家矿山安全监察局每年对各地区进展情况进行评估。

（四）强化激励引导。采取多种形式对治本攻坚三年行动进行广泛宣传报道，营造浓厚的舆论氛围。及时总结各地区和企业的经验做法，挖掘推广一批先进典型经验，培育选树一批示范单位。推动各地区、各部门加大对成绩先进单位的通报表扬力度，按照有关规定对表现突出的集体和个人进行奖励，以示范引领推动工作落实。

附录四　关于防范遏制矿山领域重特大生产安全事故的硬措施

为坚决防范遏制矿山领域重特大生产安全事故，针对当前矿山安全存在的突出问题，现提出如下措施：

一、一体压实各级矿山安全生产责任

矿山企业主要负责人（含实际控制人，下同）必须依法到现场严格履行安全生产第一责任人责任，严格执行全员安全生产岗位责任制；对安全管理责任不落实、安全生产投入不足、冒险组织作业等造成事故或者瞒报谎报事故的，依法从严从重处理处罚，按照“谁投资、谁受益、谁负责”严肃追究主要负责人法律责任。

矿山安全监管监察部门必须加强干部队伍自身建设，强化制度约束和源头治理，建立健全执法全过程监督机制，切实提升发现问题和解决问题的强烈意愿和能力水平；对应当发现的安全生产基本条件类的重大事故隐患长期失察、只检查不执法、问题隐患描述避重就轻的，启动责任倒查机制，按照“谁检查、谁签名、谁负责”依法严肃追责问责。

各地安全生产委员会必须加强统筹协调，牵头负有矿山安全生产监督管理职责的部门建立健全联合执法和工作协作机制，指导有关部门单位严格履行职责，形成工作合力，严防漏管失控；对履行职责不力、推诿扯皮等造成事故的，按照“管行业必须管安全、管业务必须管安全、管生产经营必须管安全”依法严肃追责问责。

各地要严格落实矿山安全属地责任，加强矿山安全监管机构和队伍建设，细化落实市级、县级地方政府领导包保煤矿、金属非金属地下矿山和尾矿库安全生产责任制，组织开展区域性矿山隐蔽致灾因素普查治理，严厉打击无证开采、隐蔽工作面作业、非法盗采矿产资源等行为。

二、切实提高风险隐患排查整改质量

矿山企业必须建立健全安全风险分级管控制度和重大事故隐患自查自改常态化机制，常态化开展“三违”行为自查自纠，严格动火作业、爆破施工、煤仓清理、运输提升、密闭启封等关键环节风险管控，加强地面吊篮等设备、“三堂一舍”等设施消防安全隐患排查。对同类重大事故隐患反复出现、屡改屡犯、弄虚作假的，依法从重处罚，并从严追究企业主要负责人责任，有上级公司的，严肃倒查上级公司主要负责人责任。

矿山安全监管监察部门要借鉴中央生态环境保护督察做法，采取“四不两直”、明查暗访、突击夜查、杀“回马枪”等检查方式，综合运用通报曝光、追责问责、行刑衔接、联合惩戒等处理手段，去在关键时、打到要害处；要统筹井上和井下、露天和井工、煤矿和非煤，配齐配强专业执法人员，发挥行业专家、退休技安人员作用，奔着具体问题去，直插现场深入开展排查整治，严禁搞形式走过场；要建立完善重大事故隐患整改销号制度，实行台账化管理，动态清零；要坚持执法和服务相结合，针对执法检查中发现的难点问题和重大事故隐患，落实专人指导，帮助解决实际问题。

三、重拳出击“打非治违”

各级矿山安全监管监察部门要严厉打击矿山各类非法违法生产建设行为，对顶风作案、屡禁不止的企业，依法依规从严惩处并公开曝光。要建立便捷、有效的举报途径，鼓励社会公众和从业人员举报违法违规行为，对报告重大事故隐患或者举报安全生产违法行为的有功人员实行重奖。要通过矿井人员定位及分布、风量分配、用电量监测、产量来源、运输量来源、瓦斯涌出量来源、涌水量来源、民用爆炸物品使用地点等逐因素分析比对，深挖细究隐蔽工作面作业、整合技改期间偷采、安全监控系统造假、违规分包转包等行为，一经查实，依法依规责令停产整顿，涉嫌犯罪的，依法移送司法机关追究刑事责任。发现矿山企业有越界开采等违法行为的，应当移送当地自然资源部门严肃处理，并通知供电部门停止或者限制供电、公安机关停止供应民用爆炸物品。对无证照或者证照不全从事生产的，3 个月内 2 次或者 2 次以上发现有重大事故隐患仍然进行生产的，依法依规提请地方政府关闭。

四、强化重大灾害治理

矿山企业必须按规定采用钻探、物探、化探等方法相互验证，查清隐蔽致灾因素并采取有效措施后方可进行采掘作业。对灾害矿井该鉴定不鉴定、该戴帽不戴帽、不按灾害等级设防或者鉴定弄虚作假的，责令立即停止生产、排除隐患。对发生瓦斯亡人事故、瓦斯涉险事故以及瓦斯高值超限的煤矿，必须停止作业、严肃追究责任，并由地方煤矿安全监管部门对企业瓦斯防治的机构、人员、装备、制度等方面进行全方位评估，经评估不具备防治能力的，不得恢复生产。对探放水造假、禁采区采掘作业、极端天气不撤人的，必须按重大事故隐患严格处罚。对露天矿山边坡角、台阶高度、平盘宽度等不符合设计要求的，或者边坡监测系统达不到相关规定要求的，责令立即制定安全措施、限期整改直至停产整顿。

五、大力提升从业人员素质

矿山企业必须严格实施安全生产教育和培训计划，大力提升从业人员安全意识和安全素养，配备安全生产管理机构和人员（“五职”矿长必须有主体专业大专以上学历且有 10 年以上矿山一线从业经历，“五科”专业技术人员必须为主体专业毕业且有 5 年以上矿山一线从业经历）；“五职”矿长和主要负责人每年必须接受矿山安全监察机构会同监管部门组织的专门安全教育培训，新上岗的从业人员岗前安全培训时间不得少于 72 学时并经培训考核合格后方可上岗，取消井下劳务派遣用工。

从业人员必须熟知各类灾害避灾路线、地面建筑场所的安全疏散通道和自救逃生方法；不熟悉避灾逃生路线，或者不能熟练使用自救器等紧急自救装备的，不得安排上岗作业。严厉整治封闭占堵消防通道、逃生通道行为，确保生命通道畅通。

严格矿山安全培训机构执业能力监督检查，坚决整治假培训、假考试、假证书等乱象。加强矿山安全培训管理，细化完善各类矿山从业人员安全生产教育培训的频次、内容、范围、时间、考核等规定要求，严格执行教考分离。对矿山安全管理机构和人员配备不满足规定要求，或者特种作业人员无证上岗的，依法限期整改直至停产整顿，并严肃追究主要负责人责任。

六、严格项目审批和安全生产许可

省级矿山安全监管部门必须严格矿山建设项目安全设施设计审查，严格安全生产许可证管理，严把复工复产关，实行审查审批终身负责制。新建和改扩建后煤矿产能不得低于30万吨/年，停止新建产能低于90万吨/年的煤与瓦斯突出、冲击地压、水文地质类型极复杂的煤矿；积极推动各地进一步提高铁、铜、金、石灰石等重点矿种最小开采规模和最低服务年限标准。凡是安全准入、复工复产验收工作违反程序、降低标准、把关不严、弄虚作假的，必须推倒重来，并严肃追究有关单位和人员责任。

七、强化矿山安全国家监察督政

国家矿山安全监察机构必须坚持严的基调，坚持多约谈、多通报、多发督促函、多暗访、多曝光，将责任、压力层层传递到基层末梢。国家矿山安全监察局各省级局要当好地方党委和政府矿山安全“吹哨人”，对矿山安全重大问题和重大事故隐患，及时向当地主要负责同志通报移办，对辖区矿山安全生产突出问题和对策建议，及时向省级党委和政府主要负责同志专报，切实让地方主要负责同志掌握矿山安全真实状况。要对地方和煤矿保供指标开展安全评估，对放任违规超能力超强度生产的，要及时介入“督政”。对矿山安全问题久拖不决或者对整改函、建议函不落实不反馈的地方政府，严肃约谈政府主要负责同志并通报上一级党委和政府。

八、严格事故调查和警示教育

矿山企业和有关部门必须严格事故信息报送，对事故信息报送不及时造成严重后果的，严肃追究相关单位和人员责任。建好用好入井人员唯一性识别、活动轨迹动态监测等技防系统，加大瞒报谎报事故举报奖励、联合惩戒、提级调查力度，构建“不敢瞒”“瞒不住”的长效机制。发生重大事故的，由国务院安委会挂牌督办并全程跟踪督导事故调查。发生死亡事故的矿山，必须停产整顿，经验收符合安全生产条件后方可恢复生产。灾害严重矿井、发生较大以上事故的矿井，必须进行智能化改造。因中介机构弄虚作假导致事故发生的，对责任人员依法移送司法机关追究刑事责任，对责任单位列入严重失信主体名单管理。

矿山安全监管监察部门必须把宣传教育融入日常，发生较大以上事故的，必须制作警示教育片，集中开展从主要负责人到一线作业人员的警示教育，切实用身边事教育身边人；加大典型事故案例媒体曝光力度，警醒各地、各部门、各矿山企业深刻汲取教训，切实做到“一方出事故、多方受教育，一地有隐患、全国受警示”，形成齐抓共管的良好氛围。

附录五　关于落实煤矿企业安全生产主体责任的指导意见

为深入贯彻落实习近平总书记关于所有企业都必须履行安全生产主体责任的重要指示精神，推动煤矿企业（指各级具有法人资格的煤矿企业，下同）健全安全生产责任体系，切实加强所属煤矿安全生产管理，有效防范煤矿事故，根据相关法律法规，提出以下指导意见。

一、总体要求

以习近平新时代中国特色社会主义思想为指导，弘扬人民至上、生命至上、安全第一思想，坚持安全发展理念，坚守安全生产红线，坚持问题导向、目标导向和结果导向，以建立“人人有责、层层负责、各负其责”的安全生产责任体系，健全“明责知责、履职尽责、失职追责”的安全生产责任运行机制为主线，强化责任意识、强化监督考核、强化责任追究，切实解决一些煤矿企业对所属煤矿安全生产管理不作为、少作为、乱作为问题。坚持“管理、装备、素质、系统”并重原则，着力夯实安全基础、管控重大风险、治理重大灾害，从根本上消除事故隐患，扎实推进煤矿安全生产治理体系和治理能力现代化。

二、坚守安全发展理念

（一）坚持生命至上、安全第一。煤矿企业要牢固树立“零死亡”理念和目标，切实把安全生产作为企业发展的前提、基础和保障，始终把煤矿职工生命安全和身体健康放在第一的位置，做到不安全不安排生产任务、不安全不组织生产建设，为煤矿职工创造安全可靠的作业环境和工作条件，确保煤矿职工生命安全和身体健康，不断增强煤矿职工的安全感、获得感、幸福感。

（二）强化法治意识。煤矿企业要坚持法治思维，守牢法律底线，自觉接受监督检查，严格执行监管监察指令，做到依法办企办矿、依法履职尽责、依法生产经营。坚决杜绝不顾安全生产实际情况，超能力、超强度、超定员下达生产任务和经营指标，强令冒险组织生产等违法违规行为。开展全员安全生产法治教育，强化法治意识，增强全员尊法学法守法用法的自觉性。

（三）强化责任担当。煤矿企业要切实提高责任意识，强化担当精神，自觉把落实主体责任贯穿到工作决策部署、考核监督、人员准入等各环节、全过程，着力补短板、强弱项，解决企业安全红线意识不牢、管理责任层层递减、企业内部安全监督弱化、不按要求配备所属煤矿管理技术团队、不及时采购生产安全设备、不顾实际限制煤矿劳动用工指标等深层次矛盾和长期积累的老大难问题，做到安全投入到位、安全培训到位、基础管理到位、应急救援到位、安全责任到位。

三、建立健全安全责任体系

（四）健全安全生产责任制。按照“党政同责、一岗双责、齐抓共管、失职追责”要求，建立健全覆盖煤矿企业各层级、各部门、各岗位的安全生产责任制，明确党政主要负责人、分管负责人，安全、生产、技术、经营、规划、财务、人事及党委工作部门、工会等各部门的安全生产职责，形成人人有责、各负其责、权责清晰的安全生产责任体系。建立并公示岗位安全生产责任清单，实现“一岗一清单”。

（五）完善安全生产管理制度。煤矿企业应建立健全各项安全生产管理制度，至少包括安全生产责任制管理考核制度、安全目标管理制度、安全承诺制度、安全技术措施审批制度、安全办公会议制度、安全投入保障制度、生产安全设备采购制度、劳动用工制度、安全教育培训制度、安全监督检查制度、安全风险分级管控制度、事故隐患排查治理制度、事故报告与责任追究制度、安全生产标准化管理体系检查考核制度、事故应急救援制度、安全生产责任奖惩制度、应急值班制度、复工复产和重大隐患整改现场验收制度等。管理制度内容应做到责任清晰、有针对性,能够对照执行和考核。

(六)健全安全生产组织机构。煤矿企业要结合所属煤矿灾害特点,建立健全相应的管理、技术、监督等职能部门,配齐配强治理各类灾害的专业技术人员和管理人员。针对所属煤矿实际情况,特别是风险灾害情况,选优配强矿长和总工程师,并督促煤矿健全灾害治理机构、配备施工装备,防止违规劳务承包。

(七)强化内部监督。煤矿企业要建立内部考核机制,制定安全责任考核办法和标准,对照安全生产责任清单,开展安全目标考核,并将考核结果纳入相关人员绩效管理,对于连续2次考核不合格的,及时调整岗位。探索实施下属公司主要负责人和煤矿矿长安全生产记分考核办法。建立完善并严格执行事故煤矿"一票否决"制度。定期组织开展煤矿安全生产检查,及时发现煤矿在安全理念、工作目标、制度执行、风险管控、灾害治理等方面存在的问题。建立责任倒查机制和问题反思机制,对存在的重大隐患和突出问题,倒查各级管理人员责任,分析深层次原因,完善管理制度,改进工作机制,防止问题重复发生。严格执行复工复产和重大隐患整改现场验收制度。

四、严格落实主要负责人法定职责

(八)落实安全生产第一责任人责任。煤矿企业主要负责人(包括法定代表人、实际控制人,下同)承担安全生产第一责任人责任,要及时学习贯彻落实习近平总书记关于安全生产重要指示批示精神和党中央、国务院关于安全生产的重大决策部署,每年不少于2次组织研究安全生产重大问题,并形成会议纪要。支持、指导和督促领导班子其他成员落实安全生产主体责任。强化风险管控和重大灾害治理,每年不少于1次向煤矿安全监管监察部门报告重大风险管控、重大灾害治理情况。严格兑现安全承诺。

(九)严格履行法定职责。煤矿企业主要负责人要带头执行安全生产法律法规,严格履行法定职责,依法建立健全安全生产责任制、安全生产规章制度。组织制定并实施安全生产教育和培训计划,保证安全生产投入有效实施。督促、检查安全生产工作,及时消除事故隐患。组织制定并实施事故应急救援预案,及时、如实报告生产安全事故。企业分管负责人要坚持"一岗双责",履行好分管范围内的安全职责。

（十）实施安全公开承诺。煤矿企业主要负责人要代表企业领导班子每年向全体员工和社会公开作出安全承诺，安全承诺内容应至少包括：保证严格落实安全生产责任制和安全管理制度；保证有效管控重大安全风险、治理重大灾害，及时消除事故隐患；保证安全投入所需资金；保证不超能力下达生产任务和经营指标；保证不违规安排使用劳务派遣工和采掘工程外包队伍等。每年将安全承诺兑现情况纳入主要负责人年度述职内容和工作报告。

五、夯实安全生产基础

（十一）强化安全生产标准化管理体系建设。煤矿企业要高度重视安全生产标准化管理体系建设，制定年度创建目标，建立激励约束机制，加强监督检查，定期组织现场检查、动态抽查，严格考核兑现。所有生产煤矿必须达到三级以上标准化等级，大型煤矿力争达到一级、中型煤矿至少达到二级标准化等级。

（十二）强化风险防控和隐患排查治理。煤矿企业要建立完善安全风险辨识评估、管控和警示报告机制，科学制定风险辨识程序和方法，定期组织开展重大风险辨识。制定重大风险管控方案，确定管控重点，明确管控责任，监督落实到位。每年向煤矿安全监管监察部门报送风险清单。以风险辨识管控为基础，加强隐患排查治理，定期对存在重大风险的场所、环节、岗位开展隐患排查，分析隐患成因、制定消除措施，着力从根本上消除事故隐患。

（十三）加快智能化建设。煤矿企业要建立健全技术装备淘汰更新机制，不断提高装备可靠程度和安全生产保障能力，加快推进智能化建设和危险岗位机器人替代，推进互联网、大数据、人工智能同煤矿安全生产的深度融合，积极创建100人以下、50人以下无人少人矿井，力争煤与瓦斯突出、冲击地压等灾害严重矿井全部实现智能化开采，实现无人则安、少人则安。

（十四）持续提升从业人员素质。煤矿企业要研究制定职工素质提升中长期规划和年度计划，选优配强师资力量，保障培训工作经费，杜绝培训造假行为。严格准入和劳动用工管理，所属煤矿矿长、副矿长、总工程师、副总工程师必须具备煤矿相关专业大专及以上学历，新上岗的特种作业人员必须具备高中及以上文化程度，员工至少具备初中学历，逐步实现“入企即入校”“变招工为招生”。取消井下劳务派遣工。

（十五）大力推进“一优三减”。煤矿企业要加强统筹协调，合理安排专业技术力量，以通风系统可靠、运输系统简化、危险岗位替代为重点，对所属煤矿开展生产系统、开拓布局、作业环节和劳动组织优化，减少生产水平，减少采区，减少作业头面，减少作业单元人员数量。科学确定采掘接续，降低开采强度，建设“一井一面”“一井两面”示范矿井。新建矿井不得超过“一井两面”。

（十六）切实保障安全投入。煤矿企业要建立健全安全投入保障机制，落实企业主要负责人、分管经营、财务负责人和经营、财务等职能部门的安全投入责任，保证足额提取、按规定使用安全生产费用，保证灾害治理、装备升级、人员培训等工作所需资金。要加强所属煤矿监督管理，保障安全投入取得实效。

（十七）加强重大灾害治理。煤矿企业要建立由主要负责人负责的煤矿重大灾害治理管理体系和以主要技术负责人（总工程师）为首的灾害治理技术保障体系。科学制定治灾计划，合理安排灾害治理工程，保障治理资金。加强灾害治理调度，合理调整煤矿生产经营指标，防止生产系统不健全、灾害治理不到位，盲目组织生产。鼓励煤矿企业建立专业化的灾害治理队伍，为煤矿提供服务。

（十八）提升应急救援能力。煤矿企业要健全事故响应机制，针对煤矿灾害特点，编制生产安全事故应急救援预案，加强应急救援队伍建设，配备必要的应急救援物资，加强与地方政府沟通和衔接，提升应急救援能力。建立灾害性天气应急预警机制，督促煤矿在相应灾害性天气情况下及时停产撤人。严格落实应急值班制度，实行 24 小时值班值守。

六、强化监督指导

（十九）强化监管监察。各级煤矿安全监管监察部门要重点检查煤矿企业学习贯彻落实习近平总书记关于安全生产重要指示批示精神，贯彻落实党中央、国务院关于安全生产重大决策部署和安全生产政策方针情况。要紧盯“关键少数”，检查履行法定责任、落实责任制、建立组织机构、兑现安全承诺等情况；要探索对重大隐患进行原因调查，合理界定煤矿、上级公司及其职能部门的责任，实行精准追责问责。对于主体责任屡屡落实不到位的，要约谈、通报，严肃批评；对于违法违规行为，要严格追究责任，坚决依法惩处。省级煤矿安全监察机构要会同省级煤矿安全监管部门，每年对煤矿上级公司落实企业安全生产主体责任情况至少监察一次。

（二十）强化社会监督。各省级煤矿安全监管监察部门要建立有奖举报制度，鼓励群众举报重大隐患和煤矿企业违法违规行为。建立公开通报制度，对于主体责任落实不到位，造成严重影响的，要在政府网站上予以公开；对情节严重的，要依法实施联合惩戒。积极引导新闻媒体强化舆论监督，曝光主体责任不落实，以及安全承诺不兑现等失信行为。

（二十一）强化联系指导。各省级煤矿安全监管部门要建立煤矿企业落实主体责任联系指导机制，实施分类指导、定点帮扶。注重发现先进典型、培育先进典型，及时总结、推广交流先进经验，以点带面，推动辖区煤矿企业认真落实安全生产主体责任。

（二十二）发挥中央企业表率作用。各地煤矿安全监管监察部门要认真贯彻落实习近平总书记关于中央企业在落实安全生产主体责任上带好头做表率的重要指示精神，督促中央企业落实好本指导意见，带头树牢安全发展理念，坚守安全红线，自觉执行监管监察指令；带头健全安全生产组织机构、责任制和管理制度；带头增强法治意识、责任意识，实施安全生产公开承诺，自觉接受社会监督；带头夯实安全基础，提升保障能力，有效防范煤矿生产安全事故。每年年底前，中央企业集团公司要向国家煤矿安监局报送落实安全生产主体责任情况。

附录六　煤矿重大事故隐患判定标准

第一条　为了准确认定、及时消除煤矿重大事故隐患，根据《中华人民共和国安全生产法》和《国务院关于预防煤矿生产安全事故的特别规定》（国务院令第 446 号）等法律、行政法规，制定本标准。

第二条　本标准适用于判定各类煤矿重大事故隐患。

第三条　煤矿重大事故隐患包括下列 15 个方面：

（一）超能力、超强度或者超定员组织生产；

（二）瓦斯超限作业；

（三）煤与瓦斯突出矿井，未依照规定实施防突出措施；

（四）高瓦斯矿井未建立瓦斯抽采系统和监控系统，或者系统不能正常运行；

（五）通风系统不完善、不可靠；

（六）有严重水患，未采取有效措施；

（七）超层越界开采；

（八）有冲击地压危险，未采取有效措施；

（九）自然发火严重，未采取有效措施；

（十）使用明令禁止使用或者淘汰的设备、工艺；

（十一）煤矿没有双回路供电系统；

（十二）新建煤矿边建设边生产，煤矿改扩建期间，在改扩建的区域生产，或者在其他区域的生产超出安全设施设计规定的范围和规模；

（十三）煤矿实行整体承包生产经营后，未重新取得或者及时变更安全生产许可证而从事生产，或者承包方再次转包，以及将井下采掘工作面和井巷维修作业进行劳务承包；

（十四）煤矿改制期间，未明确安全生产责任人和安全管理机构，或者在完成改制后，未重新取得或者变更采矿许可证、安全生产许可证和营业执照；

（十五）其他重大事故隐患。

第四条 “超能力、超强度或者超定员组织生产”重大事故隐患，是指有下列情形之一的：

（一）煤矿全年原煤产量超过核定（设计）生产能力幅度在10%以上，或者月原煤产量大于核定（设计）生产能力的10%的；

（二）煤矿或其上级公司超过煤矿核定（设计）生产能力下达生产计划或者经营指标的；

（三）煤矿开拓、准备、回采煤量可采期小于国家规定的最短时间，未主动采取限产或者停产措施，仍然组织生产的（衰老煤矿和地方人民政府计划停产关闭煤矿除外）；

（四）煤矿井下同时生产的水平超过2个，或者一个采（盘）区内同时作业的采煤、煤（半煤岩）巷掘进工作面个数超过《煤矿安全规程》规定的；

（五）瓦斯抽采不达标组织生产的；

（六）煤矿未制定或者未严格执行井下劳动定员制度，或者采掘作业地点单班作业人数超过国家有关限员规定20%以上的。

第五条　“瓦斯超限作业”重大事故隐患，是指有下列情形之一的：

（一）瓦斯检查存在漏检、假检情况且进行作业的；

（二）井下瓦斯超限后继续作业或者未按照国家规定处置继续进行作业的；

（三）井下排放积聚瓦斯未按照国家规定制定并实施安全技术措施进行作业的。

第六条　“煤与瓦斯突出矿井，未依照规定实施防突出措施”重大事故隐患，是指有下列情形之一的：

（一）未设立防突机构并配备相应专业人员的；

（二）未建立地面永久瓦斯抽采系统或者系统不能正常运行的；

（三）未按照国家规定进行区域或者工作面突出危险性预测的（直接认定为突出危险区域或者突出危险工作面的除外）；

（四）未按照国家规定采取防治突出措施的；

（五）未按照国家规定进行防突措施效果检验和验证，或者防突措施效果检验和验证不达标仍然组织生产建设，或者防突措施效果检验和验证数据造假的；

（六）未按照国家规定采取安全防护措施的；

（七）使用架线式电机车的。

第七条　“高瓦斯矿井未建立瓦斯抽采系统和监控系统，或者系统不能正常运行”重大事故隐患，是指有下列情形之一的：

（一）按照《煤矿安全规程》规定应当建立而未建立瓦斯抽采系统或者系统不正常使用的；

（二）未按照国家规定安设、调校甲烷传感器，人为造成甲烷传感器失效，或者瓦斯超限后不能报警、断电或者断电范围不符合国家规定的。

第八条　“通风系统不完善、不可靠”重大事故隐患，是指有下列情形之一的：

（一）矿井总风量不足或者采掘工作面等主要用风地点风量不足的；

（二）没有备用主要通风机，或者两台主要通风机不具有同等能力的；

（三）违反《煤矿安全规程》规定采用串联通风的；

（四）未按照设计形成通风系统，或者生产水平和采（盘）区未实现分区通风的；

（五）高瓦斯、煤与瓦斯突出矿井的任一采（盘）区，开采容易自燃煤层、低瓦斯矿井开采煤层群和分层开采采用联合布置的采（盘）区，未设置专用回风巷，或者突出煤层工作面没有独立的回风系统的；

（六）进、回风井之间和主要进、回风巷之间联络巷中的风墙、风门不符合《煤矿安全规程》规定，造成风流短路的；

（七）采区进、回风巷未贯穿整个采区，或者虽贯穿整个采区但一段进风、一段回风，或者采用倾斜长壁布置，大巷未超前至少 2 个区段构成通风系统即开掘其他巷道的；

（八）煤巷、半煤岩巷和有瓦斯涌出的岩巷掘进未按照国家规定装备甲烷电、风电闭锁装置或者有关装置不能正常使用的；

（九）高瓦斯、煤（岩）与瓦斯（二氧化碳）突出矿井的煤巷、半煤岩巷和有瓦斯涌出的岩巷掘进工作面采用局部通风时，不能实现双风机、双电源且自动切换的；

（十）高瓦斯、煤（岩）与瓦斯（二氧化碳）突出建设矿井进入二期工程前，其他建设矿井进入三期工程前，没有形成地面主要通风机供风的全风压通风系统的。

第九条 “有严重水患，未采取有效措施”重大事故隐患，是指有下列情形之一的：

（一）未查明矿井水文地质条件和井田范围内采空区、废弃老窑积水等情况而组织生产建设的；

（二）水文地质类型复杂、极复杂的矿井未设置专门的防治水机构、未配备专门的探放水作业队伍，或者未配齐专用探放水设备的；

（三）在需要探放水的区域进行采掘作业未按照国家规定进行探放水的；

（四）未按照国家规定留设或者擅自开采（破坏）各种防隔水煤（岩）柱的；

（五）有突（透、溃）水征兆未撤出井下所有受水患威胁地点人员的；

（六）受地表水倒灌威胁的矿井在强降雨天气或其来水上游发生洪水期间未实施停产撤人的；

（七）建设矿井进入三期工程前，未按照设计建成永久排水系统，或者生产矿井延深到设计水平时，未建成防、排水系统而违规开拓掘进的；

（八）矿井主要排水系统水泵排水能力、管路和水仓容量不符合《煤矿安全规程》规定的；

（九）开采地表水体、老空水淹区域或者强含水层下急倾斜煤层，未按照国家规定消除水患威胁的。

第十条　“超层越界开采”重大事故隐患，是指有下列情形之一的：

（一）超出采矿许可证载明的开采煤层层位或者标高进行开采的；

（二）超出采矿许可证载明的坐标控制范围进行开采的；

（三）擅自开采（破坏）安全煤柱的。

第十一条　“有冲击地压危险，未采取有效措施”重大事故隐患，是指有下列情形之一的：

（一）未按照国家规定进行煤层（岩层）冲击倾向性鉴定，或者开采有冲击倾向性煤层未进行冲击危险性评价，或者开采冲击地压煤层，未进行采区、采掘工作面冲击危险性评价的；

（二）有冲击地压危险的矿井未设置专门的防冲机构、未配备专业人员或者未编制专门设计的；

（三）未进行冲击地压危险性预测，或者未进行防冲措施效果检验以及防冲措施效果检验不达标仍组织生产建设的；

（四）开采冲击地压煤层时，违规开采孤岛煤柱，采掘工作面位置、间距不符合国家规定，或者开采顺序不合理、采掘速度不符合国家规定、违反国家规定布置巷道或者留设煤（岩）柱造成应力集中的；

（五）未制定或者未严格执行冲击地压危险区域人员准入制度的。

第十二条　“自然发火严重，未采取有效措施”重大事故隐患，是指有下列情形之一的：

（一）开采容易自燃和自燃煤层的矿井，未编制防灭火专项设计或者未采取综合防灭火措施的；

（二）高瓦斯矿井采用放顶煤采煤法不能有效防治煤层自然发火的；

（三）有自然发火征兆没有采取相应的安全防范措施继续生产建设的；

（四）违反《煤矿安全规程》规定启封火区的。

第十三条 “使用明令禁止使用或者淘汰的设备、工艺”重大事故隐患，是指有下列情形之一的：

（一）使用被列入国家禁止井工煤矿使用的设备及工艺目录的产品或者工艺的；

（二）井下电气设备、电缆未取得煤矿矿用产品安全标志的；

（三）井下电气设备选型与矿井瓦斯等级不符，或者采（盘）区内防爆型电气设备存在失爆，或者井下使用非防爆无轨胶轮车的；

（四）未按照矿井瓦斯等级选用相应的煤矿许用炸药和雷管、未使用专用发爆器，或者裸露爆破的；

（五）采煤工作面不能保证 2 个畅通的安全出口的；

（六）高瓦斯矿井、煤与瓦斯突出矿井、开采容易自燃和自燃煤层（薄煤层除外）矿井，采煤工作面采用前进式采煤方法的。

第十四条 “煤矿没有双回路供电系统”重大事故隐患，是指有下列情形之一的：

（一）单回路供电的；

（二）有两回路电源线路但取自一个区域变电所同一母线段的；

（三）进入二期工程的高瓦斯、煤与瓦斯突出、水文地质类型为复杂和极复杂的建设矿井，以及进入三期工程的其他建设矿井，未形成两回路供电的。

第十五条 “新建煤矿边建设边生产，煤矿改扩建期间，在改扩建的区域生产，或者在其他区域的生产超出安全设施设计规定的范围和规模”重大事故隐患，是指有下列情形之一的：

（一）建设项目安全设施设计未经审查批准，或者审查批准后作出重大变更未经再次审查批准擅自组织施工的；

（二）新建煤矿在建设期间组织采煤的（经批准的联合试运转除外）；

（三）改扩建矿井在改扩建区域生产的；

（四）改扩建矿井在非改扩建区域超出设计规定范围和规模生产的。

第十六条 “煤矿实行整体承包生产经营后，未重新取得或者及时变更安全生产许可证而从事生产，或者承包方再次转包，以及将井下采掘工作面和井巷维修作业进行劳务承包”重大事故隐患，是指有下列情形之一的：

（一）煤矿未采取整体承包形式进行发包，或者将煤矿整体发包给不具有法人资格或者未取得合法有效营业执照的单位或者个人的；

（二）实行整体承包的煤矿，未签订安全生产管理协议，或者未按照国家规定约定双方安全生产管理职责而进行生产的；

（三）实行整体承包的煤矿，未重新取得或者变更安全生产许可证进行生产的；

（四）实行整体承包的煤矿，承包方再次将煤矿转包给其他单位或者个人的；

（五）井工煤矿将井下采掘作业或者井巷维修作业（井筒及井下新水平延深的井底车场、主运输、主通风、主排水、主要机电硐室开拓工程除外）作为独立工程发包给其他企业或者个人的，以及转包井下新水平延深开拓工程的。

第十七条 “煤矿改制期间，未明确安全生产责任人和安全管理机构，或者在完成改制后，未重新取得或者变更采矿许可证、安全生产许可证和营业执照”重大事故隐患，是指有下列情形之一的：

（一）改制期间，未明确安全生产责任人进行生产建设的；

（二）改制期间，未健全安全生产管理机构和配备安全管理人员进行生产建设的；

（三）完成改制后，未重新取得或者变更采矿许可证、安全生产许可证、营业执照而进行生产建设的。

第十八条 “其他重大事故隐患”，是指有下列情形之一的：

（一）未分别配备专职的矿长、总工程师和分管安全、生产、机电的副矿长，以及负责采煤、掘进、机电运输、通风、地测、防治水工作的专业技术人员的；

（二）未按照国家规定足额提取或者未按照国家规定范围使用安全生产费用的；

（三）未按照国家规定进行瓦斯等级鉴定，或者瓦斯等级鉴定弄虚作假的；

（四）出现瓦斯动力现象，或者相邻矿井开采的同一煤层发生了突出事故，或者被鉴定、认定为突出煤层，以及煤层瓦斯压力达到或者超过 0.74 MPa 的非突出矿井，未立即按照突出煤层管理并在国家规定期限内进行突出危险性鉴定的（直接认定为突出矿井的除外）；

（五）图纸作假、隐瞒采掘工作面，提供虚假信息、隐瞒下井人数，或者矿长、总工程师（技术负责人）履行安全生产岗位责任制及管理制度时伪造记录，弄虚作假的；

（六）矿井未安装安全监控系统、人员位置监测系统或者系统不能正常运行，以及对系统数据进行修改、删除及屏蔽，或者煤与瓦斯突出矿井存在第七条第二项情形的；

（七）提升（运送）人员的提升机未按照《煤矿安全规程》规定安装保护装置，或者保护装置失效，或者超员运行的；

（八）带式输送机的输送带入井前未经过第三方阻燃和抗静电性能试验，或者试验不合格入井，或者输送带防打滑、跑偏、堆煤等保护装置或者温度、烟雾监测装置失效的；

（九）掘进工作面后部巷道或者独头巷道维修（着火点、高温点处理）时，维修（处理）点以里继续掘进或者有人员进入，或者采掘工作面未按照国家规定安设压风、供水、通信线路及装置的；

（十）露天煤矿边坡角大于设计最大值，或者边坡发生严重变形未及时采取措施进行治理的；

（十一）国家矿山安全监察机构认定的其他重大事故隐患。

第十九条 本标准所称的国家规定，是指有关法律、行政法规、部门规章、国家标准、行业标准，以及国务院及其应急管理部门、国家矿山安全监察机构依法制定的行政规范性文件。

第二十条 本标准自2021年1月1日起施行。原国家安全生产监督管理总局2015年12月3日公布的《煤矿重大生产安全事故隐患判定标准》（国家安全生产监督管理总局令第85号）同时废止。

附录七 矿山生产安全事故报告和调查处理办法

第一章 总 则

第一条 为了规范矿山生产安全事故报告和调查处理，防范和遏制矿山生产安全事故，根据《中华人民共和国安全生产法》《生产安全事故报告和调查处理条例》《煤矿安全监察条例》等法律法规，制定本办法。

第二条　矿山生产安全事故的报告和调查处理，适用本办法。

第三条　本办法所称矿山生产安全事故（以下简称事故），是指矿山包括井口及以下区域、露天矿场、工业广场内与矿山生产直接相关且属于矿山的地面生产系统，以及附属的尾矿库、排土场、洗选厂、矸石山、瓦斯抽放泵站等场所，在生产经营活动中发生的造成人身伤亡或者直接经济损失的生产安全事故。

第二章　事故等级

第四条　根据事故造成的人员伤亡或者直接经济损失，事故分为以下等级：

（一）特别重大事故，是指造成 30 人以上死亡，或者 100 人以上重伤（包括急性工业中毒，下同），或者 1 亿元以上直接经济损失的事故；

（二）重大事故，是指造成 10 人以上 30 人以下死亡，或者 50 人以上 100 人以下重伤，或者 5 000 万元以上 1 亿元以下直接经济损失的事故；

（三）较大事故，是指造成 3 人以上 10 人以下死亡，或者 10 人以上 50 人以下重伤，或者 1 000 万元以上 5 000 万元以下直接经济损失的事故；

（四）一般事故，是指造成 3 人以下死亡，或者 10 人以下重伤，或者 100 万元以上 1 000 万元以下直接经济损失的事故。

本条所称的“以上”包括本数，所称的“以下”不包括本数。

第五条　事故死亡人员的认定应当依据公安机关或者二级甲等及以上资质的医疗机构出具的证明材料确定，重伤人员的认定应当依据具有资质的医疗机构出具的证明材料确定。

第六条　事故发生单位应当统计直接经济损失，并由负责牵头事故调查的矿山安全监管监察部门根据组织或者参与事故救援、赔偿等工作的地方人民政府或者事故发生单位提供的统计结果进行确定。统计结果应注明日期。

事故造成的直接经济损失包括：

（一）人身伤亡后所支出的费用，含医疗费用、护理费用、丧葬及抚恤费用、补助及救济费用、歇工工资；

（二）善后处理费用，含处理事故的事务性费用、现场抢救费用，清理现场费用、事故赔偿费用；

（三）财产损失价值，含固定资产损失价值，流动资产损失价值。

第七条 事故等级认定按照死亡人数、重伤人数、直接经济损失三者中最高级别确定。以重伤人数确定事故等级的，应当同时统计重伤人数和死亡人数。

自事故发生之日起30日内，事故造成的伤亡人数发生变化的，应当按照变化后的伤亡人数重新确定事故等级。

因事故造成的失踪人员，自事故发生之日起30日后，按照死亡人员进行统计，并重新确定事故等级。

事故抢险救援时间超过30日的，应当在抢险救援结束后7日内重新核定事故伤亡人数和直接经济损失。重新核定的事故伤亡人数和直接经济损失与原报告不一致的，按照变化后的伤亡人数和直接经济损失确定事故等级。

第三章　事故报告

第八条 矿山发生事故（包括涉险事故）后，事故现场有关人员应当立即报告矿山负责人；矿山负责人接到报告后，应当于1小时内报告事故发生地县级及以上人民政府矿山安全监管部门，同时报告国家矿山安全监察局省级局。发生较大及以上等级事故的，可直接向省级人民政府矿山安全监管部门和国家矿山安全监察局省级局报告。

第九条 县级及以上地方人民政府矿山安全监管部门接到事故报告后应当逐级上报，每一级上报时间不得超过1小时。其中，接到较大及以上等级事故报告后，应当于1小时内快报省级人民政府矿山安全监管部门和国家矿山安全监察局省级局；接到重大及以上等级事故报告后，在报告省级人民政府矿山安全监管部门和国家矿山安全监察局省级局的同时，可以立即报告国家矿山安全监察局。

国家矿山安全监察局省级局接到事故报告后，应当于48小时内在矿山安全生产综合信息系统事故调查子系统填报事故信息。

第十条 报告事故应当包括下列内容：

（一）事故发生单位概况。主要包括单位全称、所有制形式和隶属关系、生产能力、生产状态、证照情况等；

（二）事故发生的时间、地点以及事故现场情况；

（三）事故类别。煤矿事故类别分为顶板、冲击地压、瓦斯、煤尘、机电、运输、爆破、水害、火灾、其他。非煤矿山事故类别分为物体打击、车辆伤害、机械伤害、起重伤害、触电、淹溺、灼烫、火灾、高处坠落、坍塌、冒顶片帮、透水、爆破、火药爆炸、中毒和窒息、溃坝、其他；

（四）事故的简要经过，入井人数、安全升井人数，事故已经造成伤亡人数、涉险人数、失踪人数和初步估计的直接经济损失；

（五）已经采取的措施；

（六）其他应当报告的情况。

第十一条　初次报告由于情况不明暂未报告的内容，应当在情况清楚后及时续报。

事故报告后，出现新情况的（包括事故抢险救援进展情况），负责事故报告的单位应当及时补报或者续报，其中，事故伤亡人数发生变化的，应当在变化后的 24 小时内补报或者续报。

第十二条　事故报告应当及时、准确、完整，任何单位和个人不得瞒报、谎报或者迟报。

第十三条　矿山因自然灾害或者在生产过程中疑似因病造成从业人员死亡的，或者因盗采行为等造成人员伤亡的，应当按照生产安全事故报告程序上报。经负责牵头调查的矿山安全监管监察部门调查认定或者由事故发生地人民政府有关部门鉴定，具有下列情形之一的，由矿山安全监管监察部门提出核销建议，按照规定程序核销。

（一）超过设计风险抵御标准，工程选址合理，且安全防范措施和应急救援措施到位的情况下，由不能预见或者不能抗拒的自然灾害直接引发的；

（二）经由公安机关侦查，结案认定事故原因是蓄意破坏、恐怖行动、投毒、纵火、盗窃、自杀等人为故意行为直接或者间接造成的；

（三）矿山从业人员在生产过程中或者在岗位上，突发疾病（非遭受外部能量意外释放造成的肌体创伤）导致死亡的。

第十四条　矿山安全监管监察部门接到涉及人员死亡的矿山瞒报、谎报事故举报信息后，应当及时提请县级以上人民政府组织核查。核查属实的，按照规定程序上报，并按本办法有关规定开展事故调查。

第四章　事故现场处置

第十五条　地方人民政府和相关部门接到事故报告后，应当立即启动应急预案，组织开展现场应急处置工作。矿山安全监管监察部门接到事故报告后，应当根据事故等级和相关规定派员立即赶赴事故现场，协助有关地方人民政府做好应急处置工作。

第十六条　矿山及抢险救援队伍等有关单位和人员应当妥善保护事故现场及相关证据。任何单位和个人不得破坏事故现场、毁灭证据。因事故抢险救援必须改变事故现场状况的，现场抢险救援指挥部应当绘制现场简图并做出书面记录，妥善保存现场重要痕迹、物证。抢险救援结束后，现场抢险救援指挥部应当向事故调查组提交抢险救援报告及有关图纸、记录等资料。

矿山应当配合有关部门及时收集固定包括视听、监测监控等资料在内的相关证据。有关部门收集固定的相关证据应当提交事故调查组。

第五章　事故调查

第十七条　事故调查处理应当坚持科学严谨、依法依规、实事求是、注重实效的原则，做到事故原因未查清不放过、责任人员未处理不放过、整改措施未落实不放过、有关人员未受到教育不放过。

第十八条　事故按照等级实行分级调查。

重大及以下等级煤矿事故由国家矿山安全监察局省级局牵头组织调查。

重大、较大、一般非煤矿山事故分别由事故发生地省级人民政府、设区的市级人民政府、县级人民政府负责直接组织事故调查组进行调查，也可以授权或者委托有关部门组织事故调查组进行调查。

未造成人员死亡的一般事故，县级人民政府或者国家矿山安全监察局省级局可以委托事故发生单位或者有关部门组织事故调查组进行调查。

第十九条　国家矿山安全监察局认为必要时，可以调查由国家矿山安全监察局省级局负责调查的煤矿事故。

上级人民政府认为必要时，可以调查由下级人民政府负责调查的非煤矿山事故。

因伤亡人数变化导致事故等级发生变化，依照本办法应当由上级人民政府或者矿山安全监察机构调查的，上级人民政府或者矿山安全监察机构可以重新组织事故调查组进行调查。

第二十条　重大及以下等级煤矿事故，由国家矿山安全监察局省级局、有关地方人民政府、煤矿安全监管部门、煤炭行业管理部门、负有煤矿安全生产监督管理职责的其他有关部门、公安机关以及工会组织派人组成事故调查组，并邀请当地有管辖权的监察机关介入。

非煤矿山重大事故，由省级人民政府及其应急管理部门、负有非煤矿山安全生产监督管理职责的有关部门、公安机关以及工会组织派人组成事故调查组，并邀请省级监察机关介入。国家矿山安全监察局省级局参加事故调查。

较大及以下等级非煤矿山事故，由有关地方人民政府及其应急管理部门、负有非煤矿山安全生产监督管理职责的有关部门、公安机关以及工会组织派人组成事故调查组，并邀请当地监察机关介入。国家矿山安全监察局省级局派人参与并指导监督事故调查。

事故调查组可以聘请有关专家参与调查。专家应实行回避制度。原则上重大事故应当聘请事故发生省（区、市）以外人员担任专家组组长，事故发生省（区、市）以外专家占比不低于三分之二。

事故调查组成员应当做到诚信公正、恪尽职守、廉洁自律，遵守事故调查纪律，保守事故调查秘密。

第二十一条　事故调查组履行下列职责：

（一）查明事故单位的基本情况；

（二）查清事故发生的经过、报告过程、原因、类别、人员伤亡情况及直接经济损失；隐瞒事故的，应当查明隐瞒过程；

（三）认定事故的性质和事故责任；提出对事故责任单位和人员的处理建议；

（四）评估应急处置工作；

（五）总结事故教训，提出防范和整改措施；

（六）在规定时限内提交事故调查报告。

第二十二条　重大及以下等级煤矿事故的调查组组长由负责事故调查的矿山安全监察机构负责人担任（一般煤矿事故可由矿山安全监察机构内设处室

负责人担任），重大及以下等级非煤矿山事故的调查组组长由负责事故调查的地方人民政府指定。

事故调查组组长主持事故调查工作，并履行下列职责：

（一）组织事故调查组开展工作；

（二）明确事故调查组中各小组的职责，确定事故调查组成员的分工；

（三）协调决定事故调查工作中的重要问题；

（四）提出有关事故调查的结论性意见；

（五）审核事故涉嫌犯罪的材料，批准将有关材料或者复印件移交相关部门处理。

事故调查组成员对事故的原因、性质和处理建议等不能取得一致意见时，事故调查组组长有权提出结论性意见。

第二十三条　事故调查中需要对重大技术问题、重要证据进行技术鉴定的，事故调查组可以委托具有相应资质的单位进行技术鉴定。进行技术鉴定的单位应当出具书面技术鉴定结论，并对鉴定结论负责。

第二十四条　事故调查组应当与刑事司法机关衔接，发现涉嫌安全生产犯罪的，事故调查组应当及时将有关材料移交有管辖权的刑事司法机关依法处理。事故调查组应当同监察机关沟通，并移交有关资料。

第二十五条　事故调查组应当按照下列期限提交事故调查报告：

（一）重大事故自事故发生之日起一般不得超过60日；

（二）较大事故、一般事故自事故发生之日起30日内，原则上不得超过60日。

特殊情况下，重大及以下等级事故经负责事故调查的地方人民政府或者矿山安全监察机构同意，可以延长提交事故调查报告的期限，但延长的期限最长不得超过60日。

第二十六条　下列时间不计入事故调查期限，应当在报送事故调查报告时向负责事故调查的地方人民政府或者矿山安全监察机构说明：

（一）瞒报、谎报、迟报事故的调查核实所需的时间；

（二）因事故救援无法进行现场勘查的时间；

（三）挂牌督办、跟踪督办的事故的审核备案时间；